城市贫困老人的
多重困境与抗逆过程

Multiple Disadvantages and Resilience
of the Urban Aged Poor in China

陈岩燕／著

社会科学文献出版社
SOCIAL SCIENCES ACADEMIC PRESS (CHINA)

目 录

导　论 ·· 001

　一　不容忽视的老年贫困问题 ······························· 001

　二　何以存活：贫困老人的抗逆力 ························· 008

　三　生活故事：揭示抗逆力的窗口 ······················· 010

第一章　老年贫困的实证研究与社会政策 ·················· 014

　一　老年贫困的识别、人口特征与主观经验 ·············· 014

　二　老年贫困的社会政策与研究发现 ····················· 027

　三　北京市的相关社会政策 ······························· 032

　四　其他国家/地区的相关社会政策与服务 ············· 035

第二章　老年贫困的理论解释 ······························· 039

　一　"个人－结构"的社会学争议：贫困老人主观

　　　经验研究的匮乏 ······································· 039

　二　从病理模型到成功老化：主流老年学对贫困老人的持续贬损 ··· 041

　三　批判老年学的人文主义取向：面对结构性限制下的意义追寻 ··· 043

　四　老年人的抗逆力：纳入内外资源的积极主观经验 ······ 045

　五　启示 ·· 052

第三章　城市贫困老人的多重压力 ·························· 054

　一　经济压力 ··· 060

二　疾病和老化的压力 …………………………………………… 062

三　逆反哺和照顾配偶的压力 …………………………………… 069

四　贫困耻感的压力 ……………………………………………… 082

五　多重压力相叠 ………………………………………………… 088

第四章　贫困老人与非正式社会支持 ……………………………… 089

一　贫困老人与代际支持 ………………………………………… 089

二　贫困老人与扩展家庭的支持 ………………………………… 098

三　贫困老人与邻里支持 ………………………………………… 105

四　贫困老人与其他非正式支持 ………………………………… 117

第五章　贫困老人与正式社会支持 ………………………………… 120

一　贫困老人与社会政策的支持 ………………………………… 120

二　社会政策基层执行者的支持 ………………………………… 132

三　其他的正式社会支持 ………………………………………… 138

第六章　贫困老人的应对策略与意义创造 ………………………… 142

一　贫困老人的应对策略 ………………………………………… 143

二　贫困老人的意义创造 ………………………………………… 153

第七章　讨论与反思 ………………………………………………… 170

一　多重压力：中国城市贫困老人的多重困境 ………………… 170

二　外在保护性因素：社会支持的再审视 ……………………… 172

三　内在保护性因素 ……………………………………………… 186

四　社会政策的启示 ……………………………………………… 194

参考文献 ……………………………………………………………… 198

附　录 ………………………………………………………………… 224

附录1　北京市历年社会保障相关标准（1994～2011年）………… 224

附录2　受访者的访谈时间与合计访谈时长 …………………… 225

本书获复旦大学"新教师科研启动基金"资助

│ 导　论 │

一　不容忽视的老年贫困问题

近年来，国内外的不少学者开始关注中国背景下的不平等现象（OECD，2004）。大多数研究显示，在 20 世纪 80 年代与 90 年代早期，经济增长降低了贫困发生率（Saunders & Sun，2006）。但是自此之后，城市贫困问题呈上升趋势，农村扶贫的进程滞缓。根据国家统计局制定的贫困线新标准，Ravallion 与 Chen（2004）估计农村贫困发生率由 1980 年的 75% 下降到 1997 年的 13%，但从 1997 年至 2001 年，这一比例基本保持稳定；同时，城市贫困的发生率自 20 世纪 90 年代中期之后也基本不变。尽管直到 20 世纪 80 年代末农村贫困现象仍不容乐观，但它已不再是中国贫困研究的唯一焦点问题（林卡、范晓光，2006）。自 1995 年以来，城市贫困问题受到越来越多的关注。倘若使用每天 1.5 美元的贫困线，则城市贫困发生率虽从 1992 年的 13.74% 锐减到 1996 年的 8.41%，但随着城市改革的持续和失业率的上升，1997 年增加到 9.21%，1998 年则为 8.86%（Fang et al.，2002）。1999 年，虽然城市实际的人均收入增加了 25%，贫困的发生率却上升了 9 个百分点，用加权贫困距测量的贫困深度则上升了 89%（李实，2002）。虽然学者们根据不同的标准推算出不同的城市贫困人口规模（唐钧，2002，2004），但是他们都承认在现阶段城市贫困率不断增长。这一变化的核心不在于比率的增长，而在于构成的变化（林卡、范晓光，2006）。

目前大多数关于贫困的研究有一个共同之处，即将各省份分为城市与农村，通过这种二分法来关注贫困问题的总体情况（Saunders & Sun，2006）。不同贫困人口群体的特性被掩盖在这一笼统的二分法之下。事实上，了解不同贫困群体的数量、人口特征、致贫原因、实际需要等要素也十分重要，这样才能明确政策制定者应该从哪里着手，来降低不同人群所面临的贫困风险。少数由此角度出发的研究结果显示，致贫的可能性随着年龄、家庭规模、职业、就业状态和居住地的不同而呈系统性的变化（李实，2002）。

在中国的贫困人群中，城市贫困老人①是不容忽视的重要群体，其社会需求应当引起更多的重视。由全国老龄工作委员会于 2006 年发布的《中国人口老龄化发展趋势预测研究报告》显示，21 世纪的中国老年人口规模巨大，且老龄化发展迅速：从 2001 年到 2020 年是快速老龄化阶段（见图 0 - 1）。在这一阶段，中国平均每年将增加 596 万名老年人，年均增长速度达到 3.28%，大大超过总人口年均 0.66% 的增长速度，人口老龄化进程明显加快。到 2020 年，老年人口将达到 2.48 亿人，老龄化水平将达到 17.17%。从 2021 年到 2050 年是加速老龄化阶段，平均每年增加 620 万名老年人。到 2050 年，老年人口总量将超过 4 亿人，老龄化水平推进到 30% 以上。与此同时，城市老年贫困的现象不容乐观。

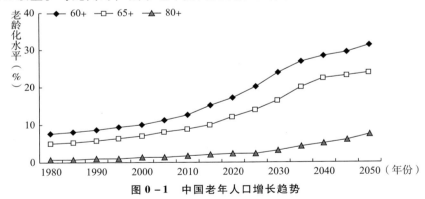

图 0 - 1　中国老年人口增长趋势

资料来源：Population Division of the Department of Economic and Social Affairs of the United Nations Secretariat, *World Population Prospects*：*The* 2006 *Revision* and *World Urbanization Prospects*：*The* 2005 *Revision*, http://esa. un. org/unpp.

---

① 根据《中华人民共和国老年人权益保障法》（1996 年 8 月 29 日主席令第 73 号）以及各省份老年人有关条例，我国的老年人一般为 60 周岁以上的公民。因此，除特别说明外，本书所指的中国老人亦是 60 周岁以上的中国公民。

　　由于贫困的界定标准不同，国内学术界对中国老年人贫困发生率的估计（见表0-1）存在争议（杨菊华，2007）。于学军（2003）曾利用2000年人口普查和中国城乡老年人口状况一次性抽样调查资料，以不同的贫困测量方法，分别估计出中国老年贫困人口的规模。以恩格尔系数法估计为3853万人；以国际贫困线法估计为4487万人；以主观评定法估计为4285万人，其中，大约21%的城市老人、41%的农村老人认为自己生活处于贫困状态。这些估算存在将中国老年贫困人口数量估计过高的嫌疑，因为当时国家公布的全国农村贫困人口为3000万人，这指的是所有年龄的人口（乔晓春等，2005）。但也不排除国家对农村贫困人口规模有低估的可能。

　　王德文、张恺悌（2005）利用于学军（2003）使用过的同一套数据，再次以老人自评的经济状况为基准来计算老年贫困现状，得出全国老年贫困人口数量为921万~1168万人，老年贫困发生率为7.1%~9.0%，其中城市的为4.2%~5.5%，农村的为8.6%~10.8%。这个自评结果与于学军的结果大相径庭，只相当于于学军测算结果的1/4。其原因在于，这套数据的问卷用于主观评价经济状况的指标分为"十分困难"、"有些困难"、"大致够用"和"够用有余"四类。于学军（2003）将选择前两项的老年人划分为贫困老年人，而事实上，经济上有些困难的主观评价并不一定意味着贫困，将其纳入计算，自然导致高估贫困发生率。而王德文、张恺悌（2005）则仅将认为自己经济状况十分困难的老年人划分为贫困老人，故其以主观评价方法计算出的老年贫困发生率大大降低。

　　徐勤、魏彦彦（2005）利用2000年中国城乡60岁及以上老年人口状况一次性抽样调查10%原始抽样资料（均为加权），以居民可支配月平均收入的1/2为贫困标准（城市为261.65元，农村为93.9元），得出城市男性老年人口月平均收入低于贫困线的占城市男性老年人口的9.7%，而城市女性老年人口月平均收入低于贫困线标准的达到41.1%，为男性老年人口的4.2倍。

　　乔晓春、张恺悌、孙陆军（2006）运用绝对和相对贫困线方法，测算出在2000年中国60岁以上人口中，大约有2274.8万人（占17.5%）处于贫困之中；其中，城市贫困老人的比例约为15.0%，农村贫困老人占18.8%。从相对贫困来看，多数省份老年人贫困的比例都超过35%，这说明老年人的收入分布多集中在低收入水平上，而高收入老年人的比例很低

（乔晓春等，2005）。不论是绝对贫困还是相对贫困，在全国各省份中，老年人贫困比例最高的都是云南省。绝对贫困的老年人口比例最高的是云南（32.4%），其次是山东（28.4%）、陕西（23.3%）和江苏（22.7%）。这一比例最低的是新疆（9.7%）、浙江（9.7%），其次是福建（10.1%）。但绝对贫困的高低取决于当地的最低生活保障线，存在人为的差异。

2006年，全国老龄工作委员会、中国老龄科研中心在2000年中国城乡老年人口状况一次性抽样调查的基础上，对全国20个省、自治区、直辖市进行抽样调查发现，城市中有近20%的老年人年收入处于不足4600元的低水平，低于城市老年人年均中位收入的50%，并且仍有135万名城市老年人的收入低于当地的最低生活保障线①。

与绝对贫困测算结果不同的是，无论是根据老人自评生活困难情况，还是利用相对贫困线标准，学术界对相对贫困的估计结果都比较接近（杨菊华，2007）：2000年，中国大约有1/3的60岁以上老年人口处于相对贫困状态（于学军，2003），且大多数省份的老人相对贫困的比例都超过了35%（乔晓春等，2005）。

而根据民政部2010年民政事业发展统计报告，2010年底，全国共有1145.0万户2310.5万人的城市低保对象，其中老年人口为338.6万人，占总人数的14.7%。如果将领取城镇居民最低生活保障金的人口视为城市贫困人口，那么当年城镇老年贫困人口占城镇贫困人口的14.7%，也就是说，平均约7位城镇贫困者中就有1位老人。

表0-1 中国城市贫困老人的数量估计

研究	数据源	贫困测量方法	贫困老人数量	说明
于学军（2003）	2000年全国人口普查和中国城乡老年人口状况一次性抽样调查	恩格尔系数	全国3853万人	问卷的主观评价指标分为"十分困难"、"有些困难"、"大致够用"和"够用有余"四类。于学军将选择前两项的老人归为贫困老年人，存在将中国老年贫困人口数量估计过高的嫌疑（乔晓春等，2005）
		国际贫困线	4487万人	
		主观评定	4285万人；约21%的城市老人、41%的农村老人认为自己生活在贫困中	

---

① 《〈中国城乡老年人口状况追踪调查〉研究报告》，2007，http://www.china.com.cn/policy/txt/2007-12/17/content_9393143.htm，最后访问日期：2016年5月10日。

续表

研究	数据源	贫困测量方法	贫困老人数量	说明
王德文、张恺悌（2005）	2000 年全国人口普查和中国城乡老年人口状况一次性抽样调查	主观评定	全国老年贫困人口数量为 921 万 ~ 1168 万人（7.1% ~ 9.0%）；其中城市 4.2% ~ 5.5%，农村 8.6% ~ 10.8%	王德文、张恺悌（2005）仅将自认为经济状况十分困难的老人划分为贫困老人，故算出的贫困发生率大大降低
徐勤、魏彦彦（2005）	2000 年全国人口普查和中国城乡老年人口状况一次性抽样调查	居民可支配月均收入的 50%	城市男性老年人月均收入低于贫困线的占城市男性老年人的 9.7%，而城市女性老年人月均收入低于贫困线标准的达 41.1%，为男性老年人的 4.2 倍	
乔晓春、张恺悌、孙陆军（2006）	2000 年全国人口普查和中国城乡老年人口状况一次性抽样调查	当地老人月均可支配收入的 50%	多数省份老年人贫困比例都超过 35%	
		各地最低生活保障线	比例最高的是云南（32.4%），其次是山东（28.4%）、陕西（23.3%）、江苏（22.7%）	
民政部（2007）	2007 年民政事业发展统计资料	领取城镇居民最低生活保障金的人口	城镇老年贫困人口占城镇贫困人口的 13.1%	

　　近年来所颁布的政府政策，同样凸显了城市老年贫困的紧迫性。为应对城市贫困问题，国务院于 1997 年 9 月 2 日下发了《关于在全国建立城市居民最低生活保障制度的通知》（国发〔1997〕29 号），并于 1999 年 9 月 28 日颁布了《城市居民最低生活保障条例》（国务院令第 271 号），该条例适用于家庭人均收入低于当地最低生活保障标准的城市老年人。为进一步保证城市退休者的收入，国务院于 2000 年 5 月 28 日颁布了《国务院关于切实做好企业离退休人员基本养老金按时足额发放和国有企业下岗职工基本生活保障工作的通知》（国发〔2000〕8 号），劳动和社会保障部于 2001 年 12 月 20 日颁布了《关于完善城镇职工基本养老保险政策有关问题的通知》（劳社部发〔2001〕20 号），督促企业养老保险费的按时发放，进一步规范城市居民最低生活保障金制度的运作。以北京市为例，自 2007 年以来，市政府先后出台老年保障福利养老金、"一老一小"大病医疗保

险①等与回应老年贫困问题密切相关的政策措施，并逐年调整保障水平。北京市社会救助相关政策亦针对包括老年人在内的特殊群体的需求进行相应修订。②

近年来，学界对城市老年贫困问题也日益关注。学界目前达成的共识是，老年人的经济状况不同于其他人口，退休后的老年群体往往缺乏机会来改变其经济状况。虽然有些老人的生活状况优于一般的市民，但对于那些陷入贫困的老人来说，他们的处境更为艰难，并且滞留于贫困状况的时间往往更长（Ghilarducci，2004）。而且，年轻人可以通过改变自己及其生存环境来实现脱贫，但老年人很难通过自己的努力摆脱贫困，多数老年贫困是不可逆转的（乔晓春等，2005）。这决定了扶助老人贫困的社会政策与福利手段不同于贫困的中青年群体。而且，老年人的经济处境不论是对于家庭本身，还是对于相关的社会体系，都有直接或间接的影响。首先，中国的老年人传统上依靠家庭成员的转移支付获得经济支持，这意味着老年人一旦陷入贫困，将对年轻的家庭成员产生连带效应（Saunders & Sun，2006）；其次，老年人是养老金系统和医疗照顾系统的集中使用者，如何将所有老人一视同仁地纳入这些系统中来，是当前的养老金改革与医疗改革必须面对的课题；最后，中国的社会政策是否成功，其评价标准之一，在于社会政策是否能够为老年人口提供足够的保障与社会保护（Finer，2003）。我们对老年人口的致贫原因与贫困特点了解得越多，就越有助于将社会政策准确地定位于目标群体（McGarry & Schoeni，2005）。不过，国内外关于贫困老人的研究大多从供给者的视角（provider perspective）出发，聚焦于客观状况的描述以及社会政策、组织和专业团体的工作③（如Rupp，Strand & Davies，2003；Farley et al.，2003；Smeeding & Sandstrom，2005；Neumark & Powers，1998；Sandell & Iams，1997；Steckenrider，1998；

---

① 《北京市"一老一小"大病医疗保险政策指南》，2017，http://zhengwu. beijing. gov. cn/zwzt/ylyx/，最后访问日期：2018 年 5 月 12 日。

② 《北京市 2010 年老年人口信息和老龄事业发展状况》，2011，http://zhengwu. beijing. gov. cn/tjxx/tjfx/t1197710. htm，最后访问日期：2012 年 8 月 15 日。

③ 《对长者贫穷及消弭长者贫穷的意见——向立法会研究有关减贫事宜小组委员会提交的意见书》立法会 CB（2）642/06 - 07（03）号档，2006，http://www. legco. gov. hk/yr04 - 05/chinese/hc/sub_ com/hs51/papers/hs511214cb2 - 642 - 3 - c. pdf，最后访问日期：2008年 7 月 9 日。

Lloyd-Sherlock，2000；香港社会服务联会，2006；颜文雄，2007；王永慈，2005；于学军，1995；李若建，2000；乔晓春、张恺悌、孙陆军，2006；杜鹏、武超，1998；徐勤、魏彦彦，2005）。但除了对美国贫困老年女性的零星研究（Barusch，1995；Black & Rubinstein，2000；Lombard & Kruger，2009），很少有研究关注作为贫困主体以及社会政策与服务对象的老年人自身关于贫困的经验，特别是缺乏华人社会背景下对贫困老人主观经验的研究。关于中国城市贫困老人主观经验的研究亦颇为匮乏，特别是中国城市贫困老人的声音很少被纳入减贫政策研究中。

现有的研究缺乏对贫困老人主观经验的考察，这限制了个人层面循证为本的社会工作实务与相关社会政策实践的开展。这是因为，首先，老年贫困在客观上表现为相对剥夺、多重面向、持久性的特点，且需要在家庭成员的经济关系中来考察，这些特点对于贫困老人主观世界的影响可能也是多方面的。这方面的知识间隙可能令解决贫困老人困境的社会政策出现偏差，即供给者的视角往往仅仅集中于贫困老人的物质匮乏，但对贫困老人在生理、劳务和情感方面的压力或需要认识不足，这急需我们从贫困老人主观经验的视角来审视福利供给的方向。其次，尽管更广阔的结构性因素不容忽视，但个人的能动性同样应得到重视。当人们争论社会政策、实证主义、费边主义、马克思主义这些社会福利研究中的主流范式时，聚焦于引致贫困和剥夺的结构性因素，却忽略了个体能动性的角色，也忽视了社会关系的研究（Welshman，2007；Titterton，1992；Deacon & Mann，1999）。Titterton（1992）认为，这种以蒂特马斯为领军人物的社会行政传统抱持健康和福利的病理观，对个人和更广阔的社会力量（social forces）间的"调节性结构"（mediating structures）的概念化不够。例如，脆弱性的表现和应对方式依性别、年龄、社会阶层而相异。如果蒂特马斯强烈反对通过以穷人自身的失败或弱点的方式解释贫困的任何努力，在准蒂特马斯范式[①]中，反对贫困的个人主义或行为叙述固化并拓展成为一个杜绝讨论此类因素的更具决定主义（determinist）的取向，而主流观点不情愿甚

① Deacon（2002）认为，福利的"美国化"强化并维持着布莱尔和撒切尔一致认可的伦理，这是一种自 20 世纪 60 年代以来主导社会政策的准蒂特马斯范式或学派，它越来越关注物质不平等的增长，更少关注利他主义和社会关系的质量，也更少关注人们的行为和活动如何体现在有意义的选择中。

至拒绝讨论行为或选择的议题，造成了关于福利依赖和低下阶层的保守主义观念蔓延（Deacon，2002）。对此，Titterton（1992）呼吁建立一个社会福利的新范式，这个范式聚焦于人们的脆弱性和风险的相异性，对人们应对策略的创造性和多样化保持敏感性，特别要关注那些胜利活下来（survive）的人们对福利威胁的不同反应。

从以上的中国人口老龄化趋势、中国城市贫困老人的数量、政府政策、学界共识等方面可见，中国城市老年贫困问题不容忽视，尤其急需我们从主观经验的视角将对此议题的探索向前推进。

二 何以存活：贫困老人的抗逆力

虽然贫困老人常常因为严重缺乏经济资源（包括医疗照护资源）而无法满足自身需要，但进入老年阶段就是抗逆力的证明，它证明在艰难困苦中存活下来的能力（Chapin & Cox，2001）。本书试图摘去"问题的眼镜"，采用抗逆力的理论视角，在识别贫困老人所面临压力的同时，更加关注贫困老人及其环境的优势与资源，以及内外保护性因素回应贫困衍生的压力的过程。倘若我们聚焦于抗逆过程，便意味着我们没有必要给贫困老人贴标签为"有抗逆力的"或"没有抗逆力的"（Teram & Ungar，2009）。相反，我们可以假设处于不利生活环境的所有老年人都在努力地克服通往有意义人生路上的障碍。相对于早期将抗逆力视为有些人有而其他人缺乏的个人特质，这是一种进步（Teram & Ungar，2009）。由此，抗逆力研究不再是谴责受害者（Luthar & Zelazo，2003）。

贫困老人的抗逆力是老人个体及其环境中的保护性因素缓冲逆境衍生的压力，以达至老年人个体在心理和生理功能上保持相对稳定的均衡的过程。这使抗逆的过程成为联系宏观结构和微观个体的桥梁，特别是将社会政策纳入此过程中来。事实上，在贫困研究中以"二分法"的形式进行"个人/文化－结构"和"微观－宏观"的区分，不可避免地造成过度简化。有学者通过对一系列研究的总结发现，研究者越来越多地超越"文化－结构"的二分法，一个全面的反贫困策略必须包含结构的和文化的部分，这两个部分应以创新的、有效的方式相互配合。由于抗逆力研究根植于精神病学（psychiatry）和发展心理学，大部分抗逆力研究聚焦于面临贫困而促进抗逆力的个人层面的保护性因素，即那些能够缓冲（buffering）或调节压力和负面生活事件的关系，以增强调适的因素。这些因素将抗逆力的可能性主要置于个人或家庭和社区的独特的、情境的或随机的经验，却对社会结构的重要性轻描淡写（Seccombe，2002）。在此之后出现了关于抗逆力的更广阔的、系统的观点，即 Waller（2001）所谈到的生态系统视角，该视角融合了个人、家庭、社区三个维度，关注它们之间的复杂互动，同时关注生态的、文化的和发展（如种族主义、压迫、社会阶层）的些微差别。它要求我们在人们无法自己克服他们的问题时，不再谴责个人、家庭和社区。然而，生态系统视角走得不够远。政策决定有可能急剧地改善人们的生活。没有健全的政策，个人的属性、参与的家庭和支持性的社区只能产生有限的效果（Seccombe，2002）。因此，本书试图在抗逆力的理论框架中进行"个人"与"结构"的有机结合，不仅将个人、家庭和社区纳入贫困老人的抗逆过程，而且将与老年贫困相关的社会政策作为该抗逆过程不可或缺的一部分，试图考察贫困老人获取制度性支持的过程以及具体的社会政策措施对提升个体抗逆力所起的作用。

将抗逆力视为一个过程，还可以纳入多重层面的影响，这有利于将抗逆力的效果最大化（Wyman et al.，2000；Weissberg et al.，2003）。因为透过多层面环境，我们可以从不同的领域设计减少贫困风险的干预方式，增加资源或扩充获取资源的渠道，动员或增强保护性的系统（Masten & Powell，2003）。要理解自然发生的抗逆力，或为处于贫困风险中的老人设计更为有效的干预，需要更密切地关注各种形式的情境，包括在发展出抗逆力的过程中老年个体如何与各种层面的情境进行互动。

要说明的是，这个过程的结果，表现为贫困老人面对压力仍在心理和生理功能上保持相对稳定、健康的水平，而不一定是压力的消失。从 Lazarus 等人（Lazarus & Folkman，1984；Lazarus，1991）的观点来看，倘若将压力仅仅描述为外在的事件，则忽略了贫困老人个体对于压力的感受或评估的差异。压力是当处于贫困风险中的个人，其需要超过可获取的资源时，资源和需要之间的落差引致的危机和长期紧张。

借鉴批判老年学的人文主义路径，笔者关注中国城市贫困老人各种压力情境下的意义追寻。通过"聆听他们的话语，感受他们的欢乐、痛苦、矛盾，体会他们胜利的喜悦"（Gratton & Haber，1993：297），发掘贫困老人回应各种压力的内在过程。而且，本书将批判老年学理论融入对贫困老人抗逆力的观察，因此这里的"抗逆力"概念并不等同于以往的"健康老龄化"、"成功老龄化"、"有生产力的老龄化"和"积极老龄化"等概念。笔者既关注那些因有较多资源而有能力应对各种压力的贫困老人，也关注那些外在资源匮乏且长期受损、处于孤立隔离状态的贫困老人。尤其关注制约后者回应各种压力的外在保护性因素，特别是社会政策在贫困老人回应艰难困苦的过程中所起到的作用。避免因片面突出前一种贫困老人的抗逆力，而造成对后一种贫困老人的社会贬损。

三 生活故事：揭示抗逆力的窗口

在贫困研究中，质性研究方法因其对意义的关注（Willig, 2008）而有独特优势。虽然识别和测量贫困是重要的方面，但许多其他方面也同样重要，包括考察贫困人士所经历的过程和事件，考察那些阻碍他们逃离贫困因而造成鸿沟的环境，以及那些被迫遭受贫困的人所承担的后果（Saunders, 2004）。这要求我们这不仅要考察统计数字，还要超越这些数据，实现对贫困经验的丰富描述。而且，质性研究能够从内部考察贫困家庭的生动经验，其研究结果为量化数据添加了深度的和高度个人化的论述，是量化研究的重要补充（Seccombe, 2000）。此外，由于城市老年贫困大多是一种长期贫困的状态，贫困的持久性是其重要特征。但单纯地评估收入和消费容易低估持久的剥夺（Hulme & Shepherd, 2003）与长期内化的压力，质化研究方法有助于深化我们对于长期贫困经验的理解。质性研究方法也很适合本研究对抗逆力的理解。因为它聚焦于未识别出的过程，放大被边缘化的声音，解释文化的情境（Este, Sitter & Maclaurin, 2009）。

作为一种质性研究取向，生活故事尤其适用于探寻贫困老人的抗逆力。生活故事是一种叙事形式，它从口述史、生活史、其他民族志和田野取向演变而来（Atkinson, 1998）。它有时也被称为生命史或传记式访问，是用来收集、分析与诠释人们自述其个人生活故事的方法（Marshall & Rossman, 2006），属于质性研究方法的特别类型。生活故事的价值不只像陈述历史一样，提供过往事件与经历的特定细节信息，还呈现个人如何创造意义（Marshall & Rossman, 2006）。根据 Atkinson（1998）的观点，生活故事取向的质性研究通常由访谈开始，然后转录，最终以故事讲述者的语言形成流畅的叙事。受访者在研究者引导的访谈中，尽可能完整和诚实地讲述关于自己生活的故事，包括他/她记忆中的生活，以及他/她想让其他人了解的生活。生活故事的叙事内容包含人生中最重要的影响、经历、环境、议题、主题和教训。换句话说，生活故事不是完全的生活编年史，而是我们的经验、事件、想法和感觉在特定时间和地点的片段，是那些对我们最重要或最有意义的经验的浓缩——那些我们认为重要的事情（King，Brown & Smith，2003）。

生活故事的内容并不完全是一种客观的真实，它是个人对真实的建构，反映了个人的独特经验和视角。因此，倘若我们想要知道一个人的独特经验和感受，那么没有其他的方式会比让当事人自己讲述更好。主体视角（subjective perspective）组成了讲述者世界中的真实（Atkinson，1998）。正如 Atkinson（1998：20）所言：

> 在生活故事中最有趣的是，人们如何看待他们自己，他们又想要别人如何看待他们。生活故事清晰、有序地记录了个人的真实（personal truth），这一个人的真实由"事实"（facts）和"虚构的事"（fiction）组成。

生活故事取向的优点在于，它考察一个人随着时间推移，如何经历和理解生活（Atkinson，1998）。它更关注贫困老人对于自身故事的建构，而不需要像"生命史"那样讲求明确的证据（Tagg，1985）。它可以较完整地捕捉个人的生命（Marshall & Rossman，2006），让读者进入相同的经验。生活故事取向尤其适用于旨在发掘培育贫困老人抗逆力机制的质性研究。Rappaport（1995）将创建、选择、讲述个人故事的权利视为一种宝贵资源，认为这种资源同其他资源一样，也是被不平等地分配的。因此，他认为我们应当创造环境，来促进增权性质的社区的和个人的故事，更认真地倾听讲述这些故事的声音。生活故事取向引导我们发现贫困老人在物质匮乏的环境中关于压力的各种故事，以及他们如何回应这些压力的故事，并与更广泛的个人改变、社会变迁相联结。它们不仅是了解贫困老人的途径，也让我们了解他们做出某些选择原因的途径。理解这些选择的合理性能够帮助我们为面临相似逆境的老年人设计最有用的干预措施。

本书的第三章至第六章，是笔者运用生活故事的访谈方法所呈现的城市贫困老人的压力与抗逆力的故事。这部分着重考察老人关于贫困的经验、事件、想法与感受，尤其是他们如何看待与理解物质匮乏环境中的各种压力，他们如何回应这些压力，以及他们在此过程中如何建构意义，试图发现提升贫困老人抗逆力的保护性因素。生活故事的访谈像一场谈话（conversation），但又不是谈话。在访谈中，对方是谈话的人，而我们是倾听的人（Atkinson，1998）。在提问的方式上，用于取得人们深层经验的直接和简单的问题，能够带出最丰富的故事（Atkinson，1998）。比如，用"那对您意味着什么""这让您有什么感受"此类问题引导故事讲述者表达感受，能够引出最好的故事。当受访者传达一个新的令人兴奋的信息时，笔者的角色则由引导者转向跟随者，将笔者作为研究者的知识和声音留在背景中，主要提供支持和鼓励。当受访老人沉默甚至完全停止时（可能是需要时间进一步反思，让内在的想法外露），这时，与其破坏沉默，还不如等待（Atkinson，1998）。在访谈行将结束的时候，笔者让受访者知道，他/她给我提供的故事是一份很有价值的礼物。在生活故事的访谈中，访谈者保持谦卑、同理心、敏感和理解对方，这比拘泥形式（formality）、显得有科学性（appearing scientific）更重要（Atkinson，1998）。笔者在访谈过程中，力图表现出对受访老人的兴趣、同理心、关注、温暖和接纳，同时尊重受访老人的界限，给予情感支持。

除了运用生活故事取向与受访老人访谈外，笔者还以关键个案抽样（critical case sampling）的方式选取相关工作人员，包括不同社区居委会面向贫困老人的主要负责人 5 位，以及提供老年服务的社区机构负责人 1 位，前线社会工作者 1 位。对社会政策执行者与社会服务递送者的访谈，有助于我们了解老年贫困在社会、组织和政策层面的背景，且帮助我们探寻如何在正式社会系统的层面培育贫困老人的抗逆力。

基于城市贫困老人的生活故事，本书将聚焦于贫困老人的主观经验，从个体的层面考察贫困对于老年人多重面向的负面影响。同时，基于批判老年学和抗逆力的理论视角，探索贫困老人如何回应贫困的负面影响。不是止于贫困老人在心理学层面的抗逆力，而是更加关注他们对贫困经验的主观诠释，探索内在和外在的保护性因素提升抗逆力的过程，并且将社会政策纳入贫困老人抗逆力的保护性过程。最后，将为改善与贫困老人有关的社会服务和社会政策提出适切的建议。

这些研究内容的呈现对于知识发展、实务开展和理论贡献具有重要意义。首先，关于中国城市贫困老人主观经验的研究颇为匮乏。由于老年贫困具有持久性与多重风险叠加的特点，其不同于一般的贫困现象，需要特别考察。尽管贫困老人的主观经验略见于少数媒体报道，但目前关于贫困老人的研究多以政策提供者的角度研究贫困老人，忽略了贫困老人的主观经验。尤其是在华人社会背景下，鲜有研究探索贫困对于老年人主观经验的影响，以及老年人对于贫困的响应。对于中国城市贫困老人的研究能够填补这一领域的知识空隙。其次，对于贫困老人主观经验研究的欠缺，限制了个人层面循证为本的社会工作实务与相关社会政策实践的开展。通过质化研究方法探索贫困老人在结构性限制下的能动性、局限和矛盾，有助于我们从社会服务与社会政策的角度思考改善贫困老人处境的变革力量。最后，基于抗逆力理论、压力理论和批判老年学理论来探索中国城市贫困老人的主观经验，这在理论上摒弃了以往考察贫困老人的单一的问题视角，力图发掘贫困老人在多重压力之下的优势与能力，并对贫困老人抗逆力的研究框架进行进一步发展。同时也区别于"成功老龄化"、"有生产力的老龄化"和"积极老龄化"等社会老年学视角，在强调贫困老人抗逆力的同时，试图发现家庭、社区和社会政策层面对发展贫困老人抗逆力的限制，避免片面强调有些贫困老人的优势而造成对其他贫困老人的社会贬损。

本书的第一章将阐述与贫困老人相关的经验研究和社会政策领域的研究发现。第二章将阐述老年贫困的理论解释。第三章至第六章较全面地展现城市贫困老人的主观经验，其中第三章将识别中国城市贫困老人的多重压力，第四章和第五章将分别阐述作为外在保护性因素的非正式社会支持和正式社会支持响应中国城市贫困老人多重压力的机制和结果，第六章聚焦于作为内在保护性因素的工具性策略和意义创造响应中国城市贫困老人多重压力的路径。第七章就城市老年贫困的多重弱势和保护性因素进行进一步讨论。第八章对社会政策提出相应建议。

第一章

老年贫困的实证研究与社会政策

一 老年贫困的识别、人口特征与主观经验

(一) 贫困老人的识别

1. 老年贫困的定义

Rowntree（1901）早在20世纪初就从必要的生计（livelihood）来界定贫困，以此区分初级贫困和次级贫困。Townsend（1979）认为"当个人、家庭和团体因缺乏资源而不能获取饮食种类、参与活动、拥有合乎习俗或社会中广泛鼓励的生活条件与设施，那么可以说他们是贫困的。他们的资源严重少于普通家庭，以至于实际上被排斥在平常的生活模式、习俗和活动之外"。这一定义参照了社会中广泛支持的生活水平与习俗，被视为相对贫困的界定。随后，贫困的定义逐渐趋向多元。世界银行（1990）《1990年世界发展报告》将贫困界定为"缺乏达到最低生活水平的能力"。贫困是指福利的被剥夺状态。贫困不仅是指物质的匮乏，还包括低水平的教育和健康。这一定义凸显"能力贫困"，以及贫困者的被剥夺状态。2001年，世界银行（2001）对"贫困"重新进行定义，认为贫困是对人类福祉的显著剥夺，主要包括以下四个方面：以收入或消费来测量的物质匮乏，健康和教育水平低下，面临风险的脆弱性，在关系到自己命运的重要决策上没有话语权或无力状态（voicelessness and powerlessness）。可见，国际上对贫困的界定从"经济"方面的良好状态，扩展到"非经济"方面的良好状态，具体来说，经过了侧重物质匮乏（Rowntree，1901），到相对

剥夺（Townsend，1979；Saunders & Whiteford，1989；Scott，1994），继而重视能力缺乏（世界银行，1990）、脆弱性与无力感（世界银行，2001）的过程。而且，逐渐从将贫困视为一种短暂的现象，转到重视部分群体经历贫困的持久性（Hulme & Shepherd，2003）。

而目前中国学者对贫困的定义，比较普遍的观点仍是将贫困分为绝对贫困和相对贫困（笔者选取其中的代表性研究，整理如表1-1所示）。绝对贫困是指生活没有保障，依靠个人的合法劳动及其他诸如变卖财产、借款等方式仍不能满足衣、食、住、行的基本需求；相对贫困是指对于社会平均生活水平而言，处于社会最底层的生活状态，一般按收入低于社会平均收入的一定百分比来衡量（乔晓春等，2005）。

表1-1　中国学者对贫困的定义

研究者	定义
国家统计局农村社会经济调查总队（1989）	个人或家庭依靠劳动所得和其他合法收入不能维持其基本的生存需求
国家统计局（1991）"中国城镇居民贫穷问题研究"课题组和"中国农村贫穷标准"课题组	物质生活困难，即一个人或一个家庭的生活水平达不到一种社会可接受的最低标准；缺乏必要的生活数据和服务，生活处于困难的境地
康晓光（1995）	"经济文化落后的总称"，"由低收入造成的基本物质、基本服务相对缺乏或绝对缺乏以及缺少发展机会和手段的一种状况"
孟春（2000）	一种个人或家庭难以达到最低生活标准的短缺状态
关信平（1999）	在特定社会背景下，部分社会成员由于缺乏必要的资源而在一定程度上被剥夺正常获得社会资源，以及参与经济和社会生活的权利，并使他们的生活持续地低于该社会的常规生活标准
李实（2002）	以持久收入来界定，为持久性贫困，即在某一时期，人们的收入和消费都低于贫困线标准；以现期收入来界定，为暂时性贫困，即收入低于贫困线而消费高于贫困线的状况；虽然有高于贫困线的收入，但由于过去或未来有特殊的支出需要而不得不将现在的消费压低到贫困线以下，为选择性贫困；三种贫困之和为总体贫困
乔晓春等（2005）	从三个层次来定义贫困：首先是收入水平低，生活困难；其次是缺乏可持续发展的能力，依靠自身努力无法改变其处境；最后是与整个社会发展不协调
Saunders 与 Sun（2006）	将老年贫困从经济贫困的内涵扩展到社会排斥与相对剥夺

由上可见，西方社会对于贫困的界定超越了物质匮乏、无力维持基本

生存的状态，目前更强调机会、能力、话语权、各种保障的缺乏，突出相对剥夺、社会排斥，侧重贫困的结构性归因。而国内学者、政府部门尽管直到 21 世纪初仍大多坚持绝对贫困的内涵，但近几年也越来越多地从能力缺失、相对剥夺等角度来定义贫困。此外，国内外学者（Hulme & Shepherd，2003；李实，2002）以时间为维度将贫困区分为短暂性贫困与长期贫困/持久性贫困，也有助于拓展我们对于老年贫困的理解。

从上述关于贫困界定的发展过程来看，贫困不仅涵盖物质匮乏、无力维持基本生存的绝对贫困状态，而且包含相对剥夺、风险与脆弱性的意义。因此，本书将中国的"老年贫困"界定为：年满 60 周岁的公民因物质匮乏而被剥夺正常获取社会资源，以及参与经济和社会生活的权利，并使他们的生活持续地低于社会的常规生活标准。

2. 老年贫困的测量

关于贫困程度，有一些基础量度指标，如贫困发生率[①]、贫困缺口（总差额）[②]、贫困缺口率[③]、贫困线指数[④]、综合指数[⑤]（屈锡华、左齐，1997）。在实际研究中，普遍的做法是从绝对贫困与相对贫困、基于收入与基于消费的贫困这两个维度，制定具体的贫困线标准，将"贫困"概念操作化。笔者将目前常用的制定贫困线的方法总结如表 1-2 所示：

表 1-2　贫困的类型与测量方法

贫困的类型	测量方法	计算的指标
绝对贫困	恩格尔系数	消费
	最低食品支出（市场菜篮子法）	
	最低生活保障线	收入
相对贫困	遗缺指标法/生活形态法	消费
	国际贫困线	收入
	末等收入法	

---

① 即贫困人口在人口总体中所占的比例。
② 即为消除贫困，使所有贫困者的经济收入都超越贫困线尚需要的社会财力。
③ 即实际总差额与理论上最大贫困缺口的比值。
④ 即贫困线与总体人均收入的比值。
⑤ 即贫困发生率、贫困缺口率、贫困线指数的乘积，表示贫困缺口占国民总收入的份额（或比重）。

贫困的类型	测量方法	计算的指标
相对贫困	综合法	收入、消费相结合
以其他方法测量的贫困	净收入法	
	马丁法	消费
	数学模型法	
	性别分析法	

关于老年贫困测量的研究显示，老年贫困有相对剥夺、多重面向、持久性的特点，并且需要在家庭成员的经济关系中来考察。

首先，老年贫困包含相对剥夺的特点。Saunders（2004）认为，所有关于贫困的定义包括两个重要特征。第一，贫困是资源不足以满足基本需求的状况。这种观点在 Adam Smith 那里指的是"不可或缺的必需"（indispensably necessary），或是 Rowntree 关于"仅满足生理效能的最小化必需品"的著名定义，或是 Sen 的"基本的能力"。第二，贫困的界定涵盖了关于贫困的社区观点（community perceptions of poverty），即 Townsend（1962）所指的广泛接受的活动和条件。这说明，人们不仅因需要不足而贫困，而且贫困还与那些不是穷人的其他人有关，即贫困在时间和空间中是相对的（Zastrow，2000）。Saunders 与 Sun（2006）进一步提出通过可观察到的剥夺与丧失来直接估计贫困，设计了一套针对中国城市贫困老人的"艰难困苦的多重面向指标"（Multi-dimentional indicators of hardship）。这套指标超越了以往对经济收入或绝对贫困的测量，主要考察中国城市老人的经济保障、住房、健康、社会排斥、社会地位、安适状态的情况，并将客观情况与主观自评结合在一起。研究者通过测量表明，将贫困与艰难困苦的重合作为证实贫困估计（poverty estimate）的方式，可令贫困的估计更可信。这启发我们在观察老年人的收入之余，同时考察实际的剥夺与丧失。但该研究主要聚焦于经济保障、住房、健康、社会排斥、社会地位等客观方面，缺乏对贫困老人主观经验的深入研究。

其次，老年贫困包含多重面向。贫困是由一系列排斥组成的一个复杂现象，它是多重维度的，其中经济的、人口的和社会文化的因素相互作用并重叠（Skalli，2001）。多重层面的剥夺可能是长期贫困的基础，造成贫困持久存在（Hulme & Shepherd，2003）。近年来，学界越来越多地认识到从多重面向的视角来分析贫困。这可以通过根植于人类学和社会学（Wood，2003；Hulme，2003）的质化研究方法来实现，或是通过在定量分析中使用非金钱的变量（McKay & Lawson，2003；Saunders & Sun，2006）。我们在老年贫困的研究中，不仅要关注贫困老人经济方面的福祉，而且要重视其非经济方面的福祉。

再次，老年贫困常常表现为长期贫困。老年人的经济状况不同于其他人。老年人退出就业领域之后，往往缺乏机会来改变其经济状况。对于那些陷入贫困的老年人来说，他们的处境比一般市民更艰难，并且滞留于贫困状况的时间往往更长（Harper et al.，2003；Ghilarducci，2004），多数老年贫困是不可逆转的（乔晓春等，2005）。Hulme 与 Shepherd（2003）进一步提醒我们，绝不能假设所有家庭的全体成员都在相似的时期以相似的方式经历贫困，因为在非贫困家户中，某些成员由于性别、年龄和社会地位可能经历长期贫困，而长期贫困家户中的特殊个体可能没有受到持久的剥夺。这提醒我们不应将贫困人士简单视为一个同构型的群体。长期贫困的特点也启发我们寻找更合适的研究方法，以考察中国城市贫困老人所经历的持久剥夺。

最后，老年贫困现象要在家庭成员的经济关系中来考察。根据 Lloyd-Sherlock（2006）的观点，目前学界对于老年人收入的理解存在问题，比如，个人或家庭收入是否明确显示了一位老人的经济状况，取决于家庭收入合资的程度，即老人是否获得等同的或足够的份额，但这些信息在大型抽样调查中难以获取。若干发展中国家的质性研究表明，共同居住并不一定伴随着等同的收入合资（income pool），老人与其他家庭成员的经济关系各不相同（Palloni，2001；Schroder-Butterfill，2004）。例如，Lombard 与 Kruger（2009）于南非进行的质性研究发现，南非艾滋病的高发率侵蚀了传统的扩展家庭，使老年人成为患病子女和失去父母的孙子女的主要照顾者，并在经济上成为代际家户（intergenerational households）的主要贡献者。因此，倘若没有全面理解家庭的内部关系，我们不可能全面地理解老年人个人的收入。国内也有学者（沈红，2000；汪雁、慈勤英，2004）指出，现有的贫困分析方法大多基于居民的收入或消费，以户或家庭为分析单位，并假设家庭内的成员共享这些资源，贫困人口被假设为家庭均质或社区均质的人口群体，家庭内部成员的差异被忽略。对此，汪雁、慈勤英

（2004）建议城市贫困测量在坚持整体性视角的同时，补充"特殊性"视角，如性别、年龄、劳动能力、体质等。而目前在家庭资源实际分配的背景下考察老年人的剥夺与丧失，则实属罕见。

除了根据老年贫困的定义与测量方法来识别贫困老人外，我们还可以透过现有研究中关于中国贫困老人特征的研究发现，勾勒这个群体的概貌。

（二）贫困老人的人口特征

老年人绝非一个单一的同质群体，他们并不随着年龄的增长而日渐趋同，相反的，作为一个群体，其内部高度分化。总体来说，贫困老人呈现女性居多、高龄化的特征，同时，老人是否有退休金、家庭支持情况、教育背景、健康状况、工作经历和子女数量，都与老年贫困有关。

1. 贫困女性化

由于不平衡的性别比例与更长的预期寿命，老年女性的面貌凸显了老化是女性的议题。对于女性来说，老年的前景在各个方面都更加糟糕，包括长期疾病、独居、守寡、贫困和缺乏经济资源（Steckenrider, 1998）。"贫困女性化"（feminization of poverty）这一概念最早由 Diane Pearce（1978）提出。目前，中国的老年人口也日益呈现贫困女性化的特征。无论城乡，老年人口中无收入现象均主要发生在老年妇女身上（徐勤、魏彦彦，2005）。按性别划分，在城市，男性老人中，有 6.3% 的老年人处于贫困状态；而女性老人贫困的比例高达 23.4%，几乎是男性贫困老人的 4 倍。这反映出在老年贫困问题上男女的不平等（乔晓春、张恺悌、孙陆军，2006）。

从经济供养上看，女性老年人对子女或其他亲属在经济供养上的依赖性大大高于男性（杜鹏、武超，1998）。家庭的经济支持对女性老年人的重要性无论城乡均比男性大。在城市，家庭的经济支持占女性老年人口总收入的 53.35%，男性老年人口相应的比例为 30.33%（徐勤、魏彦彦，2005）。

从社会保障水平上看，女性老年人口的社会保障水平仍明显低于同龄男性。徐勤、魏彦彦（2005）基于 2000 年中国城乡老年人口状况一次性抽样调查 10% 原始抽样资料[①]发现，2000 年城市男性老年人口中离退休人员占 88.6%，女性老年人口离退休人员占 54.7%。城市男性老年人口中从未工作的人占 7.6%，而女性的这一比例达到 38.7%。享受救助的女性老年人口的比例也比男性低。贫困男性老年人口中有 9.8% 的人享受政府救助，救助水平从 2.5 元至 17.92 元不等；7.8% 的人享受集体救助，救助幅度为 13.33 元至 20 元。而女性老年人口中有 5.8% 的人享受政府救助，救助水平从 3.33 元至 140 元不等；2.6% 的人享受集体救助，救助幅度为 0.38 元至 30 元。女性老年人口可利用的卫生资源严重不足，看病就医主要依赖家庭成员。城市男性老年人口中 72.9% 的人能够享受公费医疗，而女性老年人口中这一比例只有 49.8%，是前者的 68.3%。从 2000 年到 2006 年，城市中的男性老年人享有医疗保障的比例从 67.3% 增加到 82.9%，女性从 36.9% 增加到 65.9%（中国老龄科研中心，2006）。低覆盖、低水平的社会保障，凸显了低收入女性老年人的经济脆弱性。

2. 老年贫困高龄化

高龄老人是典型的弱势群体，其贫困发生率较高，这在许多国家都是如此，中国也不例外（于学军，1995；陈功、曾卓，2001）。从年龄分布来看，贫困发生率随着年龄的增长而上升。在城市中，60～64 岁的年轻老年人贫困比例最低，占 11.3%；老年人口的贫困率随年龄的升高而增加，在 75～79 岁年龄组骤然上升，在 85～89 岁年龄段达到最高峰，为 31%；90 岁以上老年人贫困的比例比前一个年龄组略有下降，这可能是由于能够活到 90 岁以上的高龄老人生活条件一般较好（乔晓春、张恺悌、孙陆军，2006；李若建，2000）。贫困的性别鸿沟随着年龄的升高而减小：60 岁的贫困老人男女比例为 1:7，到了贫困老人 80 岁时，其男女性别比为 1:4（Saunders & Sun，2006）。

3. 其他特征

除了女性居多、高龄老人居多外，中国城市贫困老人的贫困状态还与

---

① 调查对象为 2000 年城乡 60 岁及以上的老年人。本次调查在全国 20 个省、自治区、直辖市的城镇和乡村进行，每个省、自治区、直辖市各分配 1000 个样本，其中农村和城市各为 500 个样本。在省、自治区、直辖市以下，按照 PPS 原则，随机抽取被访老年人家庭，入户后，按照 KISH 表，随机抽取被访老年人。实际回收样本为 20542 份，取得有效样本 20255 个，其中城市 10171 个，农村 10084 个。本书分析使用的是 10% 的原始抽样数据。

教育水平、健康状况、工作经历、子女数量有关。老年人受教育水平越高，他们成为贫困人口的比例也越低；健康状况越好的城市老人，贫困发生率越低；城市老人需要日常生活照料的比例明显高于处于非贫困状态下的老年人；那些需要生活照料同时又没有钱的老年人，会成为越来越困难的群体；贫困老年人口中多数（占76%）从未工作过，他们没有固定收入（乔晓春、张恺悌、孙陆军，2006）；无子女和独生子女家庭中的老人是特困老人的多发群体（徐勤，1999；李若建，2000）。

通过以上回顾可知，中国城市贫困老人更多地集中在女性、高龄、受教育水平低、健康状况较差、无工作经历、无子女或少子女的老人中。这提醒我们，中国城市贫困老人并非完全同构型的群体，应注意在研究中体现样本的典型性与多样性。

（三）贫困老人的主观经验

贫困人士的主观经验往往是在应对模型中进行考察的。"应对"（coping）或"应对策略"（coping strategy）是心理学领域的重要概念①。Lazarus 与 Folkman 将应对界定为"不断变化的认知和行为方面的努力，以设法应付（manage）那些被评估为负担沉重或超出个人资源范围的外在或内在的需求（demands）"（Lazarus & Folkman，1984：138）。Singh 与 Pandey（2001）将应对界定为：为了改变一个有问题的境况，而导向个人或环境的行为、认知和情感。应对也可界定为"为减轻与负面生活事件相关的生理和心理的痛苦，而做出的尝试"（Synder, Ford & Harriss，1987：9）。Gilliatt 将应对界定为"包含价值观和行为的活动，这些活动调整个人以适应不利的环境限制，使他们能够处理威胁其生存的境况"（Gilliatt，2001：3）。他认为，应对并非被动的顺从，它允许受限于现存社会秩序的人们发挥某些积极的自主性。以上关于"应对"的定义都强调为回应压力环境/逆境，个人所表现出的认知/价值观、情感和行为。应对是为维系个体的生存而对环境的一种适应。

1. 一般贫困人士的主观经验

社会学者在其发展早期便开始关注贫困人士的应对，他们最初将研究

---

① 现有文献常常将"应对"（coping）和"应对策略"（coping strategy）这两个概念交互使用（如 Gilliatt，2001；Black & Rubinstein，2000；Barusch，1995），故本书也将这两个词的内涵视为大致相同。

局限于在经验层面记录现象（Gilliatt，2001）。根据 Gilliatt（2001）的回顾，关于现代工业和城市社会中贫困的生活现实和社会隔离，当以英国的 Charles Booth 和 Seebohm Rowntree 为先锋，他们在 19 世纪中叶进行了详尽的民族志研究，让社会大众了解了穷人生活中的贬损和衰落。到了 19 世纪前 30 年，芝加哥学派开展民族志研究，深度描述了城市贫困人士的生活经验及其应对方式。到了 20 世纪 60 年代，贫困文化作为一种理论视角在美国盛行。"贫困的文化"源于 Oscar Lewis 在圣胡安和纽约对波多黎各人之家庭行为进行的民族志研究，Lewis 在这里所说的"文化"即"亚文化"。穷人发展出技巧、行为、态度来掌控和接受他们的境况，而不是发展出逃脱贫困的方法（Lewis，1996）；通过社会化，这些独特的行为模式和价值观在代际传递。Gilliatt（2001）认为贫困文化并不是消极的，它有积极的一面，因为它有助于适应和生存。贫困人士的性格优势，如不屈不挠、抗逆力、生命力、尊严、友善、慷慨，以及在社区中自助的潜能，这些都反映了贫困文化的积极面向。

贫困人士的应对类似于"生计"（livelihood）或"生存策略"（survival strategies）（Gilliatt，2001）。关于贫困人士回应贫困的方式，学者们给出的分类不尽相同。Lever、Pinol 与 Uralde（2005）指出，贫困促成了消极应对压力的策略（人们希望完全由环境或其他人解决问题）、情感上的应对策略（人们更多地关注由情境产生的情感，却较少以理性的方式评估、应对情境）和逃避的应对策略（人们闪避引起压力的问题或情境）。这种观点主要关注应对的消极方面，即使对于应对的描述也充满负面意味。Sik 和 Redmond（2000）针对短期的且主要为经济活动的应对策略，将 11 种应对策略分为以下三类：①攻击性应对（offensive coping），即增加家户收入的各种活动，包括从事额外的工作、小规模的商品生产、向金融机构贷款；②防卫性应对（defensive coping），指的是大多数削减消费的活动，这需要更少的资本和企业技巧，故相对中立或略消极，包括削减开支、买便宜货、修补、做更多家务等方式；③危机性应对（crisis coping），它比前两者带来更多的社会污名，如通过依靠其他经济行动者，或减少家庭财产，向家人和朋友借贷、申请福利、典当和变卖财产。这三种应对类型仅限于短期的应对且主要为经济活动，没有纳入更广泛的认知、态度与情感等方面的应对。

Gilliatt（2001）较全面地归纳出贫困人士的应对策略，包括三种应对的主要形式：增加资源、花费最小化和削减花费、压力管理。其中，"增加资源"包括：①家户产出最大化①；②自我供给②；③无标准的自雇③；④国内和国外的移民；⑤借贷④；⑥向他人索取⑤。"花费最小化和削减花费"包括：①维修⑥；②节省食物、服装、能量⑦；③忍受糟糕的健康⑧；④住房需求最小化⑨；⑤家户影响最小化；⑥交通需要最小化；⑦休闲娱乐最小化。"压力管理"包括：①工作中自我组织（self-organisation at work）；②安慰⑩（solace）；③释放⑪（release）。Gilliatt（2001：99 - 100）将应对理解为适应，其中闪耀着个体的优势与抗逆力，他认为"许多穷人是贫困的优秀管理者"。

一些研究者将个人对贫困的回应延伸到扩展的亲属网络（extended-kin

---

① "家户产出最大化"指的是充分运用延伸家庭的成员、朋友、邻里等社会支持网络，如请祖父母帮助照顾孩子、购物和烹饪食物（Gilliatt, 2001）。

② "自我供给"主要是指乡村的游牧民族所从事的狩猎和采集（Gilliatt, 2001）。

③ 无标准的自雇：包括相较于官方经济处于边缘地带的"黑色"职位（如清洁窗户、清理垃圾），以及税务系统中没有记录的职位（如当临时保姆、清扫酒吧的玻璃和烟灰）（Gilliatt, 2001）。

④ 借贷：通过朋友和亲戚在内的各种渠道寻找和获取贷款。借款容易加剧不幸，而不是减少不幸，因为借款是个人失败的象征，会引致污名；它会引起尴尬、内疚和焦虑，从而导致抑郁、失眠、吸烟和婚姻问题，故这或许是最不受欢迎和效果最小的应对方式（Gilliatt, 2001）。

⑤ 向他人索取：免费从他人那里获取金钱、商品或服务，而不用以等同的价值或劳力做交换，比如从朋友、亲戚、慈善机构那里接受礼物，乞讨、偷猎和进行犯罪活动（Gilliatt, 2001）。

⑥ 维修：使用修补技术来延长置换费用太贵的家庭设备、服装的寿命（Gilliatt, 2001）。

⑦ 节省食物、服装、能量：在西方社会，削减食物和能量的消费包括穿旧衣服、在二手商店购物、买最低价的货品、减去昂贵的肉、在家里穿多余的衣服、早点上床睡觉以避免昂贵的暖气账单；而在第三世界，节省的范围很有限，因为食物摄入已是最基本的，衣服也修补过无数次（Gilliatt, 2001）。

⑧ 忍受糟糕的健康：得小病则不买药（Gilliatt, 2001）。

⑨ 住房需求最小化：通常的应对方法是，适应次级标准的住房，以及设施供给不足（Gilliatt, 2001）。

⑩ 获得安慰的方式包括"公共假日、宗教与其他节日的休息时间，玩耍和体育运动，爱好，服用药物（饮酒、吸烟），各种形式的赌博（斗鸡、足球、彩票），看电视"（Gilliatt, 2001：106）。安慰还表现为对问题进行合理化解释（如否认情况的严重性），或与其他境况更糟的人比起来认为自己好多了，或在认知上重新解读一种结果以减轻不满（如有的人宣称自己"根本就没有尝试过"）（Gilliatt, 2001）。

⑪ Gilliatt（2001）认为，安慰是将注意力从问题上转移开，而释放则是对问题的存在表达沮丧，它让人们对应为不利境况负责的某些机构、个人或团体直接表达愤怒。当出现自发的愤怒和与之相伴的骚乱，则释放实现。释放直指权威，却较少表达目标，且没有表达超越当前情况的目的。

networks）所用的"生存策略"（Seccombe，1999；Hicks-Bartlett，2000；Battle-Walters，2004；DeParle，2005）。Jarrett、Jefferson 与 Kelly（2010）采用家庭抗逆力的框架，识别出家庭功能的若干网络动态：①聚合资源使家庭的资产得到扩充；②通过家族成员间的社交以满足情感和社会的需要；③扩大服务（service augmentation），对未满足的制度性需要进行补充；④通过规范的协议（normative accord）发扬传统价值；⑤通过亲属监督促进主流的行为。结果显示，通过提供资源、联结、照顾、关注、伦理标准，亲属网络有助于保护家族成员免除贫困、无家可归、饥饿、疾病、忽视和隔离的破坏性效果。

当然，贫困人士也承认要做出牺牲和挣扎。例如，他们表达受伤和失败的感受，因为他们擅长削减开支，拒绝孩子们的快乐，而这些快乐在其他孩子那里是理所当然的（Walker，1993，引自 Gilliatt，2001）。他们也更可能减少与亲友的联络，因为他们难以支付此社会关系中互惠的、消费资源的要求（Gilliatt，2001）。但无论如何，贫困人士在应对过程中所体现的抗逆力与优势值得我们给予更多的关注，他们成功地适应境况，而不是没有能力（incapable）（Gilliatt，2001）。

至于在华人文化背景下的贫困人士的主观经验，目前的研究还较少（毕玉等，2007）。在为数不多的此类研究中，毕玉等（2007）通过半结构化的深度访谈，选取北京市 26 户家庭，探讨家长和孩子在面对长期资源稀缺环境下的应对方式。研究发现，大部分受访者采取自发回避型的应对方式，少部分家长在面对困难的时候，会通过处理问题（如向亲友求助）和认知重建等方式来鼓励自己渡过难关。

2. 贫困老人的主观经验

除了以上贫困人士的一般性策略之外，国外贫困老人的应对在现有文献中还包括延长经济活动的退休、重新界定贫困、关注个人成就、依靠精神信仰、在后代身上找到安慰等方面。

（1）延长经济活动的退休

Lombard 与 Kruger（2009）对南非贫困老人的研究显示，老年人通过延长经济活动的退休，来维持生计。他们以不同的方式留在劳动力市场，包括小本生意、临时性工作、付费的家务劳动、不付费的家务工作、农业劳动。大部分通过从事临时性工作获取报酬，这意味着老年户主没有稳定的就业。在这种艰难困苦中，南非的大部分老年人没有享受到财政和物质上的幸福（Makiwane & Kwizera, 2006），这影响到他们的健康（Lombard & Kruger, 2009）。

（2）重新界定贫困

Barusch（1995）考察美国不同背景的低收入老年女性在社会趋势、公共政策、政府项目背景下如何看待、理解和应对自身的境况。研究发现：尽管在资源稀缺的状态下生活，但所访谈大部分女性都拒绝认为自己是"穷人"。受访者重新界定贫困，以将自己排除在外。有些人强调自己并未求助于公共援助；有些人强调自己的能力；一些中产阶级背景的老年女性，强调她们的穷困是暂时的，尽管此想法不一定现实。Black 和 Rubinstein（2000）考察美国 70 岁以上老年女性和她们长期贫困的主观经验，发现贫困对受访者来说并非单一的概念。它有文化、情感、经济、历史、关系的和精神方面的组成部分，各部分相互交织在一起。首先，贫困女性几乎都不把自己看成压迫的受害者，而是通过日常生活的小镜头（small lens）尤其是她们个人的人际关系，来理解艰难困苦的经验。她们常常将剥夺等同于情感的、人际关系的、家庭的或精神上的匮乏。老年女性不是通过贫困来界定自己，而是用面对不幸（adversity）所取得的成就、她们教养子女所取得的成就、她们积极的个性特征来描述自己。其次，受访的贫困女性几乎不把经济贫困与羞耻联系在一起，而是后悔过去的行为，如酗酒、抽烟。尽管她们内化了贫困的社会道德界定，但她们不仅重新界定了贫困，而且重新界定了道德价值和羞耻。最后，相较于年轻时不能获取各种福利救助的境况，她们把当下看成一生中经济状况最好的时光。

（3）关注个人成就

贫困老人尤其是贫困的老年女性，用个人感受到的成就和收获来调和经济上的匮乏（Black & Rubinstein, 2000；Barusch, 1995）。他们回想过去的成功，如"做一个好妻子或好母亲"、"做一个专注的职员"和"从没向任何人求助"，对在经济贫困的压力下保持独立与自尊感到自豪；他们会列举自己的财富（assets），如朋友、健康、孙子女、孩子等。通过总结生命事件，贫困老人拥有更多的胜利和成功感，这让生命故事乃至生命本身变得完整（Black & Rubinstein, 2000）。

（4）依靠精神信仰

由于各种原因，许多贫困老人不一定把孩子或孙子女作为支持的来源，而是依靠宗教和精神信仰来应对艰难困苦（Black & Rubinstein，2000）。尤其对于贫困的老年女性，信仰是她们的主要应对机制，也是她们寻求情感、精神和经济支持的主要方式。Black 对老年非洲裔美国妇女的质性研究发现，受访者与上帝的关系是她们生命故事的普遍线索。她们的自我概念、对他人的看法、她们生命的意义，都是受到信念的指引（Black，1999）。

（5）在后代身上找到安慰

贫困老人尤其是女性，通过培育后代燃起希望，坚信自我在时间中的延续性（Black & Rubinstein，2000），以此得到慰藉。

（6）有底线的依赖

在美国，收入有限的老年女性依靠家人、朋友、邻里或公共救助获得援助，但即使如此，仍试图保持自己的尊严和独立。她们所能忍受的依赖程度取决于自己与帮助者之间的互惠关系。在某些情况下，原本不能容忍的依赖程度也是可以接受的，这些情况包括：过去帮过别人，受助者有爱心，受助者真的需要帮助，受助者的要求不是很多，受助者偿还贷款（Barusch，1995）。无论如何，向家人寻求或接受经济、情感帮助，这并不是老年贫困女性的主要应对机制。低收入老年女性参与公共援助计划的程度较低，这也反映了这种帮助并非基于互惠关系而成为耻辱（Barusch，1995）。

3. 启示与反思

透过以上对贫困人士尤其是贫困老人主观经验的回顾，我们得到以下启发。

首先，在贫困人士的主观经验中，贫困并非单一的概念，贫困老人个体对贫困的理解，超越了经济资源不足的意义。换句话说，在客观上表现为多重面向的贫困，对于主观世界的影响也是多方面的。质性研究方法为我们研究贫困老人多重面向的主观经验提供了广阔的可能性。

其次，贫困老人面临资源稀缺的应对策略，蕴含着个体的优势与抗逆力。尽管近年来对美国少数族裔老年女性的研究聚焦于她们面对贫困所展现的优势，但总体而言，在更广大的老年贫困群体中，尤其是华人社会背景下的贫困老人，此类研究仍较少（Duner & Nordstrom，2005）。

最后，用应对模型来理解贫困老人的主观经验，有其内在的局限性。所有关于贫困应对的研究，更多地聚焦于个体层面的工具性策略，以及心理学意义上认知、情感的应对方式。而本研究更感兴趣的是，除了工具性的生存策略外，中国的城市贫困老人如何诠释他们的贫困经验；在贫困老人的主观经验中，外在的社会支持以及那些更广阔的社会环境，比如社区组织、社会政策等在贫困老人回应艰难困苦的过程中扮演何种角色；在贫困老人的主观经验中，体现出哪些优势。而这些在目前的文献中仍然是不清晰的。

接下来笔者将回顾与老年贫困相关的社会政策和研究发现，为中国城市贫困老人研究提供社会政策的宏观背景。

二 老年贫困的社会政策与研究发现

1. 现行社会政策与服务的背景

与大部分城市贫困人口相同，中国城市老年贫困人口经历了改革开放以来的经济体制转型和产业结构调整。但改革开放后尤其是 20 世纪 90 年代以来，城市贫困现象具有很强的体制转型时期的特点：由于经济体制转轨、产业结构调整、国有企业改革等因素，旧体制下的以单位进行的养老、病残救助、子女安置等福利功能基本上不复存在，而相应的社会保障机制没有完全建立起来（李彦昌，2004）。在整体社会变迁的同时，中国社会政策的哲学基础和目标随之发生显著变化，由此导致社会福利系统中市场原则日益普及，福利提供越来越少，除社会救助外，几乎所有社会政策都不同程度地市场化，且福利水平降低；社会福利系统社会化，政府自改革以来在福利服务的提供上所承担的责任更少，并鼓励其他社会部门参与提供福利服务；福利系统的普遍模式，转变为选择性模式（关信平，2003）。

在以上背景下，中国城镇老人的社会福利也发生了深刻变化。在计划经济时代，中国的社会福利制度是一种以职业福利为主、以民政福利为辅的官办福利模式，在城市中，单位全面提供职工的养老、劳动保险、集体福利服务以及商品、补贴等一系列福利（陈银娥，2004）。改革后，中国的城镇养老保险制度由国家保险向国家、企业和个人三方筹集资金的方式过渡。计划经济时期的高就业、低分配政策导致老人无积蓄储备（刘丽、刘丹，2005），致使其进入老年之后在经济上相对匮乏，较易陷入贫困的境地。而且，中国城市的绝大多数国有、集体单位始建于20世纪50年代，企业离退休人员占的比例相当大；由于支付这些离退休人员的退休金是从企业现收入中提取，因此过去的单位退休金财会体制有重大漏洞，这给今天的单位离退休保障提出重大难题（李强，2005）。

2. 中国内地的相关社会政策与服务

20世纪80年代中后期以来，中国形成了一个"以《宪法》为依据，由相关法律组成的保护老年人包括处在特殊困境下的老年人合法权益的制度体系"（陈银娥，2004：141）。其中，具有标志性意义的两部法律（或政策）是，1996年10月1日正式颁布的《中华人民共和国老年人权益保障法》，为保障老年人获得家庭赡养与扶养、社会保障、参与社会发展等应有权益提供了法律依据；1999年正式颁布的《城市居民最低生活保障条例》，将包括城市贫困老人在内的城市贫困人口以法律形式纳入了国家救助的范畴。

笔者以关信平（2003）对中国城市扶贫体系的归纳为基础，将现阶段与应对城市老年贫困有关的政策和措施大致归纳如下（见表1-3所示）。

表1-3 现阶段与应对城市老年贫困有关的政策与措施

	政策项目	政策目标	政策、法律依据	组织体系
社会保险	养老保险、医疗保险	防止老人退休后因年老、疾病而陷入贫困	《关于完善城镇职工基本养老保险政策有关问题的通知》（劳社部发〔2001〕20号），《国务院关于切实做好企业离退休人员基本养老金按时足额发放和国有企业下岗职工基本生活保障工作的通知》（国发〔2000〕8号），《国务院关于建立统一的企业职工基本养老保险制度的决定》（国发〔1997〕26号）等	政府人力资源和社会保障部
社会救助	最低生活保障制度	为城市贫困者提供基本生活保障	《城市居民最低生活保障条例》	民政部门等

续表

	政策项目	政策目标	政策、法律依据	组织体系
社会救助	"送温暖"工程	为特殊困难者（包括老人）提供补充性救助，以及在重要节日提供现金或实物的补充性救助		民政部门、街道、工会、妇联、企业以及各类非政府机构等
	住房救助（廉租住房）	向贫困者提供低价住房		政府房管部门
	医疗救助	为贫困者和特殊困难者减免医疗费用，并提供特殊医疗服务		医院及社区卫生服务机构，以及政府劳动部门
	税费减免	为贫困者减免工商起照等费用，以及减免供暖等各项城市收费		政府有关部门及街道社区
社会服务	老人安置	建立福利院和养老院，收养没有生活保障的人		民政部及下属福利机构
	社区服务	养老服务（补贴）	各地《老年人优待办法实施细则》	民政部、医院、社会服务机构、司法部门及各文体单位
		养老优待		
		医疗保健服务		
		生活服务		
		维权服务		
		文体娱乐		
	老年人再就业		《关于进一步做好社区再就业工作的通知》（民发〔2003〕62号）	民政部门等
社会互助	"结对子"活动，各种慈善捐助，建立各种扶贫帮困基金等			政府各个有关部门、工会、妇联、街道，以及各类非政府组织

接下来，笔者就现有文献对以上政策和服务进行检视。

（1）社会保险

在以上各项政策中，社会保险的保障对象是有工资收入的劳动者，它能够起到预防老年贫困的作用。与老年人有关的社会保险制度主要包括养老保险制度和医疗保险制度。

中国社会养老保险制度建立的基本目标是，到 20 世纪末，基本建立起适应社会主义市场经济体制要求的，适用于城镇各类企业职工和个体劳动者，资金来源多渠道、保障方式多层次、社会统筹与个人账户相结合、权利与义务相对应、管理服务社会化的养老保险体系（叶响裙，2004）。然而，中国社会保险制度的覆盖面以男性为主，女性老年人口大部分处于社会安全网之外。2000 年，城市男性老年人口中离退休人员占 88.6%，女性老年人口中离退休人员占 54.7%（徐勤、魏彦彦，2005）。随着学界对养老保险覆盖面的研究深入，国务院于 2014 年印发的《国务院关于建立统一的城乡居民基本养老保险制度的意见》中进一步提出"按照全覆盖、保基本、有弹性、可持续的社会保障工作方针，以增强公平性、适应流动性、保证可持续性为重点，全面推进和不断完善覆盖全体城乡居民的基本养老保险制度"。

同时，养老保险制度本身也存在缺陷。首先，中国退休金的计算方法是一次性折合为固定不变的货币量，这与正在执行的结构工资、效益工资、计件工资和定额工资等工资改革脱节，而同时退休金不能补偿因物价上涨所带来的经济损失（于学军，2003）。结果退休金贬值，退休者的经济收入相对下降。尤其是退休较早的人员，当时工资水平低，虽然最近几年退休金进行过几次调整，但与新近退休人员退休金的差距很大（刘丽、刘丹，2005）。这可部分解释高龄老人的贫困发生率显著高于低龄老人的现象。其次，养老保险制度的可持续性也受到质疑（叶响裙，2004）。

而医疗保险制度的不完善，也增加了城市老年人的致贫风险。中国现行的医疗保障制度是以社会统筹和个人账户相结合的方式运行的，而实行医疗改革后，个人承担医疗费用的比重日益增大，这对老年人来说很不利。因为现有老年人的资金未经长期积累，直接进入基本医疗保险，加上很大一部分原单位没有实行补充医疗保险，使个人承担疾病风险的能力大大减弱（李彦昌，2004）。

（2）社会救助

社会救助是指当社会成员由于各种原因陷入社会生活困境时，由国家和社会按照法定的程序和标准向其提供现金、物资或其他方面的援助与支持的一种制度安排，其旨在保障社会成员的基本权利，促进社会的和谐稳定（洪大用，2007）。

作为社会救助制度之一的最低生活保障制度，是中国目前最主要的反贫困政策，也是现阶段应对城市老年贫困的核心政策。它由政府按照最低生活保障标准，给予非农业户口的城市贫困居民基本的生活保障。这项制度从1993年开始在上海试点，1999年国务院颁布《城市居民最低生活保障条例》，标志着中国城市居民最低生活保障制度最终确立并且完成了最后的制度化阶段（李彦昌，2004）。

中国的城市社会救助工作得到了一些研究者的肯定，如江树革、比约恩·古斯塔夫森（2007）认为，中国社会救助制度的建立是在一个拥有庞大贫困人口的发展中国家所实施的反贫困计划，取得了较好的社会功效。Leung（2006）认为目前中国的社会救助在很大程度上是以社会需求和社会权利为基础，其资产审查制度与剩余模式避免了普遍性社会保险制度所带来的弊端，已成为综合的、核心的社会保护制度。但中国的社会救助制度仍存在急需改进的问题，包括城市扶贫政策的目标定位不清（洪大用，2003a；王思斌，2006），制度设计上未考虑到情况各异的受助者的不同需求（Leung，2006），救助标准设定不科学（洪大用，2003b；李迎生、肖一帆，2007），救助政策的执行缺乏系统设计（洪大用，2003a），救助的实施结果不够公正（洪大用，2007）等。近年来，有学者认为尽管社会救助制度逐渐趋于完善，但仍需要关注社会救助水平与防止福利依赖的矛盾（关信平，2014），以及社会救助制度碎片化的问题（谢增毅，2014）。除了上述对社会救助制度整体性的评价外，较少有研究专门考察社会救助制度在缓解老年人的贫困中所扮演的角色。

（3）社会服务与社会互助

除了社会保险和社会救助制度以外，传统上城镇老人的福利保障措施还包括：为退休人员增加再就业的机会，并对生活困难的老人给予物质帮助；开展向老人"送温暖"活动；建立福利院和敬老院，收养没有生活保障的老年人，并扩大对社会上一般老人的收养安置；为老年人在公交出行、公园游览、医疗门诊、法律援助等方面提供特殊的优惠服务措施；提供社区服务；兴办托老所（陈银娥，2004）。这些针对城市生活困难老人的服务措施，在一定程度上补充了社会救助制度的不足。

在既有的老年服务的基础上，近年来，全国各地的养老服务获得快速发展，主要包括：居家养老、社区服务、机构养老、养老服务补贴及评估制度、民办公助、公建民营、城乡统筹。① 作为中国大陆经济发展最前沿的三个城市，北京、上海、广州的养老服务模式或许代表了中国老年人社会服务的发展趋势。这三个城市所构建的养老服务体系都对贫困、高龄、无自理能力的老人给予各种形式的物质补贴或服务。北京市面向老年人的社会服务侧重于建立和完善扶持优惠政策，② 而上海市养老服务则明确提出首要原则是"以人为本，促进公平，确保最困难、最需要帮助的老年人首先得益"，③ 明确指出贫困、高龄、鳏寡、独居以及病残等老年人享受重点优待；④ 广州政府提出的养老服务重在"打造适度普惠型养老服务体系"，⑤ 并从毗邻的香港引进社会工作的理念和方法，促进养老服务的专业化和职业化进程。这说明在养老服务体系的框架下，中国城市贫困老人所能获得的福利服务已经超越了早先具有不稳定性和非专业性的"送温暖"等慰问活动，正在向制度化的福利供给和专业化的服务递送迈进。本研究将以北京市为例，查看相关的社会政策及服务与贫困老人的具体关系。

三　北京市的相关社会政策

根据北京市民政局⑥的资料，北京市共有 60 岁以上常住老年人口 243 万人，占常住总人口的 14.9%；预计 2020 年将达到 349 万人，占总人口的 19.4%。当前，北京市与贫困老人直接相关的社会政策主要包括"一老一小"大病医疗保险、社会救助制度、福利养老金，以及包括养老服务补

---

① 《各地养老服务的做法汇总》，2009，http：//fss. mca. gov. cn/article/lnrfl/zcfg/200903/20090310028387. shtml，最后访问日期：2012 年 8 月 15 日。

② 《建立和完善扶持优惠政策构建首都特色养老服务体系》，2009，http：//fss. mca. gov. cn/article/lnrfl/zcfg/，最后访问日期：2012 年 8 月 15 日。

③ 《关于进一步促进本市养老服务事业发展的意见》，http：//fss. mca. gov. cn/article/lnrfl/zcfg/200902/20090210026930. shtml，最后访问日期：2012 年 8 月 15 日。

④ 《上海市嘉定区人民政府办公室印发〈关于加强老年人优待工作的实施意见〉的通知》，http：//www. jiading. gov. cn/view_20. aspx？ cid = 455&id = 184&navindex = 0，最后访问日期：2012 年 8 月 15 日。

⑤ 《创新机制整合资源全力打造适度普惠性养老服务体系》，2009，http：//www. fss. mca. gov. cn/accessory/200922493812. doc，最后访问日期：2012 年 8 月 15 日。

⑥ 《建立和完善扶持优惠政策构建首都特色养老服务体系》，2009，http：//fss. mca. gov. cn/article/lnrfl/zcfg/，最后访问日期：2012 年 8 月 15 日。

贴、老年优待办法在内的社会服务。

在社会保险方面，与贫困老人密切相关的是于 2007 年 10 月 1 日起实施的城镇无医疗保障老年人大病医疗保险，简称"一老一小"大病医疗保险。参保人每人每年筹资 1400 元，其中个人缴纳 300 元，其余 1100 元由财政补贴。即自 2007 年 10 月 1 日起，北京市非农业户籍、未纳入城镇职工基本医疗保险的老年人，每人每年缴纳 300 元后，超出 1300 元起付标准的医疗费用，可按 60% 比例报销，一个医疗保险年度内累计最高可报销 7 万元。[①] 北京市的城镇老年人大病医疗保险参保范围包括：①具有北京市非农业户籍未纳入城镇职工基本医疗保险范围，且男年满 60 周岁和女年满 50 周岁的居民；②享受北京市居民最低生活保障的城镇老年人；③享受北京市城市居民生活困难补助待遇的城镇老年人；④参照北京市城市特困人员医疗救助办法享受医疗待遇的退养人员；⑤参照北京市城市特困人员医疗救助办法享受医疗待遇的退离居委会老积极分子。

2007 年，北京市老年人参保人数达到 16 万人。大病医疗保险制度在出台后的几年内逐渐微调。2010 年，参保老年人第一次住院的起付标准为 1300 元；第二次及以后住院的起付标准均为 650 元。起付标准以上部分由城镇居民基本医疗保险基金支付 60%，在一个医疗保险年度内累计支付的最高数额为 15 万元（京人社医发〔2010〕287 号）。自 2015 年度起，北京市城镇居民基本医疗保险筹资标准进一步上调，个人缴费金额为每人每年 360 元。门诊起付线为 650 元，报销比例为 50%，2000 元封顶；住院起付线为 1300 元，报销比例为 70%，15 万元封顶。[②]

在社会救助方面，2011 年北京市城市最低生活保障标准为 480 元/月，城市低收入家庭认定标准为月人均 731 元。[③] 经过逐年调整，2017 年北京市城市最低生活保障标准上调为月人均 900 元。[④]

---

① 《北京市出台"一老一小"大病医疗保险制度细则》，2007，http://www.gov.cn/fwxx/jk/2007 –06/22/content_657697.htm，最后访问日期：2016 年 5 月 10 日。

② 《北京市"一老一小"大病医疗保险政策指南》，2017，http://zhengwu.beijing.gov.cn/zwzt/ylyx/，最后访问日期：2017 年 10 月 13 日。

③ 《本市 2011 年将大幅调整城乡居民最低生活保障标准》，2010，http://zhengwu.beijing.gov.cn/bmfu/bmts/t1146473.htm，最后访问日期：2012 年 8 月 15 日。

④ 《关于调整本市社会救助相关标准的通知》，2017，http://www.bjmzj.gov.cn/news/root/gfxwj_shjz/2017 –02/121735.shtml，最后访问日期：2018 年 1 月 12 日。

在社会服务方面，面对人口老龄化不断加剧的新形势，北京市确定了"9064"养老发展战略，即到2020年实现90%的老年人家庭养老，6%的老年人社区养老，4%的老年人机构养老。近年来，北京市民政局"以社会化改革为动力，以养老服务均等化为目标，不断完善老年服务发展政策，着力构建首都特色养老服务体系"①。在推动养老服务保障全覆盖的措施中，与贫困老人相关的主要包括以下三类。

一是福利养老金。从2008年开始，北京市60周岁及以上的无社会保障老年人每月可获得200元福利养老金，受该政策覆盖的该市无社会保障老年人达70万人，这一措施"标志着城乡养老保障体系在制度上实现了全覆盖"。经过数年调整，2017年北京市老年保障福利养老金为475元/月。

二是养老服务补贴。2008年，北京市出台了《关于深入开展居家养老服务试点工作的通知》，在东城、西城、崇文等区开展居家养老服务统一试点工作。为推动居家养老服务，出台了《北京市特殊老年人养老服务补贴办法》，在试点区内，具有北京市户口，年满60周岁，符合高龄、低收入、纯老年户等条件的老年人②，可享受每月50~250元的养老服务补贴。补贴标准见表1-4。北京市民政局估计，此项政策惠及18万名老年人。③

表1-4 北京市特殊老年人养老服务补贴标准（试行）

人员类型	年龄（周岁）	身体状况	补贴标准（元/月）
分散供养的农村"五保"老年人、享受农村最低生活保障待遇的老年人、民政部门公布的农村低收入家庭中的老年人	60~89	不能完全自理	150
	年满90	完全不能自理	200

① 《建立和完善扶持优惠政策构建首都特色养老服务体系》，http://fss.mca.gov.cn/article/lnrfl/zcfg/，最后访问日期：2018年5月12日。
② 养老服务补贴的对象具体指的是，具有北京市正式户口、年满60周岁符合下列条件的老年人，享受养老服务补贴：（1）年满90周岁的老年人。（2）生活不能完全自理的以下几类老年人：①分散供养的城镇"三无"老年人；②分散供养的农村"五保"老年人；③享受城乡最低生活保障待遇的老年人；④民政部门公布的低收入家庭中的老年人；⑤纯老年户及仅与残疾子女居住的老年人；⑥80~89周岁的老年人。
③ 《建立和完善扶持优惠政策构建首都特色养老服务体系》，2009，http://fss.mca.gov.cn/article/lnrfl/zcfg/，最后访问日期：2012年8月15日。

续表

人员类型	年龄（周岁）	身体状况	补贴标准（元/月）
分散供养的城市"三无"老年人、享受城镇最低生活保障待遇的老年人、民政部门公布的城镇低收入家庭中的老年人	60～89	不能完全自理	200
	年满90	完全不能自理	250
纯老年户及仅与残疾子女居住的老年人	60～79	不能完全自理	50
高龄老年人	80～89	不能完全自理	50
	90～99	完全不能自理	50
	年满100	完全不能自理	100

资料来源：《老年福利政策文件汇编》，http://fss.mca.gov.cn/article/lnrfl/zcfg/200902/2009021 0026930.shtml，最后访问日期：2012 年 8 月 15 日。

三是老年优待办法。北京市于 2009 年出台了《关于加强老年人优待工作的办法》，对全市 60 周岁以上老年人实行 11 项优待政策，包括：65岁以上老年人可免费乘坐公交车或游览公园；60 岁以上老年人可免费游览博物馆、文化馆；明确要求社区服务中心、公共体育场馆、社会法律服务机构、大中型医疗机构，为老年人提供优先或优惠服务。

另外，关于历年北京市社会保障相关标准，参见附录 1。

四　其他国家/地区的相关社会政策与服务

除中国外，其他国家/地区同样面临城市老年贫困问题。笔者将简要考察美国及其他发展中国家/地区的政策实践经验与研究发现，以寻找可借鉴之处。

1. 美国的老年贫困问题与政策

1960 年，有 35% 的美国老人生活在贫困中，到 21 世纪初，老年贫困率显著下降，大约 10% 的 65 岁及以上的美国老人生活在官方贫困线以下（Smeeding & Weaver, 2001）。这一成功在很大程度上得益于美国较为健全的老年退休保障制度。美国与老年贫困问题有关的社会政策主要包括以下几个部分。

老年、遗嘱、残疾和健康保险（Old Age, Survivors, Disability, and Health Insurance, OASDHI），旨在让工人退休后或丧失劳动能力时，能得

到现金补助。这是一种供款式的社会保险，其受益人不需要接受调查，也无须接受资产审查。这一保险制度令美国"从根本上摆脱了对家庭、教会、私人慈善机构、地方政府以及无休止的紧急措施的依赖，为不时之需和收入提供了保障"（Farley et al.，2003：210）。

OASDHI 依据老年医疗保健制度，为几乎所有 65 岁及以上老人建立了一套供款性的健康保险计划——一项强制性的住院保险计划（HI）和一项志愿性的补充保险（SMI），用以支付健康服务费用。

公共援助，即收入补充保障计划（SSI），联邦政府每月都要付给 65 岁及以上的贫困者，领取者需要接受资产与收入审查。这一计划的经费来自国家税收，不是一个供款性质的计划（Rupp et al.，2003）。

尽管老年群体的贫困率显著下降，但老年女性的贫困率仍然是老年男性贫困率的 2 倍（Rupp，Strand & Davies，2003）。对此，Rupp、Strand 和 Davies（2003）认为，当前的收入补充保障计划在反贫困方面效果有限。他们认为，改革 SSI 资产审查①是应对老年女性贫困的最有效方法。此外，还要处理"目标定位"（targeting）与"经济动机"（economic incentive）之间的平衡。Steckenrider（1998）提出，对于女性在经济方面的生命历程进行早期干预很有必要，如使其拥有更高和平等的报酬，减少雇佣中的性别歧视，提高兼职工作者的收益，以及增加养老金的可转移性。

一些美国学者认为加拿大的案例尤具指导意义。Smeeding 与 Sandstrom（2005）指出，加拿大成功地降低了老年贫困率，而社会退休项目的支出却比其他富裕国家少（略多于美国）。其原因在于：加拿大在公共退休金方面的开支不同，加拿大将近乎普惠性的老年保障制度（Old Age Security）置于优先地位，同时与保障性的收入补充（Guaranteed Income Supplement）项目紧密结合。后者不需要资产审查，每年的申请程序相对简单。加拿大的经验显示，增加津贴的慷慨度、降低老年贫困率，最好的办法是建立一种新的津贴支柱，津贴和资格审查的标准应比目前更宽松，并且领取 SSI

---

① 从反贫困的立场来看，当前的 SSI 有两个主要的缺点（Rupp，Strand & Davies，2003）：首先，没有随着资产水平的增长而逐级区分 SSI 的津贴水平，在救助金的起付线（threshold）上有一个陡然的断层（cliff），这个起付线相对于 SSI 的收入保障来说非常低；其次，除了存折上的储蓄以及生产红利的资产外，没有考虑经济资产创收的可能性（potential）。这些问题日后将变得越来越重要，尤其是在实行以个人股权投资（individual equity investment）为导向的社会保障改革之后（Rupp at el.，2003）。

不能自动进入医疗补助计划（Medicaid）（Smeeding & Weaver，2001）。

2. 发展中国家的研究发现

Lloyd-Sherlock（2000）探索了阿根廷、印度、泰国、巴西、中国、秘鲁、菲律宾等发展中国家贫困老人的需要，以及与此相关的一系列政策，认为目前关于老年人生计的讨论仍然比较多地集中于退休金项目，这对于大多数贫困老人来说并没有意义。而社会政策也没能支持老年人追求多样化的谋生策略。

首先，对那些可以拿到退休金的人来说，所得的退休金常不足以达到一个可接受的生活标准，老年退休金也并非首先让老年人受益。一些发展中国家的研究显示，老人的退休金常常被纳入家庭收入，虽然退休金是支付给个人的，但它贡献于整个家户，年轻人尤其是孙子女获得了较大比例（Sagner & Mtati，1999；Liu et al.，1999；Lombard & Kruger，2009）。Lloyd-Sherlock（2000）认为将供款性退休金改革视为"解决老龄危机"的办法，这种倾向在发展中国家的背景下常常是具有误导性的，阻止并扭曲了与老年人直接相关的研究和政策发展。

其次，除了退休金外，老年人所追求的经济生活是多样的。在贫困、低退休金覆盖率的背景下，老年时期经济参与程度的下降很可能反映了工作机会的减少，而不是反映老年人脱离劳动力市场的意愿。

再次，对于许多贫困老人来说，与其他家庭或家人的经济关系是一种重要的，有时是唯一的生活来源（Lloyd-Sherlock，2000）。比起有针对性的国家干预，如低额的退休金，年轻的家人缺乏就业机会很可能会更严重地影响老人的福利。应当参照老年人在家户中的经济地位，来考察老年人的福利。

最后，Lloyd-Sherlock（2000）认为，贫困老人常常遇到直接或间接的障碍而难以获取医疗服务。老人的经济福祉影响他们的营养状况和居住条件，也影响他们受到健康风险的程度，以及他们总体的健康状况。故针对贫困老人的有效医疗政策必须在跨部门的框架下来考虑。

3. 启示与反思

其他国家/地区的经验表明，单纯依靠经济的发展不能必然解决老年贫困问题。多数国家（包括我国）/地区针对老年贫困的社会政策及其检讨，都强调应完善全民退休保障计划和社会救助制度，前者在总体上起到了预防老年贫困的作用，后者对于陷入贫困的老人给予及时救助。然而，由于每个国家都必须选择适合它自己的需要、习俗和价值观的策略（Smeeding & Weaver, 2001），因此不同国家具体实施的政策是不同的。我国应根据本国的国情进一步完善这两项制度。

此外，以上国家/地区应对老年贫困问题的政策经验值得我们参考。

第一，进一步完善全民退休保障制度，将无稳定职业、家庭主妇、低收入人士等都纳入这一制度中来，以防他们在年老时陷入贫困。

第二，进一步完善社会救助制度，尤其是放松社会救助制度的资产审查，成为回应老年贫困问题的基本共识。

第三，关注老年人多样化的经济生活，增加有劳动能力老人的就业机会。中国大陆的大多数涉及城市贫困老人的文献，都默认这部分群体没有劳动能力，将其视为被动的受助者，而中国城市贫困老人多样化的经济生活却鲜有研究考察。

第四，在东方背景下考虑老年扶贫政策，要挑战以退休、依赖和体弱等观念为基础的西方老年范式。虽然贫困老人面对很多限制，但他们也为家庭与社区的福祉做出了重要贡献。

第五，老年贫困的问题涉及多重面向，因此，针对贫困老人的政策必须采取全面的、跨部门的取向，应当将退休金改革、医疗照顾和其他社会服务综合起来，看待贫困老人的福利需要。

第六，将老年贫困问题置于家庭的脉络中来考察，尤其是参照老年人在家户中的经济地位、老年人与其他家庭或家人的经济关系，来考察老年人的福利。

以上几点是本研究从其他国家和地区的政策经验中得到的启迪。其中，家庭的脉络、老年贫困的多重面向，这些观点直接为本研究的设计奠定了基础。鉴于目前中国大陆关于城市贫困老人的社会政策探索较少纳入贫困老人自己的声音，本研究试图将贫困老人对相关社会政策的观感与获得制度性资源的过程纳入他们的主观经验中来。

第二章

老年贫困的理论解释

一 "个人－结构"的社会学争议：贫困
老人主观经验研究的匮乏

在社会学领域，长期以来，文化决定论者和结构论者围绕贫困的存在和持久性议题展开争论。持前一种观点的学者强调贫困人士的心理和行为特点（如动机的、次文化的、生活方式的因素），而持后一种观点的学者强调社会主要的经济、政治体系和制度将社会亚群体置于风险中所扮演的角色。尽管社会学理论对于贫困现象从"个人－结构"两个维度给出解释，但老年人所处的生命阶段决定了老年贫困不同于一般贫困现象，需要特别考察。如前文所述，老年贫困往往表现为长期贫困（Ghilarducci, 2004），而且经济资源匮乏的老人常常面临多重风险，如糟糕的健康状况、缺乏照料（乔晓春、张恺悌、孙陆军，2006）等。"贫弱"一词更好地概括了他们的状况。故在贫困的一般性解释之余，需要将老年贫困的特殊性纳入理论建构的视野。

在贫困的"个人－结构"的社会学争议中，近年来世界各地关于贫困老人的研究大多从供给者的视角（provider perspective）出发，聚焦于社会政策、组织和专业团体的工作（如 Rupp, Strand & Davies, 2003；Farley et al., 2003；Smeeding & Sandstrom, 2005；Lloyd-Sherlock, 2000；香港社会服务联会，2006；颜文雄，2007；王永慈，2005），但除了上文提到的对美国贫困老年女性的零星研究（Barusch, 1995；Black & Rubinstein, 2000）

外，很少有研究去关注老年人终身贫困的个人意义，以及他们所认为的贫困对其生活、自我身份、终身发展的影响（Black & Rubinstein，2000）。这一情况也体现在中国贫困老人的研究中。笔者于 2011 年 5 月，利用中国期刊全文数据库、社会科学学术期刊数据库（ProQuest Social Science Journals）、香港中文大学图书馆目录、中国学位论文库，先后以"老年人"或"长者"或"老人"或"elderly"或"aged"、"贫困"或"贫穷"或"poverty"或"poor"、"中国"或"China"为关键词，发现载于相关核心期刊和其他文库关于该议题的文章大致为 22 篇，其中中文论文 20 篇，英文论文 2 篇。在这 22 篇文章中，关于贫困老人的研究议题主要涉及：老年贫困问题与对策的宏观论述（杨菊华，2007；向常春，2007；王俊文，2007；王琳、邬沧萍，2006；全利民，2004；徐勤，1999），老年贫困影响因素的实证分析（杨菊华，2010a，2010b），贫困老年群体的特征描述（乔晓春、张恺悌、孙陆军，2006；孙陆军，2003；李若建，2000；洪援朝，1995），老年贫困人口的规模估计与贫困率比较（乔晓春等，2005；王德文，2005；孙陆军，2003；于学军，2003；Saunders，2007），老年贫困测量方式的探讨（Saunders & Sun，2006），以及对未来老年贫困的预测（王琳，2006a，2006b）。在上述 22 篇文章中，仅有一篇文章通过贫困老人生命发展轨迹展现生命事件与老年贫困的关系，可以说为中国老年贫困人口研究另辟蹊径（徐静、徐永德，2009）。总体而言，既有研究主要集中于人口学领域，这或许是由于该议题的探索尚处于初步阶段，其首要目标在于识别中国贫困老人的数量与特征，这掩盖了大型调查数据背后的丰富信息（如社会结构因素对老年个体的影响），也缺乏对贫困老人主观经验的深入探索与诠释。

深入研究贫困老人的主观经验对于老年贫困的研究具有重要意义。首先，老年贫困在客观上表现为相对剥夺、多重面向、持久性的特点，且需要在家庭成员的经济关系中来考察，这些特点对于贫困老人主观世界的影响可能也是多方面的，而仅站在供给者的角度可能令社会政策对贫困老人的需要回应不足。其次，尽管更广阔的结构性因素不容忽视，但个人的能动性同样应得到重视。当人们争论社会政策、实证主义、费边主义、马克思主义这些社会福利研究中的主流范式时，聚焦于引致贫困和剥夺的结构性因素，却忽略了个体能动性的角色，也忽视了社会关系的研究（Welshman，2007；Titterton，1992；Deacon & Mann，1999）。Titterton（1992）认为，这种以蒂特马斯为领军人物的社会行政传统抱持健康和福利的病理观，对个人和更广阔的社会力量（social forces）间的"中介结构"（mediating structures）的概念化不够。例如，脆弱性的表现和应对方式依性别、年龄、社会阶层而相异。主流观点不情愿甚至拒绝讨论行为或选择的议题，造成了关于福利依赖和低下阶层的保守主义观念蔓延（Deacon，2002）。对此，Titterton（1992）呼吁一个社会福利的新范式，这个范式聚焦于人们的脆弱性和风险的相异性，对人们应对策略的创造性和多样化保持敏感性，特别要关注那些胜利活下来的人们对福利威胁的不同反应。

鉴于贫困老人所处的特定生命周期，我们转向社会老年学对老化与弱势老年人的理解，试图得到关于贫困老人主观经验的启迪。

二 从病理模型到成功老化：主流老年学对贫困老人的持续贬损

自20世纪五六十年代以来，社会老年学理论围绕老化的议题，从早期强调个体性因素，转而侧重结构性因素，继而探索个人与社会结构之间的动态互动关系。Hendricks 与 Leedham（1992）根据各阶段理论对"个人－结构"因素的侧重，将社会老年学理论的发展划分为三代，其中第一代理论（包括脱离理论、活动理论及后来的次文化理论和连续理论）来自社会学中的功能主义和符号互动主义，主要关注个体性因素，考察老化的个体如何才能最好地适应社会，而把结构性环境视为理所当然；第二代理论（主要包括现代化理论和年龄分层理论）转而强调结构，在寻求普遍规则时却低估了文化和个人意向。第一代与第二代理论，即主流的社会老年学理论（包括角色理论、活动理论、脱离理论、连续理论、现代化理论、老年次文化理论、年龄分层理论等）过于强调年龄对于老年群体的形塑作用，而忽略了老年群体内部的多样性（Estes，Linkins & Binney，2001），尤其是老年群体内部的不平等（Estes et al.，2001）。而且，老年学的主流思想倾向于将老龄化简化为个人依赖的问题，这种疾病模型和生物简化论模糊了老年的积极印象（Moody，1993）。

针对老年人长久以来的"依赖"形象和被贴上标签的"问题"，理论界和实务界先后出现"成功老龄化"（successful aging）、"富有生产力的老龄化"（productive aging）和"积极老龄化"（positive aging）等运动，旨在从优势视角推动老年人的正面形象。支持"成功老龄化"的人士宣称，成功老龄化的基础是"避免疾病和残障，保持认知功能和生理功能，持续地参与生活"（Rowe & Kahn，1998：38－39），这些通过个人选择和努力可以实现，换言之，保持积极、主动是成功老龄化的关键（Andrews，2000）。而对"成功老龄化"持批判态度的学者认为，尽管人们用多种形式的活动来对抗衰退，这些活动却以经济生产活动的价值为最甚。当我们被促请"反对"、"反抗"和"拒绝"老化时，这种规劝虽然传达了积极"掌控"的必要性，却侮辱了那些未能成功老龄化的人们，此种道德化的话语忽略了缺乏经济资源（Krause，2000）、个人遗传等结构性障碍（Calasanti，2003）。

"富有生产力的老龄化"（productive aging），强调人们进入老年时期依然能够参与经济生活，彰显活跃的生产力。这一观点也遭到一些老年学者的质疑。Calasanti（2003）认为，主流观点把富有生产力的老龄化与付费工作相等同，使女性不付费的经济贡献被忽略或贬低，而不管是付费工作还是非付费工作，那些条件不利的老年人在晚年不可能参与富有生产力的有价值的活动。

从20世纪90年代开始，受后现代思潮与积极心理学的影响，发达国家又掀起了一场积极老龄化的运动。而在英国和加拿大，"积极老龄化"在很大程度上强调老年人的价值在于对市场和志愿部门的贡献，以及他们所代表的经济机会（Biggs，2001），其他与公民生活相关的活动，如选举、社区活动、照护等，几乎被忽略（Martinson & Minkler，2006）。Minkler与Holstein（2008）认为，公民参与强调健康，进而划分出"第三"和"第四"年龄，这加深了对那些不能再贡献的人们的社会贬损（social devaluation）。

可见，尽管"成功老龄化"、"富有生产力的老龄化"和"积极老龄化"等运动所倡导的关于老年的积极形象回击了老年经验的病态模型，却把负面的标签给了那些因各种不利条件不能成功老化、不能创造生产力或是不能继续做贡献的老人。这些思潮回避了概念隐含的社会结构嵌套，造成对贫困老人的持续贬损和边缘化。于是，我们转向社会老年学的第三代理论，在批判老年学，尤其是批判老年学的人文主义取向那里找到对弱势老人主观经验更为全面的理解。

三 批判老年学的人文主义取向：面对 结构性限制下的意义追寻

社会老年学的第三代理论（政治经济学、社会心理学视角以及近年来的批判老年学理论）试图探索个人与社会结构之间的动态互动关系，甚至挑战社会政策的假设与规则。其中，批判老年学在批判性理论的基础上，关注将老年人从各种形式的支配和统治中解放出来（Moody，1993）。批判老年学认为，老年学的主流思想倾向于将老龄化简化为个人依赖的问题，而忽视广阔的社会、经济和政治因素，以及那些整合进老年和老龄化的结构性安排（Estes，1979）。在简化与个人化的取向下，老龄化的一些重要方面不为人知，例如老年的意义和生动的经验、老化的过程、老年人口中不平等的动力（如老年人口中种族、阶层和性别的差异）（Estes et al.，2001）。在此基础上，批判老年学发展出两个主要分支，即政治学取向和人文主义取向。前者主张批判性地考察老化与老年学的知识生产，包括阶层、性别、种族的影响，致力于为老年人增权（Jamieson & Victor，1997）；后者将"人生"置于统计资料中，试图通过文献、个人陈述等来理解老化的意义。

批判老年学的人文主义取向聚焦于有关意义的更广阔的问题，这一理论视角有助于我们理解中国城市贫困老人的主观经验。具体而言，20世纪70年代兴起的人文主义老年学针对老年意义在现代社会和老年学中的失落，强调老化与老年的意义、隐喻、情境与比喻（Katz，2003），注重理解"修辞、符号与印象"（Calasanti，2003：210）。由于个体关于老化、自我和生命的意义与现存的社会结构、文化价值息息相关，因此，意义的建构是一个个体的过程，也是一个社会文化的过程（Westerhof, Dittmann-Kohli & Bode，2003）。虽然关于老化的悖论常以消极的词语描绘老化，但是从老年人的主观视角来看仍有积极的方面。即使许多理论将变化描述为丧失，如工作、家庭责任，也还是有些人将变化理解为收获（Westerhof et al.，2003）。个体对于意义的总体水平保持积极的观点是很重要的。

Gratton 与 Haber（1993）对于贫困老年女性晚年意义的探寻，展现了人文主义路径的独特魅力。他们发现，早期的压迫与不平等让低收入的老年妇女发展出特殊优势和能力。为了理解女性如何在老年生活中赋予意义、找到尊严，他们转向文学，考察老年妇女面对结构性压迫的内在挣扎。Gratton 与 Haber（1993）的研究也呼应了 Cole（1995）的观点——西方的人文主义传统主要是"已故白人们"的产物，这要求我们将人文主义知识情境化，并扩大到先前被忽略的主体，将对种族、阶级和性别的敏感性作为探索的基石。

值得注意的是，人文主义路径与政治学路径不可截然割裂。为了解老年关系，我们需要同时考察基于年龄的意义（修辞、符号与印象）以及结构（权力和资源）在各个层面的分配情况（Calasanti，2003）。在对弱势老年群体的研究中，两条路径也可能互相交叉，有机地整合在一起。例如，一些女性主义老年学者关注被研究者的生活经验，识别边缘群体的优势与贡献（Ray，1996），提倡用老年女性自己的语言来替代社会贬损（Hooyman et al.，2001）。这条路径让我们看到身处多重风险的老年女性所受到的复合性贬低，并帮助我们理解老年妇女所遭受的结构性制约。总体而言，与关于贫困的社会学解释一致，社会老年学的理论演进过程也趋于微观与宏观的整合，即越来越注重个人主动性与社会政策、社会经济地位、文化、历史对老化模式的互动性效果（Hendricks & Leedham，1992）。这种"微观"与"宏观"整合的趋势，提醒我们在关注贫困老人的主观经验的同时，纳入对结构性因素的考察。

上述社会学与社会老年学的相关理论启示我们，在贫困老人主观经验的研究中，老年个体的意义与结构性因素无法完全割裂。批判的人文主义老年学关注意义，肯定贫弱老人面对结构性限制所展现的优势与能力，回击了长期以来传统老年学各种思潮对于贫困老人的持续贬损，这与老化的发展心理学中关于抗逆力的观点有异曲同工之处。后者以更为建设性的姿态，从早期对个人特质的关注，转向考察家庭、社区以及更广阔的社会环境对提升抗逆力所起的作用。这种既关注个体能动性，又重视包括社会制度在内的环境因素建设性变迁的观点，成为本书研究框架的另一个理论基础。

四　老年人的抗逆力：纳入内外资源的积极主观经验

（一）抗逆力研究的发展脉络

"抗逆力"一词源自拉丁语，意思是"跳（或弹）回来"（Silliman，1994）。它和脆弱性被视为一个连续谱上的两端，这个连续谱反映对高危环境下的负面结果的敏感性（susceptibility）（Rutter，1990）。早期的抗逆力研究聚焦于患有精神分裂症的母亲的子女，研究发现许多这样的儿童在高危环境下茁壮成长（Luthar, Cicchetti & Becker, 2000；Masten, 1999）。此后抗逆力的研究覆盖的负面环境趋向多元（Pentz, 2005），研究的对象也从儿童、青少年扩展到成人和老年人。早先该领域的学者将抗逆力作为一种个人特质，而后将抗逆力视为一种过程，越来越多地纳入家庭、社区在个人抗逆过程中扮演的角色。

早期视抗逆力为结果的学者，将抗逆力描述为一种有助于从负面经历中康复的个人特征（Dyer & McGuinness, 1996；Wagnild & Young, 1990），或是将抗逆力描述为一种保护性优势（Dyer & McGuinness, 1996）。他们通常在抗逆力的定义中突出个人的能力。它常常与一些心理学的概念有关，例如"耐劳性"（hardiness）、"统一感"（sense of coherence）、"习得的乐观主义"（learned optimism）（Specht, Polgar & King, 2003：8）。然而，将抗逆力视为个人特质的一个最为有害的结果就是，倘若个体在逆境中不能成功应付，那么便认为他/她有某种缺陷，或是缺乏某种"恰当的东西"（Luthar et al., 2000）。以这种方式谴责受害者，体现了对于抗逆力的根本性误解（Riley & Masten, 2005）。将抗逆力视为个人特质进行的老年人研究，同样不可避免类似的缺陷。以贫困老人为例，首先，经历长期剥夺的老人可能会被预期展现负面的结果。其次，贫困老人处于互动的多重系统中，抗逆力除了与老年人自身的性格特质有关外，还与家庭、社区和社会政策等密切相关。因此，抗逆力复杂且与环境不可分的性质，令更多的学者将抗逆力视为一种过程。

第二代研究，尤其以 Luthar 和 Cushing（1999），Masten（1999），Kaplan（1999）为代表，将抗逆力理解为个人与环境的动态互动（Rutter，

1987），聚焦于这种互动的过程、动力或机制，使个体在逆境中进行适应。Masten、Best 和 Garmezy（1990：426）则以更一般化的方式来界定抗逆力，即"在挑战性或威胁性的环境中，仍成功适应的过程、能力或结果"。他们识别出三种类型的抗逆力：①克服困难，一般指人们具有抵挡不利局面的特定品质或个人优势；②它可以指面对持久或突发的负面情境（如持续的家庭冲突）的应对；③从创伤中康复过来。持此观点的人们试图也用"积极适应的模式"来取代结果或过程的争议（Riley & Masten，2005）。为了调和抗逆力的界定在过程和结果、个人和环境方面的不同，Ungar 等人将抗逆力界定为：处于显著逆境的情境下，不论是心理方面还是环境方面，或是二者兼而有之，抗逆力既是个人寻求维持健康的资源的能力（capacity），包括经历良好情绪的机会，又是个人的家庭、社区以在文化上有意义的方式提供这些健康资源和经验的一种条件（condition）（Liebenberg & Ungar，2009：6）。

这个定义提出的问题在于，研究者不仅应当力图了解个人的优势或资源，而且必须了解环境为人们递送资源的能力，或者说，个人成长与发展的系统中的外在优势（Howard，Dryden & Johnson，1999）。由此，抗逆力不再只是 Masten（1999）所说的日常的魔力，而是包含家庭、社区和政府为推动个人的成功发展而改变机会结构所做的努力（Liebenberg & Ungar，2009）。二者都在文献中被频繁地称为保护性因素（protective factors）（如 Rutter，1987；Gore & Eckenrode，1994）。

然而，Rutter（1990）反对将保护性因素视为一种个人的优势或弱势，他强调个人的积极角色，以及个人与风险因素的较量（negotiate）。他认为，研究的焦点不应置于保护性变量或因素，而应是保护性的机制或过程。在 Rutter（1987，1990）看来，倘若一个因素或过程缓冲了风险因素，它就是保护性的。他描述了四种保护性过程：减少风险的影响或减少一个人置身风险的机会；减少跟随不利事件或经验后的负面连锁反应；通过成就提升自尊和自我效能的过程；提供所需资源、积极关系或机会，改变生活的方向。这一观点得到 Luthar（2003）的认同，他认为，倘若研究者仅将调查止于发现那些比预期表现出更好结果的儿童，通常有提供支持的照顾者和/或良好的认知能力作为他们的资源，那么研究者除了列出一箩筐的保护性因素以外，便没有更多的积累。由此，抗逆力的界定从个人的能力扩展到对逆境、压力性事件或环境的积极适应过程，这将抗逆力研究考察的焦点从个人的特质转向个人与环境之间的互动。

通过文献回顾可见，"保护性因素"和"风险因素"是理解抗逆力的两个关键概念。Wright 和 Masten（2006）将这两个词界定为：保护性因素是能够预测更好结果的个人或（他们互动的）情境的特质，尤其在不利的环境中；风险因素是在一群个体或他们的情境中，能够以特定的结果标准来预测负面结果的一个可测量的特征。然而，研究者并不满足于仅仅识别因素丛（constellations of factors），即一系列的保护性因素。他们认为应当重视能够预测风险个人之健康/良好状态结果的保护性机制（Rutter，1983；1987）。例如，一些关于成年人抗逆力机制的研究引入"转折点"和"轨迹"这样的概念，探索令人们免于负面生活事件的保护性过程（King et al.，2003）。

总体而言，尽管在文献中抗逆力的定义有很多不同的内容，但看起来有一个基本的共识，即面对阻碍或不利环境时，反弹、恢复、成功适应是共同的主题（Ungar，2005）。或者说，抗逆力的概念包含两个方面的基本内容：一是对人的适应或发展来说，发生了严重的不幸事件或威胁；二是因为在逆境时期保持充分的适应，或是因为恢复到充分发挥功能的水平，而实现人的功能运作或发展正常（Riley & Masten，2005；Luthar et al.，2000）。

对于抗逆力的特点，学界也有共识。首先，抗逆力是正常的，而不是异常的。大部分人都会遇到逆境，但许多人往往在发展中充分地或成功地适应（Martin et al.，2010）。通往抗逆力的途径是多种多样的（Bonanno，2004）。其次，抗逆力是相对于风险、威胁、压力性事件或逆境而言的。这种风险或威胁有时也被称为"逆境"，即"足以扰乱正常功能而导致负面结果的经历或事件"（Riley & Masten，2005：14）。再次，抗逆力并不完全等同于不受伤害，而是一种从负面事件中恢复的能力（Garmezy，1991）。用 Bonanno（2004）的话说，抗逆力普遍与恢复有关，但又不同于完全的复原（full recovery），而是保持一种稳定的均衡（a stable equilibrium）的能力。最后，抗逆力是相对于特定情境和文化而言的（Ungar，2004）。

（二）老年人抗逆力的研究发现

作为一个心理学概念，抗逆力产生于对有风险儿童和青年的研究，现今关于抗逆力的话语和适应等概念广泛运用于年轻人，或许是因为有这样的误解：抗逆能力可能在青年期之后便不可避免地快速消失（Fry & Keyes，2010）。事实上，一些历时性研究（Werner，1995；Werner & Smith，1989；1992）显示，抗逆力可以发展于生命历程的任何时点。个人会成功地将现有的资源、技巧、认知过程作为资本，以实现新的学习、持续成长、增强生活满意度（Fry & Keyes，2010）。到达老龄阶段的人们可视为富有抗逆力的，因为他们经历了多种多样积极和消极的生活事件，包括抚养孩子、照顾孙子女，适应科技、文化和政治的变迁，从战争和其他自然灾害中幸存下来（Caltabiano & Caltabiano，2006）。与传统观点"成长是属于年轻人的，丧失是属于老年人的"不同，关于个人目标和回忆的研究显示，老年人至少像他们关注丧失一样，关注收获和成长（Bauer & Park，2010）。我们还可以通过干预措施，帮助应对处于逆境和丧失的老年人聚焦于心理优势、积极情感、再生的能力（regenerative capacity），以实现持续成长和健康长寿（Fry & Keyes，2010）。

老年人的抗逆力研究可以追溯到20世纪80年代末90年代初（Rowe，2010），麦克阿瑟基金会在关于成功老化的研究网络中提出"成功老龄化"的跨学科概念，该概念包括三个核心因素：避免疾病和残障，维持生理和认知功能，参与社会。在前两个因素中，抗逆力被认为是中心，而社会参与强化了抗逆力。近年来，老年人抗逆力研究的议题涉及长期疾病（Pentz，2005；Becker & Newsom，2005）、迁移（Lee et al.，2008）、创伤性事件（如二战的被迫流离失所）（Kuwert et al.，2009）、贫困（Lombard & Kruger，2009；Kamya & Poindexter，2009）、失业或退休（Moen，Sweet & Hill，2010）、孤寡（Fry & Debats，2010）等不利环境或事件。研究者发现，在这些逆境中，老年人往往保持惊人的生命力和抗逆力，研究的焦点通常集中于在这些负面经历和事件中与老年人抗逆力有关的保护性因素或资源。

与儿童、青少年的抗逆力研究相一致，老年人的抗逆力研究集中考察能够使老年人免于逆境影响的保护性因素，主要包括内在保护性因素（个人的特质/内在资源），以及外在保护性因素（社会资源/外在资源）。

1. 内在保护性因素

（1）个人特质

能够提升老年人抗逆力的内在资源之一是心理学意义上的个人特质。研究发现，一些心理特征，如自我效能、控制感是老年人的保护性因素（Kempen et al.，2006），因而这些心理特征与个人的抗逆力相关。Becker与 Newsom（2005）在与 38 位非洲裔美国老人的访谈中发现，尽管非洲裔美国老人面对威胁到生命的疾病时胆怯畏缩，但不管疾病有多严重，他们最终展现出决断性、不屈不挠、坚忍顽强。有学者通过对 10 位72 ~ 98 岁的低收入妇女进行考察，发现她们在生命环境中的调适具有抗逆力，她们具有灵活性、忍耐、独立和决断的个人特质。

（2）应对策略

应对也被认为是缓解逆境效果的保护性因素（Smith & Carlson，1997）。Ong 与 Bergeman（2010）的研究显示，当处于压力中时，积极的情感有助于老年人的适应。老年人面对长期疾病和痛楚，倾向于更多地依赖聚焦于情感的应对（Kail & Cavanaugh，2000）。而负面的应对方式（逃避、基于愿望的想法）与抗逆力呈负相关（Markstrom，Tryon & Marshall，2000）。Caltabiano 与 Caltabiano（2006）在研究中发现，比起抗逆力弱的老人，抗逆力强的老人使用更多聚焦于问题和聚焦于情感的应对。有研究发现贫困老人使用以下策略度过困难时期：在任何可能的时候采取行动、最大化资源、集中处理负面的情感结果。

（3）意义创造

在各种应对形式中，不少研究者注意到老年人创造意义的方式。意义的创建是抗逆力的一个基本组成部分。正如 King 等人（2003：2）所言，通过建立日常生活中的意义，有抗逆力的人们在目前的风雨兼程和对美好未来的憧憬之间搭起了桥梁。这种意义感使目前的困难感觉更容易处理，并为未来带来希望。

根据 Fry 与 Debats（2010）的总结，相当数量的实证研究显示，人生意义（meaning in life）、生命的意义和目标（purpose and goals in life）是越来越多的老年人内在生命优势的重要来源，它们增强了老人生理、心理上的良好状态。在老化的情境下，老年人不仅在很大程度上有抗逆力、适应和改变的能力来重新组织和重新解读他们的生活经历，而且他们不断寻求新的或重新界定的自我（Fry & Debats，2010）。个人的意义系统成为整个生命历程中有利于情感和认知成长的保护性资源（Lawton et al.，1999）。西方的研究发现，个人在寻求人类存在的终极意义、持久性、舒适感、情感抗逆力时，转向宗教和精神信仰（Fry & Debats，2010）。

在贫困老人的抗逆力研究中，意义的创建也常常是研究的焦点。Kamya 与 Poindexter（2009）对乌干达养育艾滋孤儿的老年女性开展的质性研究发现，尽管这些祖母的最大忧虑是经济资源的缺乏，但除了采取行动（争取住房、教育孩子、照顾自己的身体、努力工作让收支平衡），她们还通过内部资源或精神信仰，以及从与孙子女的关系中（有能力照顾他们）获得意义。Lombard 与 Kruger（2009）也发现，尽管南非的女性老人面临经济上的窘迫，但她们在收入微薄的状况下承担照顾者的角色，仍然负责决定如何开支，依然控制着自己的人生，感到自己是有用的，由此在发展抗逆力并被增权的生活环境中找到意义。研究者进一步指出，在发展型社会政策取向中，老年人的脆弱性并不意味着要将他们视为受害者，而是社会的贡献者。

2. 外在保护性因素

关于老年人抗逆力的外在保护性因素主要集中于社会支持。社会支持能够缓冲压力的影响（Bisconti & Bergeman，1999）。社会支持对维持老年人的生活质量、促进更好的健康结果很重要。Caltabiano 与 Caltabiano（2006）对155位老年人调查发现，抗逆力分数更高的老年人倾向于从其社会网络中获得更多的情感支持。样本中，相比那些处于关系之中的人，没有结过婚的人士抗逆力较低。比起社会孤立的老人，有某些形式社会网络的老人抗逆力更高。Lau 等人（2008）发现，尽管 SARS 在香港暴发后作为一个重大生活事件带来持续威胁，但老年人的主观幸福感并没有低于正常水平。一个主要的原因是社区联结感的增强（an increased sense of community-connectedness）。

也有一些研究同时考察老年人抗逆力的内在资源与外在资源，将二者统称为心理社会资源。Fry 与 Debats（2010）聚焦于心理社会资源对于增强老年丧偶女性的抗逆力和健康长寿的影响，通过六年半的历时性研究，他们发现存活更久的老年丧偶女性主要是那些在精神资源、家庭稳定的资源、社会参与、人生任务的承诺等方面分数更高的人。相反的，在控制和挑战特质（challenge traits）方面的高分数，出人意料地对长寿有负面影响。Moen，Sweet 与 Hill（2010）指出，抗逆力包含建立或重建控制感、社会联结、有意义的参与或贡献。

除了关注社会心理资源和以家庭、社会支持为核心的外在资源，越来越多的学者提出，应当关注与抗逆力有关的更为广阔的外部环境，尤其是制度和社会政策的要素。例如，Moen，Sweet 与 Hill（2010）虽然识别出美国老年人面对失业所展现出的抗逆力和适应性，但也清醒地指出，对于老年工作者来说，促进创造第二、第三、第四职业生涯的政策和实践，将极大地促进恢复和更新。换句话说，政策执行者的最终责任是制定可接受的门槛标准（如提前通知的权利、合理的工作时间表、保障休息时间），为可能失业的人们扩展资源和选择的机会（如培训、失业赔偿、家庭假期）（Moen，Sweet & Hill，2010）。Rowe（2010）也赞同在制度层面审视老年人抗逆力的外部环境。他认为，如果我们想要一个有生产力且公平的老龄社会，我们必须重塑一些关键的制度，如就业、退休、教育、休闲、住房、交通等制度，以更好地服务于个人的需要。

在贫困老人的抗逆力议题上，Seccombe（2002）认为，抗逆力被广泛视为一种个人的性格、家庭特质、社区现象，这是不够的，因为贫困不仅仅是个人的问题，而且是一个社会问题，有意义的解决办法和应对方式必须是结构性的。在此基础上，必须关注社会的结构性缺陷，以及关注让家庭在逆境中更强大和更有能力所需的社会政策，如聚焦于预防性的经济再分配政策。此观点得到 Lombard 与 Kruger（2009）的赞同，其肯定南非的女性老年人融入社会的权利，以及她们对社区和社会的贡献，同时强调社会、政府应认识到贫困女性老人的脆弱性及其被剥削的地位，应当为她们提供一个使能的环境（an enabling environment），保证她们有渠道获取所需的服务和支持。在社会政策方面，他们认为应当创造更多的工作机会，而不是形成老人对社会救助的进一步依赖，避免依赖养老金作为唯一的家户收入。

除了制度和相关的社会政策外，文化因素也是考察老年人抗逆力需要注意的方面（Rowe，2010）。Becker 与 Newsom（2005）认为，抗逆力产生于文化价值观以及特定的情境，如贫困，它在生命历程中演进，成为人们看待世界的特定方式。为了更多地了解老年人的抗逆力，我们需要考察在特定文化群体中形塑抗逆力的社会、文化和经济等方面。

总体而言，尽管最近老年人抗逆力的研究在学界逐渐得到关注，但相对于对儿童和青少年时期抗逆力的研究，跨越生命周期的抗逆力研究仍是一块处女地（Ong & Bergeman，2010）。由于抗逆力和其他相似的适应过程对成功老化来说很重要（Baltes，1997；Hardy et al.，2002），因此我们迫切需要探索老年人"存留的能力"（reserved capacity），例如，他们在晚年做出改变和持续成长的潜力（Staudinger，Marsiske & Baltes，1993）。特别是目前在致病率和脆弱性未减少，而健康照顾成本增加的情况下，人们的预期寿命延长，突出了在整个成年期和老年期关注抗逆力的需要（Fry & Keyes，2010）。

五　启示

以上，笔者主要从社会学、社会老年学、老化的发展心理学等领域展现了有关老年贫困和贫困老人主观经验的理论解释。在"个人－结构"的社会学争议中，老年贫困因其具有相对剥夺、多重面向以及持久性的特点，需要特别考察，但对贫困老人的主观经验研究较为匮乏。首先，老年贫困在客观上具有相对剥夺、多重面向、持久性的特点，并且需要在家庭成员的经济关系中来考察。贫困并不是单一的概念，贫困老人个体对贫困的理解，不仅是经济资源的不足。而这些特点如何反映在中国城市贫困老人的主观经验中，即老年贫困对贫困老人主观经验带来哪些负面的影响，未有明确的理论解释。

其次，用应对模型来理解贫困老人回应不利条件的主观经验，有其局限性。所有关于贫困应对的研究，更多地聚焦于个人化的工具性策略，以及心理学意义上认知、情感的应对方式。而除了工具性的生存策略外，中国的城市贫困老人如何诠释他们的贫困经验；在他们的主观经验中，外在的社会支持，以及那些更广阔的社会环境，比如社区组织、社会政策等在贫困老人回应艰难困苦的过程中分别扮演何种角色，以及他们如何获得各种形式的社会支持，这些问题在目前的文献中仍缺乏理论解释。相对于应对模型，抗逆力理论的过程视角关注个人的内在资源与外在资源，并且着重于逆境中的个人与外在环境的互动过程，为贫困老人回应逆境的主观经验提供有力的理论工具。

尽管既有研究中已识别出老年人抗逆力的一些保护性因素，如被视为内在保护性因素的某些心理特质、应对策略和各种意义创造方式，以及被视为外在保护性因素的社会支持，但这些因素主要是基于西方社会的研究发现。在中国城市老年贫困的情境中，这些因素是否以及如何促进贫困老人的抗逆力，在理论上则是不清晰的。例如，中国的贫困老人面对逆境采用哪些策略？他们的意义创造通过哪些路径来实现？在贫困老人看来，各种形式的社会支持是否有助于提升他们的抗逆力？各种形式的社会支持是通过哪些机制实现的？这些问题的回答有助于扩展抗逆力理论在文化上的适用性。

最后，关于抗逆力保护性因素的探讨，主要集中在个人本身（性格、信念和特性）、支持性的家庭和支持性的社区环境。尽管健全的社会政策作为一种正式的社会支持，能够从根本上改善贫困老人的生活境遇，提升该群体的抗逆力，但社会政策及其执行过程很少被纳入关于主观经验的抗逆力研究中来。特定的社会政策在多大程度上提升贫困老人的抗逆力，以及贫困老人获得制度性资源的途径有哪些，有待于进一步探析。

因此，本书试图在以下两个方面弥补既有研究的不足：首先，聚焦于贫困老人的主观经验，从个体的层面考察贫困对老年人多重面向造成的负面影响；其次，基于批判老年学和抗逆力的理论视角，探索贫困老人如何回应贫困对主观经验造成的负面影响。不止于贫困老人在心理学层面的抗逆力，而是更加关注他们对贫困经验的主观诠释，探索内在和外在的保护性因素提升抗逆力的过程。同时，将社会政策纳入贫困老人抗逆力的保护性过程中去。

第三章
城市贫困老人的多重压力

　　第三章至第六章，将基于城市贫困老人的生活故事，展示他们在多重压力下的抗逆力。这些老人生活故事的访谈资料收集于 2009 年 9 月、11 月和 2010 年 9 月。根据北京市统计年鉴①，2009 年北京市城镇居民人均可支配收入为 26738 元，即人均每月约 2228 元。以低于人均收入的 50% 为相对贫困线，理论上，家庭人均收入低于 1114 元/月的老人则计为贫困老人。在"守门人"的帮助下，笔者接触到北京市 3 个特质不同的行政区、5 个社区中熟悉当地老人状况的居委会工作人员或社会服务机构的工作者，由他们根据研究要求推荐符合研究条件的样本，最后成功访问了 17 位 60 岁及以上愿意参与研究的贫困老人。他们包括 15 位女性和 2 位男性，这符合老年贫困女性化的趋势。其中，低龄老人（60～69 岁）有 8 位，中龄老人（70～79 岁）有 5 位，高龄老人（80 岁及以上）有 4 位。受访老人的教育程度基本偏低，其中 6 位老人没上过学，甚至不识字。高中/中专学历的仅有 2 位，只有 1 位老人拥有大专学历。17 位受访老人中，位于石景山区 A 社区的有 4 位，位于海淀区 B 社区的有 2 位，位于海淀区 C 社区的有 2 位，位于海淀区 D 社区的有 1 位，以及位于东城区 E 社区的有 8 位。受访老人的基本信息见表 3－1。

　　贫困不仅是收入上的不便（an economic inconvenience），而且影响一个人的整体存在（one's total existence）（Seccombe，2000）。每位受访老人关

---

① 《北京市统计年鉴》，2010，http://www.bjstats.gov.cn/nj/main/2010－tjnj/index.htm，最后访问日期：2012 年 8 月 15 日。

表3-1 受访老人的基本资料

编号	性别	年龄（岁）	健康状况	教育水平	退休金	共同居住的家人及其基本资料	其他家人及其基本资料	居住地	社会福利	备注
1 L阿姨	女	68	白内障、颈椎病	没上过学	无	老伴：68岁，退休金1000元/月	女儿：44岁；儿子：40岁，刚结婚一年，还没有孩子	石景山区	福利养老金；"一老一小"大病医疗保险	参加编组织组
2 C大妈	女	74	腿疼、脚麻	上过扫盲班，认识点字	900多元/月	老伴：军人，二等残疾，1984年去世；二儿子：离婚，下岗，打工挣一千多元/月；孙女—二儿子的女儿，从小由C大妈照顾；小儿子：刑满释放，无固定工作，领低保	大儿子：过世；大儿媳：退休，一月一千多元钱，独自培养上中学的孙子	石景山区	"一老一小"大病医疗保险	二儿子给C大妈200元/月；参加互助组，捡废品
3 W大妈	女	82	脑血栓、容易晕倒、眼花、心脏病	不识字	无	独居	老大（女）：退休，五六百元/月；老二（女）：退休；老三（男）：特钢内退；老四（男）：下岗；老五（女）：商店退休，约1000元/月；老六（男）：特钢上班	石景山区	福利养老金；"一老一小"大病医疗保险	子女不给钱，给买吃的；参加编组织组，后来退出

续表

编号	性别	年龄（岁）	健康状况	教育水平	退休金	共同居住的家人及其基本资料	其他家人及其基本资料	居住地	社会福利	备注
4 CC阿姨	女	64	糖尿病、颈椎病、高血压、腰椎间盘突出	初中	约1900元/月	老伴：69岁，退休金约2000元/月；大儿子：车间没了，待岗，后来做出租车司机（约1000元/月），领低保；大儿媳：饭店服务员，外地户籍，不能领低保；大孙子：低保，免学费；二儿子：刑满释放，在外地干活，未婚，领低保；	弟弟、妹妹	石景山区	医疗保险	编织组组长；楼门组组长；平时也编织成品外卖
5 WZ大爷	男	68	脑血栓、半身不遂、尿频	初中	无（原是机械厂工人）	老伴：65岁，家庭妇女，无退休金，外地户口刚迁入京；儿子和儿媳：工资都较低，不给老人钱	女儿；女婿：就职于某私企；外孙	海淀区	低保	女儿过年过节多给点，平时一个月给四五百块钱
6 WY大妈	女	68	头疼、腰疼、脚疼	没上过学	约700元/月	老伴：精神病，常年住院，退休金约2500元/月；大儿子：下岗，无稳定工作；大儿媳：800元/月，无稳定工作；大孙子：14岁，初一；二儿子：无稳定工作；二儿媳：下岗，800元/月；小孙子：小学五年级	女儿：广告公司职员；女婿；娘家1个姐，1个妹，3个弟弟	海淀区	医疗保险	捡废品

续表

编号	性别	年龄（岁）	健康状况	教育水平	退休金	共同居住的家人及其基本资料	其他家人及其基本资料	居住地	社会福利	备注
7 LF大妈	女	71	浅表性胃炎、心脏病	中专	无（以前是临时工）	老伴：76岁，半自理，退休金每月一千七八百元，因脑出血住过两次院；儿子：31岁，1500~1600元/月；儿媳：上研究生	4个女儿，工资最高的女儿1500~1600元/月；女婿在饭馆打工	海淀区	福利养老金；"一老一小"；大病医疗保险	楼门组长；儿子给300元/月
8 CR阿姨	女	60	腰不好、腰压迫坐骨神经	初中	无（以前是临时工）	老伴：约2000元/月；大女儿：离婚，约2000元/月，同时另外买房还贷；小女儿：离婚，临时工	两个姐姐、两个妹妹、1个弟弟	海淀区	福利养老金；"一老一小"；大病医疗保险	再婚
9 Y大妈	女	72	高血压、冠心病、关节炎、心绞痛	初一	1800多元/月	老伴：2003年因肝癌去世；大儿子：离婚，下岗，领低保；大孙子：领低保，读高中一年级	二儿子：银行出纳；二儿媳；小孙子：读高中二年级	海淀区	医疗保险	平时"捡瓶子"
10 CA大妈	女	74	7年前乳腺癌晚期，做过手术	小学	无	老伴：1998年因心脏病去世；独女：7年前乳腺癌晚期，做过手术，下岗，领低保	"亲戚中没有特别近乎的关系了"	东城区	低保；福利养老金；"一老一小"；大病医疗保险	租房

续表

编号	性别	年龄（岁）	健康状况	教育水平	退休金	共同居住的家人及其基本资料	其他家人及其基本资料	居住地	社会福利	备注
11 Z大妈	女	82	血压偏高	初小	1600多元/月	老伴：1988年过世；大女儿：60岁，单身，高血压、肾萎缩；儿子：半身不遂、病退，退休金约600元/月；儿媳：印刷厂工人，约1000元/月；孙子：上高中	二女儿：糖尿病、白内障、心脏病，退休金1000元/月，丈夫是家中独子，公公去世，婆婆没无退休金；三女儿：甲亢，婆婆没工作；四女儿	东城区	医疗保险	租房，房租70元/月；儿子一家给Z阿姨交400元/月
12 T大妈	女	83	气喘	没上过学	无（年轻时常年做保姆）	老伴：地下党，1946年牺牲；无儿无女、孤老	1个弟弟（将近70岁）；3个妹妹：都是顺义农民，每个礼拜给T大妈打电话	东城区	低保；福利养老金；居家养老补贴	租房，房租30多元/月
13 H大妈	女	75	气管炎、肩周炎	没上过学	1300多元/月	老伴：1979年去世；二儿子：精神病、病退，退休金800多元/月	大儿子：下岗，现街道清扫小广告；大儿媳：700多元/月；大孙子：上中学；女儿：50岁，下岗；女婿：下岗；侄子：60多岁	东城区	医疗保险	租房，房租56元/月

续表

编号	性别	年龄（岁）	健康状况	教育水平	退休金	共同居住的家人及其基本资料	其他家人及其基本资料	居住地	社会福利	备注
14 X大叔	男	61	心血管病、颈椎病、关节炎	初中	无	老伴：43岁，无业，低保；女儿：上大学	大弟弟：下岗，工龄买断，领低保；小弟弟：工人；大妹妹：工人；小妹妹：工人	东城区	低保；福利养老金；"一老一小"；大病医疗保险；粮油补贴	自己买的房子，14.5平方米
15 YG大妈	女	81	心脏病；腿疼、行动不便；80年代初宫颈癌晚期	没上过学	无	老伴：1985年因忧郁症去世；小女儿：下岗，无收入，照顾YG大妈	老大（男）：残疾，800多元/月，儿子上中学，媳妇1000多元/月；老二（女）：退休，婆婆无退休金；老三（男）：打工；老四（女）：下岗，无业，靠兄姐接济	东城区	福利养老金；"一老一小"；大病医疗保险	租房
16 M阿姨	女	62	1989年做过乳腺癌手术	大专	1100元/月	离婚、目前单身、独居	两个哥哥；1个弟弟，因拆迁问题与弟弟一家决裂	东城区	医疗保险	租房
17 N阿姨	女	63	冠心病、腿疼	中专	1000元/月	单身、独居	妹妹：下岗；大弟弟：工人，内退；小弟弟：工人	东城区	医疗保险	租房

于贫困的故事虽然各不相同，却浮现出共同的主题。他们所承受的压力主要来自四方面：低微收入带来的经济压力、老化和疾病的压力、逆反哺和照顾配偶的压力，以及贫困耻感的压力。受访老人常常面临多重压力的叠加。

一　经济压力

经济压力在这里指的是实际收入和需要收入之间的落差引起的紧张，即一个人面对金钱短缺的威胁，并缺少现金储备，难以达成收支平衡所产生的紧张。低微收入带来的经济压力主要表现为两种情况：一种是有子女的老人自身无收入或低收入，且他们的家人（特别是儿女）也属于低收入阶层，家人在经济上给予老人的支持很有限，本研究的大部分受访老人属于此类情况；另一种是无子女的老人，他们长期独居，无收入或收入低微，这类老人在本研究中有3位。

1. 有子女的老人

在受访老人中，自身无收入或低收入，且其家人（尤其是儿女）也低收入或无收入的，包括L阿姨、C大妈、W大妈、WZ大爷、LF大妈、CR阿姨、CA大妈、H大妈、X大叔、YG大妈10位老人。以上受访老人以女性为主。其中L阿姨、W大妈、CA大妈，她们年轻时长期负责照顾家庭，没有正式工作，所以年老时没有退休金。也有些女性老人，如CC阿姨、LF大妈、CR阿姨和YG大妈，她们年轻时在街道承办的集体企业工作，或是一直从事临时性工作，到了退休年龄只能领取几百元的退休金，或因临时工的性质不符合退休资格而没有收入。受访的两位男性老人则较为特殊，其中WZ大爷曾在北京市某机械厂工作了31年，但因一次意外事件被工厂"除名"，以致年老时没有退休金。X大叔年轻时到某边疆兵团待了近30年，其间因"犯了错误"而在回京后失去了分配工作和领取退休金的资格，因而靠领低保生活。总体而言，老人自身与家人皆为低收入的状况，给老人带来了巨大的经济压力。

例如，L阿姨没有退休金，她的生活来源主要依靠丈夫。而其丈夫的退休金每月是1000元，一儿一女"挣得也不多"，女儿还要供外孙女上学，经济上常常捉襟见肘。正如L阿姨所描述：

因为我自己本身没有生活费（退休金），经济就不行，老头是商业（退休）的，（从事）商业工资少，老头退休10年了，他现在70岁了。60岁退休开的（退休金）才500多块，600块钱吧。10年里涨到现在才开1000块。

又如，CR阿姨年轻时曾离异，现与70多岁的丈夫一起住。丈夫与前妻的两个女儿，一个30多岁，另一个40多岁，也都离了婚回到家里来住。CR阿姨没有退休金，只有福利养老金，她告诉笔者：

现在我是养老保险也没有，为什么呢，上不上，过岁数了。所以呢，你像我这样吧，到这（岁数）……就政府给我200块钱，（其他）一分也没有。

物质资源的匮乏常常让这些老人入不敷出，感到生活开销大，甚至因为无法满足基本需要而持续"紧张"。在访谈中，LF大妈明确地表达出经济上的困难内化成自己的紧张心理的状态。她一边轻声叹气，一边说："唉，有什么收入呀，没收入（声音很低）……我没钱花，老着急，老犯愁……"而更多的老人则表示在目前的收入状况下"有点紧绷""有点困难"。就像X大叔所讲，"紧紧张张的"。

2. 无子女的老人

除了有配偶、有子女的老人外，还有3位无子女且独居的女性老人，因自身无收入或收入低微而饱受经济压力。

第二次访谈时T大妈已84岁，她的丈夫是地下党，在她20岁那年牺牲了。T大妈没有再嫁，从北京城郊的农村来到城里给某部长家当保姆，在那位部长的家里一干就是26年。后来，手巧的她到百货大楼给人做衣裳。50多岁干不动的时候回到原来的干部大院里"给人哄孩子"。几十年来，靠着自己"卖力气"维持生活。现今已是高龄老人的T大妈仍住在那个离休干部楼里，原先的雇主帮她向街道申请，最后居住在楼里的地下室。T大妈已经"做不了活"，目前靠每月400多元的低保金和200元福利养老金为生。经济上的压力在T大妈那里便是感觉到"困难""钱花着费劲"。正如她说，"你这一个月600块钱，都在这儿活，那是困难。你这一个人，那全等着它"。

M 阿姨和 N 阿姨则略有不同。M 阿姨年轻时离婚，后来一直单身，N 阿姨从未结婚，她俩目前都是独居，早年都有正式工作，现领取 1000 元左右的退休金。但因拆迁，M 阿姨居无定所，目前租住的房子是胡同里四合院的其中一间平房。她抱怨道：

> 这儿现在一个月（房租）还得要 1000 多块钱呢，我现在这点退休工资基本上就等于维持这房子（的房租）了，而且现在涨到我能耐之外了。

没有稳定而低廉的住处，让 M 阿姨每每提到住宿问题便心情低落。她哽咽地说："一说起这个，就憋着难受。我说老了老了，我连个窝都没有，我说狗还有个窝呢。我这怎么办？" N 阿姨也是长期独居，房租占去了退休金的一半，身体也不甚硬朗，1 个月 1000 元的退休金难以应付所有开支。

在经济上，这三位无儿无女的独居老人比起上述的第一类受访老人少了子女的支持，也没有同住的家人公摊公共用品的费用，经济压力可想而知。不过，总体而言，受访老人不约而同地表示"如果不看病的话，吃饭没问题"，最大的压力源自疾病。

二 疾病和老化的压力

1. 生理上的衰退和病痛带来的压力

17 位受访老人或多或少都受到疾病和生理衰退的困扰。根据访谈数据，表 3 - 2 显示了 2010 年受访老人的年龄、健康状况及病史。这些老人轻则患有颈椎病、眼花、易头晕、轻微心脏病，重则长期卧床，无法自理，或是健康状况在第三期癌症手术后每况愈下，卧床不起。

表 3 - 2　2010 年受访老人的年龄、健康状况与病史

受访老人	年龄（岁）	健康状况	病史
L 阿姨	69	白内障、颈椎病	2003 年脖子胀疼，做过手术
C 大妈	75	腿疼、脚麻	
W 大妈	83	眼花、心脏病、脑血栓、易头晕	

续表

受访老人	年龄（岁）	健康状况	病史
CC 阿姨	65	糖尿病、高血压、颈椎病、腰椎间盘突出、骨裂	2009 年胸椎手术，2010 年跌倒骨裂
WZ 大爷	69	脑血栓、半身不遂、尿频	2003 年得了脑血栓
WY 大妈	69	头疼、腿疼、脚疼	2005 年脸部被患精神病的老伴砍了三刀
LF 大妈	72	浅表性胃炎、心脏病	
CR 阿姨	61	身体毛病很多，包括眼睛、颈椎、腰、腿	
Y 大妈	73	高血压、冠心病、关节炎、心绞痛	
CA 大妈	75	乳腺癌	2003 年做过乳腺癌手术
Z 大妈	83	身体状况一年不如一年	
T 大妈	84	气管炎，一阵一阵地咳	2010 年因高血压住院半个月
H 大妈	76	气管炎、肩周炎	50 多岁以来相继患过子宫肌瘤、淋巴结核、阑尾炎、奶疮
X 大叔	62	心血管病、颈椎病、关节炎	2008 年患心肌梗死住院
YG 大妈	82	心脏病、腿不好、宫颈癌	80 年代做过宫颈癌手术
M 阿姨	63	乳腺癌	1989 年做过乳腺癌手术，2010 年春天乳头缺血，还在服药
N 阿姨	64	心脏病、腿疼	

在受访老人中，CA 大妈、H 大妈和 CC 阿姨受到严重疾病的困扰。CA 大妈的丈夫 1998 年患心脏病去世，她和唯一的女儿相依为命。女儿原本是某书店售货员。2003 年 CA 大妈与女儿双双患上晚期乳腺癌，两人相差 4 个月先后做了手术。2009 年当笔者第一次访谈 CA 大妈时，母女两人已经于术后存活了 7 年。她向笔者介绍她的病情发展情况：

> 一开始医生就诊断，乳腺（癌），一查就是……那个晚期了。做了手术，后来 2007 年又转移了，然后就不好了。这次不能手术了，因为转移到很多块骨头了，嗯……不能走了都，都不能动了，发展得太快。现在就离不开医院了，老得吃着药，化疗。

自从患病后，CA 大妈长期跟医院打交道，疾病和治疗的过程都给她带来了生理上的痛苦：

> 化疗很痛苦。化疗三次。我们化疗得浑身疼，看电视、看您都是虚的，那人都发虚，脑袋都发眩。人都有点儿，人都有点儿走形了……吃药吧，吃得牙都掉了，副作用特别特别大。

虽然病情未得到有效控制，但 CA 大妈坚持认为自己的病总体上还算稳定，她在第一次访谈中最常提到的两个词是"凑合着""维持"，尽管这种"维持"总是伴随各种疼痛。第一次访谈时 CA 大妈还能忍痛出门活动，"尽量没事儿锻炼锻炼"。而当笔者于次年 9 月再次见到 CA 大妈时，"疼痛又增加了"。她的女儿也担忧地告诉笔者，CA 大妈"这次犯病非常严重"，"发展的不是一项，她骨头啊，好多块，然后肺上也是，淋巴也是"。"维持"这个词对 CA 大妈的意义从原先保持活动、不卧床的状态，变成了勉强维持生命。CA 大妈虚弱地斜躺在床上，感慨自己"都趴窝了"。而越来越频繁的病痛症状令 CA 大妈无法入眠，"感觉老是有疼痛"，"夜里就睡不了觉"。疾病带来的生理和心理上的巨大压力，让她觉得"活着也挺费心的。谁家要是得了这种病，谁家为难"。

76 岁的 H 大妈也是一位常年深受各种疾病困扰的老人。在两次访谈中，H 大妈的身体每况愈下。H 大妈年轻时在某低压电机厂做钳工。她的身体动过多次手术：

> 我这身上动手术就是，俩奶疮，两个，一个阑尾，一个淋巴。这就四个了吧，又俩肾结石，又一个那个什么，子宫肌瘤，全做了手术。你说我这身体它能好得了么？……哎哟，四十年，这哩哩啦啦地一直到退休就做了这么多手术。

H 大妈长期患有气管炎、肩周炎，且因"憋不住尿"出门不便，"浑身都是毛病"。H 大妈退休后的故事几乎围绕"生病"与"住院"的主题，身体不好—住院—出院—身体又不好—又住院，仿佛一串解不开的链条。在第一次访谈时，她一边说话一边"嘿呀"地喘气，尚能与笔者并肩坐着谈话。当笔者第二年再次探望她时，她刚于当年 4 月住过院，本就不硬朗的身体变得越发虚弱。她横躺在床上，无力起身，"坐起来它就难受，起来也费劲，怎么也不好受"。长时间卧床令她因"憋不住尿"的问题"烦得很"。她无助地说："这岁数大了麻烦着呢，哎呀，活得可没有劲儿了我跟你说……人家活得好好的，我这成天受罪还，怪受罪的。"

CC 阿姨的身体也有很多问题，她是与医院打交道的常客。CC 阿姨患有糖尿病 15 年了，"自己打胰岛素"。而且，她的颈椎和胸椎疼到无法正常生活的程度。当笔者第一次访谈 CC 阿姨时，她做了胸椎手术刚出院不久，上半身还打着护胸的石膏。胸椎手术之后一年左右，本已快恢复的 CC 阿姨不慎在户外摔倒，"这一摔以后恢复得太慢了"，以致第二次访谈时，她还是终日守在家里，偶尔步行都需要搀扶。

如果说少数老人受到严重疾病困扰的话，那么像 LF 大妈和 Y 大妈那样患有相对轻微疾病的老人，生理上的不适所带来的压力亦不容小觑。例如，C 大妈因腿疼而时常"发愁"。Y 大妈、W 大妈和 LF 大妈都有不同程度的心脏病，Y 大妈病情控制得较理想，但"家里一摊事，不做活哪行啊"，身体常超负荷运作。W 大妈"有点血栓"，心跳不匀，时常犯晕，独居的她格外害怕自己在毫无防备的情况下昏厥过去。而 LF 大妈每月都要按时服用治疗心脏病的药，谈到疾病带来的压力，她直言有时觉得"不如死了"。

高龄老人的明显老化及其生理功能的衰退，也同样造成压力。对于要在经济上和家务上支撑一个五口之家的 Z 大妈来说，老化与衰退让"干活"变成了一件"发愁"的事。而对于那些独居的贫困老人来说，老化与衰退更带来了"没人管""没人知道"的不安全感，甚至是无力感。当笔者于 2009 年 12 月与无儿无女且独居的 T 大妈进行第一次访谈时，82 岁的 T 大妈还能在屋里缓慢走动，她自认为是个特别"刚强"的人，可随着身体功能的衰退，她不得不面对"到了老了真不行"的事实。尽管如此，当时她仍显得格外乐观，不忘调侃自己的独居生活："我这晚上躺着，（邻居）打电话，我跟她说，'没关系，那嘿叽一口气不来，我就躺着。他登门，还有人要房子呢'。"然而当我于次年再见到 T 大妈时，她已卧床不起，一边不住地咳嗽，一边感叹自己"可怜"。老化与疾病的压力超出了 T 大妈的应付能力，她无奈地说："现在我就觉得我一个人怎么那么没本事啊，吃饱了就这么喘气了。"由于长期独居，T 大妈对自己的身体格外紧张，因为一旦发生问题，她一个人无法应付。她就连步行出地下室到院子里溜达也充满惧怕："我就走几个台阶我也紧张，我要摔了咋办啊？"她甚至对自己该如何生活下去越发感到无所适从，担心自己发生状况，或是静悄悄地在黑暗的地下室里死去，没人管。她向笔者倾诉心里的愁苦：

> 琢磨着我就睡不着，睡不着我就起来坐着，坐够了看电视。这脑子就是想将来怎么办呢，自个儿怎么活呀？自个儿猫着也发愁……自个儿心里是想着呀，哎哟，怎么办呢？自个儿心里苦，就想着挺后悔的，说你年轻（那会儿）20岁的时候再找一家（嫁人）呢，怎么还有儿女，是吧，怎么着也有人管。你这个呢，你，你找谁去？

T大妈的一席话道出了高龄、独居的贫困老人因老化与疾病而产生的无助与不安全感。

2. 看病求医的经济压力

除了生理上的病痛、缺乏照护、不安全感等，老化与疾病给贫困老人带来最现实的压力是令人望而生畏的医药费。

（1）报销完剩下的钱自己拿："还是很吃力，看不起（病）"

基本所有的受访老人都表示，即使有一定份额的医疗报销，他们要承担余下的医药费也颇为吃力。感到最为困难的是癌症手术后病情恶化的CA大妈。虽然母女两人已经通过医疗救助和"一老一小"医疗社会保险，享受二次报销，但自己必须承担的那部分治疗费用还是令CA大妈母女一筹莫展。在第一次访谈中，CA大妈仔细和笔者计算着她的医疗费用：

> 我现在这钱没法弄呀。虽然给报销一部分，但是要承担的费用是特别大的，首先这个一老（一小）吧，只报销60%，而且我们这个药吧，上来是10%的自费。我们每天吃的这个药是3000多块钱，这是必须得吃的。上来就是350多块的自费，然后你刨去这个，人家给我报60%。我再拿一个1200多块，加起来是1600多块了。可是这350多块，一点儿也不给报。我这1200多块吧，就是全部个人，人人都有份的医疗，医疗救助。一年就是3万块。但是这1200多块你再给我报完60%，我还得拿40%的钱。

而对于没有退休收入，依靠每月 200 元福利养老金度日的受访老人来说，尽管自北京市"一老一小"城镇医疗保险实施之后，无退休收入的老人可以享受 60% 的医疗报销，但剩下 40% 的费用对他们来说也是一笔不小的费用。LF 大妈和 L 阿姨都在访谈中表示，即使有"一老一小"医疗保险的报销，"自己拿的那部分"还是很吃力。

作为一家之主的 X 大叔依靠低保金和 200 元/月的福利养老金为生，X 大叔虽然受惠于"一老一小"医疗保险，但是仍然觉得"瞧不起病"。对于正式退休、医疗报销比例较高的 H 大妈来说，虽然能够报销 90% 左右，"自己就算花不多钱"，但"这扣 1300 元（医保起付线）就已经够可以的了"，生活费加上日常药费，她的生活也格外拮据。

（2）长期患病接受治疗的贫困老人："活都活不起，太困难了"

和女儿同时患上乳腺癌，现今仍在接受治疗的 CA 大妈关于医疗费开支的压力措辞最为沉重。CA 大妈和女儿于 2003 年检查患上癌症后，便申请了最低生活保障，目前母女俩的所有收入来源是一人一份低保金，加上 CA 大妈每月 200 元的福利养老金。前期的手术加上后期的药物和定期化疗，费用很大。CA 大妈一再表示这是"特别大的开销"。对她来说，为了治病而负债累累，这成为无力解决却终究要面对的难题。她说："（每次的药钱）都是管人家借的呀，就先这么维持着。所以到将来都是问题，都是后遗症。"即使如此举债，仍不足以缓解 CA 大妈母女面临的经济窘迫，她和女儿根本得不到系统的治疗，总是以停药或延迟输液来应付，直到"不灵了"为止。访谈中 CA 大妈讲述了她是如何费尽心思节省药费开支"维持"到现在的：

> 现在不像刚开始吃这个药了，这么平稳了。刚开始这个药啊，应该吃半个月停半个月，咱这经费不也不灵嘛。咱就这吃啊，吃俩星期停仨星期，一方面也是省点儿钱，另一方面也是少进点儿毒。这样，跟人家规定的不一样。人家要求吃 14 天，停 14 天；咱们吃 14 天，停 20 天，咱老那样的……那样的都维持两年多了，就这回停了两个月的药了，反正今年就不是特别好。

自行停药、缩减疗程，这些都没能根本解决医疗费的问题。对 CA 大妈来说，依靠几百元的低保金维持温饱不是难事，而靠低保金来应付治疗费以延续生命，却"是最大的困难"。CA 大妈表达了她的焦虑心情："你说这心能静吗？一天净是……吃这药花这钱，伺候着，（而且）随时会有危险。"吃药、花钱、需要被同样生病的女儿照顾、身体随时可能"崩盘"，它们的叠加加深了 CA 大妈的无助与绝望，她不住地感叹：

> 人活着呀，活，活着，没前途！死吧又不死。所以这种情况特别为难！……活都活不起，太困难了。

同样是全家以低保为生的 X 大叔也被看病求医带来的巨额花费压得喘不过气来。X 大叔患有心脏病，每月 300 多元的药费对仅靠低保金和 200 元福利养老金为生的他来说，是一笔大额开支。倘若遇上不得不住院的情况，疾病带来的经济压力就会令他彻底"应付不过来"。他回忆起一年前住院时的力不从心：

> 我们也就是去年……看病，就是头晕，到那儿诊断的时候就是心肌梗死。这属于微重病，但是住院以后呢，也住了两三天，花了 2900 多块，我住不下去了，我也没那钱住，我就没敢再住。今年让我（再）住院，我没住嘛。

疾病对于这些需要看病求医、常年服药的贫困老人，不仅意味着生理上的痛苦，还意味着累累的债务、不堪承受的经济负担。除了像 CA 大妈、H 大妈这样不得不长年累月与医院打交道以维系生命，更多的贫困老人面对高额的医药费既"花不起"，也"不敢看（病）"。

3. 温饱与看病之间的艰难抉择

对受访老人而言，在极其有限的资源限制下，"吃饭"与"看病"是冲突的。顾得上吃饭，便顾不上看病；顾得上看病，便顾不上吃饭。比如 C 大妈在访谈中说道："我这腿疼（成）这样，可不敢瞧。瞧去，一去就是 1000 多块。1000 多块，吃饭呢，还吃饭不吃？"X 大叔也是经常忍着各种病痛："甭说大病了，就小病，头疼脑热的，上个医院一趟都得（花）

好几百块，那生活费咋办？还吃不吃饭了？"甚至养身体和吃饭之间也是有矛盾的。正如 M 阿姨所说，"大夫让我静养。我怎么静养啊？我自己总得要吃饭啊，我得动啊"。

除非像 CA 大妈、H 大妈那样危及生命，贫困老人大多选择了"吃饭"，先维系最基本的生存，看病的话，不是"忍着"，就是"拖着"。例如，Y 大妈放弃了自费 12000 元的支架手术，因为"没钱，做不了"，她苦笑着说："就保守治疗，吃药，一直拖着吧。"CR 阿姨坦言："现在有病就不爱看，看不起。"

L 阿姨觉得买药看病对自己来说简直是奢望，言语间充满着自贬与无奈：

> 像我们这样的，也甭想买药了，我就说了，有小病能忍着过去就过去了，你要真正到了那种要命的病，那甭看，看了也没用，你花了钱你也活不了……谁不想享受，谁不想花钱？有钱了我早看病去了，没钱就得克服，就得省，像我们，我们不受罪谁受罪呀！

4. 对疾病的担心与惧怕

受访的贫困老人不仅"不爱看（病）""不敢看（病）"，而且充满了对疾病来临的担心。正如 N 阿姨所说，"就说最担心的，身体是不行。不知道什么时候就病了，什么时候就……岁数大了，别碰上什么大病"。有些老人对可能到来的疾病甚至充满了恐惧，因为家里根本没有任何多余的资源用以应付重大疾病的开支。用 X 大叔的话来说，"碰上大病就要家破人亡"。他悲凉地说："我说我要是实在走不动，瘫了，我就找个地方，我自个干脆从楼上跳下去算了。我跳立交桥去，不给人家找这么多麻烦。"一旦患上大病，对 X 大叔全家便是毁灭性打击。

在贫困老人的主观经验里，贫困生活带来的压力是多重面向的。除了低微收入带来的经济压力，老化与疾病带来的生理痛楚、经济负担和心理担忧外，相当一部分受访老人还面临逆反哺和照顾配偶的压力。

三　逆反哺和照顾配偶的压力

当我们将视线从老人的个人收入转移到家庭资源的实际分配状况时，

便发现，有些受访老人（包括 CC 阿姨、Y 大妈、Z 阿姨、H 大妈）有一份看起来"体面的"退休金，但需要帮助因各种原因而生活更为困难的子女，从而实际上生活在贫困中。另几位老人（如 WZ 大爷、C 大妈、WY 大妈）自身的收入本来就在相对贫困线以下，将自己的收入补贴家人后，变得更加拮据。除了对后代给予经济上的支持外，这些老人还要付出体力操持家务、提供照顾，照顾负担也成为贫困生活中的压力之一。有的老人还要照顾患病的配偶，因此在经济上、身体上和精神上承担了极大的压力。

（一）逆反哺的压力

1. 孩子收入低微

CC 阿姨、Y 大妈、Z 阿姨和 H 大妈都是有退休金却生活在贫困中的老人。

CC 阿姨："他们都在家吃饭，生活紧绷点"

CC 阿姨一家六口——41 岁的大儿子、大儿媳和孩子三口，65 岁的 CC 阿姨和 70 岁的老伴，还有 40 岁的二儿子，共同住在早先单位分的 70 平方米左右的房子里。2010 年，CC 阿姨和老伴的退休金分别涨到了将近 2000 元。全家除了两位老人收入相对稳定外，其他人收入较少且不稳定。CC 阿姨和老伴的退休金负责全家六口人的生活开销，大儿子一家和二儿子，平时都没有向父母交各自的生活费。2009 年 9 月第一次访谈时，CC 阿姨底气十足地告诉笔者，她有退休金。而当她谈到孩子们的工作与收入时，却面露难色，原先爽朗的笑声也消失了。当时她的大儿子下岗后领取低保金，同时到市区开出租车。CC 阿姨有点尴尬地说："他那个……挣钱也不多……连出车费才给 1000 多块……（声音越发微弱）他在外边儿出车再吃饭，再干点别的，再给家里孩子上学，生活也紧绷点儿。"CC 阿姨的大儿媳妇在饭店做临时工，月收入不到 1000 元，孙子上小学，平时都由 CC 阿姨和老伴接送。二儿子未婚，刑满出狱后一直无稳定工作，目前以低保金为生，偶尔到外地干点临时工。另外，身体不太好的 CC 阿姨和老伴还要帮忙照顾年幼的孙子。当 2010 年笔者再次访谈 CC 阿姨时，她的大儿子因甲状腺手术后失业在家，收入来源仅有低保金。访谈中，CC 阿姨反复用"紧绷"二字来形容全家的经济生活：

稍微困难点儿，稍微紧绷点儿……因为孩子在这儿吃什么的，他们工资又低，我们都得帮着，有点儿紧绷……现在他们都在家吃饭，什么都没有（交钱给家里）。

Y 大妈："家里都指着我"

Y 大妈退休前是某饭店服务员，每月有 1800 多元的退休金。老伴于 2003 年去世。大儿子于 2000 年从某建筑公司下岗后，拿了两年失业救济金，之后转领低保金。大儿子离婚已有 10 年。Y 大妈在老伴去世后，把大儿子的孩子从老家接回来，这些年来 Y 大妈与大儿子、正在上中学的大孙子一起生活。Y 大妈还有一个 47 岁的二儿子在银行工作，二儿子一家有自己的房子。Y 大妈的大儿子领着低保金，平日卖报纸以补贴家用，可是"报纸卖不动"。因此，Y 大妈要给大儿子和大孙子提供经济支持。她说起这些开销："他（指大儿子）没什么技术，年龄也大了，找工作也不好找。有一个孩子还，上高一了，都是我帮助他们。（孩子）穿衣服，什么都是我管。"Y 大妈还要照顾大儿子和大孙子的衣食起居，如她所言，"家里都指着我了，我一天不做饭，没饭吃"。为照顾未成年的大孙子，原先经常上远处遛弯、与老年朋友一起唱歌跳舞的 Y 大妈，现在几乎没有自己的时间。长期的照顾负担让个性开朗的 Y 大妈也感到了压力："有时候也觉得累、心烦，特别是心脏不好的时候。一家子的事儿呢，全靠我，能不累吗？"

H 大妈有一个女儿和两个儿子。女儿下岗后与丈夫、孩子都住到娘家来，一住就是四五年，直到两年前才搬离。女儿回家期间，H 大妈在经济上感觉到前所未有的紧张，除了自己看病、吃药、基本生活外，还要"顾"女儿一家，"多少给他们搭点儿"，"就这点儿钱，那会儿感觉确实困难"。

如果说 CC 阿姨、Y 大妈和 H 大妈各有一份"比上不足，比下有余"的退休金用于帮助家庭成员，她们承受经济和照顾的双重压力，那么对那些本就低收入或无收入来源的老人来说，逆反哺和照顾家人的压力更甚。

C 大妈、WZ 大爷、WY 大妈和 CR 阿姨则是本身收入低微，还要补贴家人。

C 大妈："二的失业了，孙女、三的跟这住，开销都是我自个儿出"

C 大妈的丈夫已去世 20 多年，她有 3 个儿子，大儿子 7 年前过世，大儿媳与大孙子两人单过。二儿子离婚、下岗，带着女儿——C 大妈的孙女与 C 大妈同住。二儿子每月给 C 大妈 200 元钱，作为伙食费。小儿子也与她同住，他刑满释放不久，无固定工作，领低保金，"自己拿的钱自己花"。C 大妈靠 900 多元的退休金和二儿子每月交的 200 元，一共 1100 多元，维持全家四口人的生活。第一次访谈时，C 大妈还说二儿子下岗后每月"打工挣 1000 块多一点"，可再次访谈时，二儿子已经"歇了三个月"，连临时性的工作也没有了。年近 50 岁的二儿子失业在家，40 多岁的三儿子没工作，领低保金。一家四口靠 C 大妈的退休金为生，用 C 大妈的话说，"这点钱也真够瓜葛的"。而且，C 大妈时常还要给正在上学的孙女零花钱，这样日子更得"勒着点"。照顾和管教孙女，也颇费心血。她对孙女"看得紧"，生怕孩子"不学好"。家庭照顾的担子对 C 大妈来说格外沉重，她欲言又止："我都不爱说……要顾这一家子吃饭，还拉扯一个孩子，你说……"

WZ 大爷："儿子、儿媳挣钱自己拿着，白吃白住在这儿"

WZ 大爷曾是北京某机械厂的工人，据他回忆，他在单位工作 31 年后，因某年回老家秋收迟回工厂而被单位意外除名。后来这间大型国企改制后换成私人老板，WZ 大爷申诉无门，从单位出来后先后当过餐厅服务员、厨师，直到 62 岁那年患脑血栓致半身不遂。患病致残的 WZ 大爷失去了工作能力，也没有收入来源，几年来以低保金为生。WZ 大爷的老伴从河北农村来到北京后，一直是家庭妇女，没有文化亦无收入来源，目前也领取一份低保金。WZ 大爷有一儿一女。女儿婚后与女婿住在另一个区，时常回来探望父母，给娘家买些日用品。儿子和儿媳从事保洁工作，月薪一千多元，和 WZ 大爷同住。第一次访谈时，沉默寡言的 WZ 大爷只是说"日子还可以"，可言谈中却令人感觉有很多隐情，且前后矛盾。也许在很大程度上是因为家丑不愿外扬，WZ 大爷谈及与儿子的关系时，极力绕开这个话题，只是在气愤处道出"儿子、儿媳妇不太好"。当时 WZ 大爷对自己的家庭不愿多谈，他言语中心心念念的是自己干了 31 年却没有退休金的事，也就是他口中的"经济问题"。

待笔者次年再次探访 WZ 大爷时，坐在家门口树荫下的 WZ 大爷显然对笔者的到来感到意外和欣喜。第二次访谈扩展并更正了第一次访谈的信息。原来，与他们同住的儿子和儿媳没有交生活费。WZ 大爷和老伴的低保金不仅用来管两位老人自己的生活，还负担了儿子和儿媳的日常伙食与杂费开支。儿子和儿媳两人的关系也不融洽，他们平常不仅未分担家务，反而让老两口为他们打扫卫生、洗衣做饭。在 WZ 大爷看来，儿媳妇"什么活都不干"：

> 最简单的你说，最简单的，手纸，她（儿媳妇）来例假了，弄得地上血了吧唧的，你说，多难看……她不知好歹。自己扔了也行……她（就）摆在那里。

这些行为令 WZ 大爷对儿媳妇的"白吃白喝白住"感到烦不胜烦。他反复抱怨道："儿媳妇这个太不像话了，自己挣的钱，自己拿着。完了还自己占一个屋。"生活本就贫困，还要补贴和照顾不孝顺的儿子和儿媳，WZ 大爷对此感到不满，但想到儿子作为保洁员月薪仅有 1000 多元，却十分无奈："现在儿子（和）儿媳妇这样，真应该给他们分出去住，但现在没能力啊……没条件啊。"

WY 大妈："孩子们挣钱不多，我做饭，俩孙子正是需要钱的时候"

与 C 大妈和 WZ 大爷相似，WY 大妈也是自身低收入，补贴和照顾同住的儿女和孙子。相较之下，WY 大妈的情况更严峻，因为她的老伴患上抑郁症后常年住院，家里"往医院扔了好些钱"（下文将详细说明）。WY 大妈退休金每月约 700 元。大儿子一家三口和二儿子一家三口与 WY 大妈一共七口人住在 70 平方米左右的套房里。她的儿子和儿媳"都挣得不多"。2009 年北京市的最低工资是 800 元，而 WY 大妈的大儿子和二儿媳月薪刚好仅是北京市最低工资的水平。第二次访谈时，北京市最低工资由 800 元上调至 960 元，下岗多年的大儿子和二儿媳拿"千把块钱"。二儿子的薪水也是一千元左右，大儿媳"比他们还强点儿"，但是"在大兴，一个来回坐车就得十多块，这一礼拜天天回来，花不少车钱"，而且"在外头吃饭，还给孩子花一份"。WY 大妈平时捡拾废品，将自己为数不多的退休金贡献到大家庭里，还承担了大部分家务——接送孩子、给全家人做饭。这些家庭事务让 WY 大妈脱不开身，虽然想增加收入，却没有时间从事那些更高收入和更稳定的工作。

两个孙子一个上小学，一个上初中，"正是需要钱的时候"。第一次访谈时，WY 大妈不停地用手掌摩擦桌面，语带辛酸地讲述了自己拿牙缝里省出的钱给孙子用于学校号召的地震捐款：

> （孙子）叫声奶奶，（地震捐款）要20块，我给10块，你要说，两家的孩子呢，这好几十块钱哪儿去……（破烂儿）一个一个的，挺味儿的，哪都卖几块钱了……吃一（根）冰棍、买一（瓶）水都舍不得，还得给孩子呢。孩子叫奶奶不容易，就好面子，不说不给他，真是！……我钱呢，乌噜乌噜，我就花了。

沉重的经济压力和繁重的家务负担，让 WY 大妈时常累得喘不过气来。操心、劳累，有时也让她烦心、生气：

> 你说心也没少操，没少弄，儿子下班回来还得给儿子做饭，还得捡点（废品）还得挑，这手得洗 360（遍），有时候都让儿子揉。我想着……有时候我就烦，我就生气了，烦就生气了，不高兴了，我说着了急，还不（如）跳到河里呢。

CR 阿姨："女儿们挣得都不多，离婚后回来住，没工作就不给（生活费）"

CR 阿姨的家庭状况也与 C 大妈、WZ 大爷、WY 大妈相似。不同的是，CR 阿姨没有退休金，只有 200 元/月的福利养老金，平日生活依靠七十多岁的老伴，老伴有约 2000 元的退休金。CR 阿姨现在的家庭是再婚组成的，家里住着的两个中年女儿是老伴与前妻的孩子，两个女儿离婚后都回来住。两个女儿"挣得都不多，一两千块钱"，孩子们"有工作就给（生活费），假如没工作，就不给呗"。因此，老伴的退休金管着一家四口的生活。CR 阿姨无奈地说："没什么活动的钱……除了吃饭，十几年不买衣服，没钱啊！"而一家四口的家务几乎都由 CR 阿姨包揽，她不住地慨叹："要安排三餐，还有家务等着，没工夫出门，也没时间上公园去！在家里头忙活这忙活那，就已经够受的了。"

2. 孩子残障

如果说 CC 阿姨、Y 大妈、C 大妈、WZ 大爷、WY 大妈和 CR 阿姨用自己极其有限的收入补助儿女，又承担日常家务和照顾孙子女，如此双重压力已经令老人不堪重负，那么像 Z 大妈那样 83 岁高龄承担家中一切大小事务，既要负责生活开支，又要照顾残障的女儿和儿子，则更不易。

Z 大妈："家里都是病号，就我一个人干活"

Z 大妈共有 4 个女儿和 1 个儿子，目前她和儿子、儿媳、孙子和大女儿住在一条胡同的一个四合院里。Z 大妈的老伴早在 20 年前去世。Z 大妈说，老伴在世时，家里的事她从来不管，"他爸一走，这担子就落在我身上了"。唯一的儿子早些年患上脑出血，好不容易抢救过来后半身不遂，此后又病了一次，便失去了工作能力，常年在家由 Z 大妈和儿媳妇共同照顾。虽然儿子办理了病退，但几百元的退休金对他来说捉襟见肘。儿媳妇的腿不好，"也是残疾人"。儿子一家三口每月向 Z 大妈交 400 元，但这笔钱相比家庭生活的正常开支，不如说是象征性的。Z 大妈的孙子"上高中，花钱呢"。所以 Z 大妈尽量不动儿子交的钱，预留下来给他看病用。

Z 大妈的大女儿，在第一次访谈时已经 60 岁。大女儿年轻时患上肾萎缩，切除一个肾后，又因脑出血而成为残疾人。由于大女儿是在插队地陕西办的病退，工龄短，当地的平均收入也较低，因此 2009 年大女儿每月退休金仅在 500 元左右①，主要用于吃药、看病。大女儿的医疗报销"报得少"，"40% ~ 50%"。大女儿常年吃药，"家里一盒子药全是她的"。大女儿因患病一直单身，且日常生活需要照顾。笔者在 Z 大妈家见到大女儿，她热情地与笔者打招呼，但咬字含糊不清，令人完全不明白她的意思。打招呼后，大女儿蜷着背，一步蹭着一步，蹒跚地挪出客厅。大女儿的衣食起居全由 Z 大妈张罗，Z 大妈流露出这种逆反哺的义不容辞："她自己衣服洗不利落，她手没劲，洗衣服啊，还要给她帮帮忙。"

Z 大妈的退休金每个月有 1600 多元，比起其他受访老人，这算是一份"体面"的退休收入了。不过，由于子女收入低且"都是病号"，Z 大妈的退休金基本负担了全家的一切开支，经济生活颇紧张。她细数生活中的支出乃至煤电开销的一笔笔数目：

> 你不精打细算不行。她（大女儿）退休金（每月）有 500 块钱左右吧，我给她搁 100 块钱，她看病 100 块钱，这就 200 块了，又得吃

---

① 2010 年第二次访谈时，大女儿的退休金已经上调至 700 元/月。

药，得给零花钱，也多不了几块钱。就这么点钱还要管饭，稍微富余了又该买电了……这趟煤花了 2000 多块钱。煤涨钱了……我买 5 车煤，5 车（煤）800 块钱就出去了。手紧点，紧点就紧点吧，慢慢过嘛。你不省着，不过日子不行啊。

Z 大妈还不得不对所有家务亲力亲为。在她看来，"家里全是病号"，没有劳动力，"就是（只有）我一个人"。如她所言，"买菜买什么的呀都是我自己"，"儿媳妇上晚班，回来得晚；孙子上学，所以家务事全都是我做"。由于要操持家务，还要照顾"病号"，Z 大妈常年待在家里，寸步"不敢离开"。Z 大妈深知家里都靠她，"天下雪不敢出去，地滑，'咣当'给我摔了，'咣当'摔坏了，谁伺候我呀"，"家里都靠我呢，是不是呀？"。

长年累月照顾两个病号，操持家务，安排家庭开支，这对年纪越来越大的 Z 大妈来说无疑是越发沉重的压力。"累""心烦"，是 Z 大妈负荷不动时最真实的感受。她甚至有些自暴自弃地说：

> 有时候我心烦，干活干得累了，烦了，哟，还不如早点死了呢！死了得了！眼睛一闭，看不见他们了！活该了，不管他们！哈哈哈哈哈……真的，有那思想，有那思想。

对 Z 大妈来说，最担忧的是，万一自己哪一天不行了，没人可以照顾同样是老人的大女儿。她和笔者讲述了这份担忧：

> 你说现在让她上敬老院去，她也没条件啊，敬老院现在要交 1000 多块呢，一个月，她工资才几百块钱，谁给她贴啊？一个月贴，两个月贴，老给她贴，人家姐妹们不过日子了？……我就担心她……这个没家没人，就她一个，你说多着急……关键是闺女，将来我走了怎么办，老想这个，我走了，谁管啊？心里老惦记着。

H 大妈："将来我老了他怎么办？"

H 大妈的情况也与 Z 大妈相似，不同的是 H 大妈自己也常年患病，2009 年访谈时她已卧床。在这之前的近 20 年，她一直照顾患有精神疾病的二儿子，两人相依为命。H大妈的二儿子原本是某工厂的工人，20年前患上精神疾病，办理病退。二儿子一直没结婚，由H大妈照顾。二儿子的退休金800多元/月，主要用于支付自己的医药费；上文提到，H大妈自己近年来也身患重病，每月固定有六七百元都要用于医药费支出。H大妈还有一个大儿子，住在一个屋檐下，但大儿子一家三口单独过，大儿子也下岗了，"谁都帮不上谁"。想到老伴过世早，孩子又因精神疾病而"毁了"一辈子，自己的身体也每况愈下，H大妈悲从中来，感叹自己"怎么这命苦苦到这份儿上了"。H大妈与Z大妈一样，也格外担心万一自己走了，患病的二儿子怎么办，"唉！将来我老了他怎么办？哎呀，这都是问题呀"。

3. 孩子是刑满释放人员

C大妈和CC阿姨各有一个儿子是刑满释放人员，他们出狱后一直无稳定工作，分别办理了低保。C大妈40岁的小儿子出狱两年了。小儿子服刑的那9年，C大妈的日子"过得可是艰苦"，不仅要张罗二儿子、孙女一家的生活，还要定期探望在监狱中的小儿子，她说："我一个月还得看看他去，怎么着去也得花点儿吧。我这点儿钱，艰苦着呢。"虽然小儿子出狱了，但因为"刑满释放人员"的身份，找工作处处碰壁。C大妈无奈地说："现在他（指小儿子）也没干活，（去）哪儿找活儿，一说这个（刑满释放的），人家就不要。"在小儿子出狱后相当长一段时间，她那几百元的退休金一直管着小儿子的生活。直到访谈前不久，小儿子在东北找到了活计，用C大妈的话说，"不管怎么着，人不上家吃我的了"。不过，小儿子因"犯错误"入狱的事让C大妈仍心有余悸，她对已经中年的小儿子仍要常常提醒和教育，叮嘱他"别出去惹事"。

与C大妈不同的是，CC阿姨也许是出于家丑不外扬的考虑，对二儿子刑满释放的事讳莫如深，只是轻描淡写地提起二儿子在外地帮朋友干活。但乐观开朗的CC阿姨还是在只言片语中流露出对二儿子的担心。由于"刑满释放"的标签，虽然二儿子在外打工经济上能够独立，但是至今未婚，CC阿姨还是很操心他的生活。

简而言之，对于刑满出狱的孩子，C大妈和CC阿姨不仅在经济上要给予支持，而且在生活上仍要教导、照顾或担忧，承受经济和照顾的双重压力。

4. 孩子上大学

X 大叔一家的经济资源也主要用在下一代身上，不同的是，X 大叔唯一的孩子正在某医科大学上学，孩子每年的学费和生活费对身患多种疾病、常年吃药的 X 大叔来说，压力很大。X 大叔年轻时属于支边的一代，17 岁便孤身一人去了新疆，一去便是 28 年。1994 年为了孩子落户上学，X 大叔一家三口从新疆回到北京，那时他没有正式工作，"自己蹬三轮"，如今一家人以低保金为生。

当谈到女儿时，X 大叔一脸自豪地说："孩子，（在）上大学，（上的是）××医科大，本硕连读。"虽然学费很高，但 X 大叔还是表现出轻松的模样，将话题的重心转向孩子的节约和懂事。他很欣慰地讲述孩子的花销：

> 一年一万多块钱呢。她是……学费、住宿费不多。6900 块，就说 7000 块钱了。每月的生活费，再（有）这个，吃饭啊大概在 400 块钱了。女孩子毕竟还要吃点儿零食啊，买点儿用的呀，再加上那个手机费啊，上网干什么的这个，零花钱也得 200 块钱。我们孩子还是挺节约的，就说一个月下来，花 600 块钱吧。

X 大叔的女儿刚上大学那两年，来自街道和社会的资助在一定程度上缓解了 X 大叔的经济压力：

> 学费没有什么问题。孩子刚考上大学那年，街道给了几千块钱。再有一个，还有一个好心人吧，我让孩子管他叫××叔叔吧……这个希望工程的，每年都给她赞助一点，两千块啊，三千块啊不等。再有，学校可能给每月一百块钱的这个助学金吧。

可是，待次年笔者又来到 X 大叔家进行访谈时，他正在外头捡废品，匆匆赶回家来。时值开学，X 大叔不像一年前那么乐观了，言语中满是为孩子的学费着急和发愁：

> 我家庭就这么个情况，孩子还在上大学呢，每年要用 1 万多块，

不出来找点活，光依靠政府也不行。是不是？我这实话实说，咱也不是……你不挣点钱不行啊，孩子一个月生活费 400 块钱根本不够，而且要交学费，还要交书本费，你这钱从哪出啊，从我们这低保 400 块钱里出，根本不够……当然压力很大，只能自个儿捡点东西卖啊，捡点破烂。反正只要自己能挣个三四十块钱，就可以补贴孩子呀。

原来，孩子的学费补助，除了每年 1000 元的补助金外，其他的社会性资助已经没有了。"（孩子一年学费）6000 块，住宿费 900 块，" X 大叔直叹，"根本负担不起。"

屋漏偏逢连夜雨。第二次访谈时，X 大叔的女儿患上甲亢，"一上医院就花了好几千块"，夫妻俩为凑出孩子的医药费又是债台高筑。X 大叔言谈虽然尽量乐观，却流露沉重的压力和辛酸：

一切以孩子为重。她这读书还有 4 年，反正就是尽一点力量能把孩子供出来就行了，其他的咱能忍就忍了，吃啥都成，穿啥破烂也都行。然后，供出了她，我也就在家养老了，呵呵（笑）。

以上，受访老人因孩子收入低、残障、刑满出狱以及在校求学等多种原因，而承受逆反哺后代带来的经济紧张与照顾负担双重压力。

（二）照顾配偶的压力

WY 大妈除了承担逆反哺后代的压力，还承受着照顾配偶的沉重压力。2009 年 9 月，笔者由居委会的工作人员领着在小区外散场后的早市找她。那天早上九点半刚过，早市收市了，卖蔬果的商贩们匆匆收拾摊位，在一片狼藉中，不远处有位老人穿着宽大的洗得泛白的牛仔裤，冷色调的花衬衫上落满了尘垢，她看起来瘦骨嶙峋，但折叠废纸箱、整理废品的动作十分娴熟，弯腰拾捡、起身拾掇、再次弯腰放进自带的尼龙袋……等她捡得差不多了，居委会的工作人员带着笔者跟她打招呼，WY 大妈一见到我们便泪如雨下："老伴病了，花了好几间房了……"

（1）照顾者的枯竭（burn out）

WY 大妈的老伴年轻时是"当兵的"，由北方某市调到南方某省，那时候 20 多岁的 WY 也跟着丈夫辗转。老伴转业后到京郊的保密厂干车工，又到市政务公司当保管员，最后"在市政退的休"。老伴的抑郁症在退休前并不明显，退休后病情越发严重。老伴刚退休犯病的那阵，WY 大妈带着老伴几乎看遍了所有能去的医院。当时到了每个医院都是短期住院，之后回家疗养。可是丈夫的精神疾病越发严重，砸过家里的茶几，有一回甚至点火把家里烧着了。她和笔者叙说起当时的情景：

> 我老头啊，在床铺底下点火，就那个发的棉毛衫的裤子，好的，搁这儿给我烧了。那个，棉毛衫料，好几兜的衣裳他也给烧了。在床铺底下点火，有一瓶酒也倒这儿，倒这儿给烧得呜呜的，就这乌隆（墙），全成黑的，看这个墙皮……这，这都两三年了！

更严重的一次，老伴还朝 WY 大妈脸上砍了好几刀，抢救过来以后，至今还有后遗症。WY 大妈仍心有余悸：

> 老头有疯魔病，朝我这儿（指向自己脸部）砍了好几刀，我这儿换一钢板，六天六宿拿 13000 块……还买那个长血的东西，脸发白了，这一上午昏过去好几回，买那个长血的，就那么几个小药盒啊，就三百多块。买了三回，要不命都保不住了。

老伴层出不穷的失常状况让 WY 大妈心力交瘁。自从 WY 大妈因伤住院后，老伴便住院长期治疗。可是，WY 大妈明白"这病不好治"，"一时半会儿死不了，一时半会儿也好不了"。

（2）难以承受的经济压力

上文讲述过，WY 大妈养老金微薄，与大儿子、二儿子两家共七口人住在 70 平方米左右的房子里。孩子们的收入都很低，两个孙子"正是花钱的时候"。对 WY 大妈一家造成致命打击的是老伴患上抑郁症后常年住院，家里的钱"全都扔医院了"，当她说"老伴病了，花了好几间房……"时，落泪不止。尽管老伴每月有约 2500 元的退休金，享受 90% 左右的医疗报销，但也经不起 7 年来住院的各种费用，况且很多费用属于自费范畴。WY 大妈忧伤地说：

> 他退休金（每月）不到 2500 块呢，刨去保姆钱，什么暖气费啦，什么空调钱啦，卫生费啦，全管老头要。好些不能报（销）的呢，要不报，这房子卖了也不够住院的，早就都得睡马路去。

为维持老伴的住院费用，WY 大妈一家的生活每况愈下。用 WY 大妈的话讲，"老伴一住院，干了"。她心酸地和笔者说这次住院后的事情：

> 这回吧，住院，在医院雇一保姆呢，一月几百块钱，这月大儿子给，那月小儿子给，我没有钱。一人给一月保姆钱，一千（块）一千（块）的，大儿子当着护士（的面）就哭，真哭。

从老伴住院的那天起，WY 大妈也捡起了废品。她起早贪黑、省吃俭用，一边补贴孩子，一边努力凑老伴的医疗费，自己却饥一顿饱一顿，营养不良，时常挨饿。

第二次访谈时，WY 大妈说老伴的病情"比先前强点儿了，倒出不了别的事儿了"。但 WY 大妈不知老伴什么时候能康复，老伴的医药费支出看起来没有尽头。WY 大妈既无奈，又伤心："一生病，钱都……咳，都糟蹋了。"

（3）内化的不幸

照顾的压力，加上无尽的医疗费负担，让 WY 大妈的心里时常觉得"别扭"，不再像从前那样"美滋滋的"。自从老伴犯病之后，她再没有从前那个"哈哈大笑"的劲儿了。她回忆自己以前的样子，言语爽朗，充满向往：

> 以前吧，反正是……我妈贴饼子，锅里没有面，做那么一堆菜往棒子面里掺，我就"啊啊啊"我唱歌，东一句西一句，美滋滋的，嗨，那水吧，烧水，提着水吧，提着两水桶我还摇晃着，（人家）说："你摇晃哪啊？你美得哪条啊？"（我那时觉得）提着水玩儿，好玩儿啊！——老哈哈哈地，像放一个屁，得乐三天，瞅着个"噗——"乐个饱，乐得站不住。高高兴兴地……那（时候）都 20 多岁啦……

但是她话锋一转，眼神变得直愣愣的，谈话间失去了之前的神采：

> 现在，没……他有病，没那个……没那个……哈哈大笑……后来还
> 是那孩子，（说）"奶奶，你哪儿不舒服啊"，"你哪儿（怎么）啦？"，
> "你怎么？"，"感冒没有？"。没有，眼睛没有那种精神了。有时候往那儿
> 一坐，一吃饭，两眼就这样……想去高兴也不成，眼皮耷拉着，眼珠就
> 跟定了似的，就不会转。

老伴有病，WY 大妈也捡起了废品，一般老年人的休闲娱乐对她来说像
是另一个世界发生的事。她时常问自己："人家怎么没病啊？"一想到"把钱
扔医院了"，她便神情黯然。她伤心地说："老头有病，我什么心都……（本
来是）挺好的家啊……挺好的家啊，可完了……我哪还高高兴兴上公园，上
公园玩去？逛公园美美滋滋的，跳舞？"WY 大妈评价自己是个"可怜"的
人，她说："咳，我怎么说呢……反正自个儿觉得自个儿，喷，挺，挺可
怜的。"

在物质匮乏的环境中，逆反哺与照顾配偶对贫困老人而言意味着经济
紧张与照顾负担的双重压力，甚至因此变得无助，对未来的生活失去控制
感。而受访老人除了面临经济（经济紧张）、生理（疾病与老化）、体力负
荷（逆反哺与照顾配偶）方面的压力外，还在精神层面隐含着贫困耻感带
来的压力。

四　贫困耻感的压力

贫困不仅表现为资源的缺乏而使贫困人士不能全面参与社会，而且表
现为这种排斥的社会和心理后果（Kakwani & Silber, 2008；Tomlinson,
Walker & Williams, 2008）。其中一项容易令人忽视的心理后果便是耻感。
虽然北京市的经济发展水平居全国前列，但贫富差距也较显著，贫困人士
的相对剥夺感可能更为明显。根据北京社科院社会学所出版的《2011 北京
社会蓝皮书》，北京作为一个国际化的大都市，从常住人口的阶层结构看，
全国富人的很大部分集中在北京，他们的收入和消费水平已与世界级富豪
"接轨"；北京又有数量庞大的比较富裕的中产阶层；同时还有下岗工人、

大量的外来人口。"十一五"期间，北京城镇居民最高收入组和最低收入组的收入差距从 2006 年的 26818 元扩至 2009 年的 39087 元，最高收入组与最低收入组的收入比从 2006 年的 3.74∶1 上升到 2009 年的 4.33∶1。《2011 北京社会蓝皮书》认为，至 2010 年，收入差距问题没有明显改善。在贫富差距不断扩大的城市背景下，由相对剥夺感带来的贫困耻感造成对自我的贬低、自卑感和无价值感（Kaufman，1989）。它产生于内心的伤害，"将我们分成我们与他人"（Kaufman，1989：17）。长年累月深陷贫困的生活，令受访老人不得不承认自己"过的是受穷的日子"，与周遭的他人相较之下，感到低人一等，并因时常遭受的被轻视而感到缺乏尊严。

1. 穷人身份的认同："过的是受穷的日子"

除了少数几位退休金高于 1000 元/月的受访老人外，其他完全无收入或退养的老人都直言，自己"过的是受穷的日子"。没有退休金，只能以福利养老金或低保金为生的 W 大妈、WZ 大爷、LF 大妈和 T 大妈，认为自己的生活是受穷的日子。W 大妈因为没有退休费，"孩子没有一个挣钱多的"，觉得没有比自己更困难的了。LF 大妈觉得自己生活过得窘迫，低声坦言："没收入……我感觉，过的是受穷的日子。"随后长久沉默。T 大妈更直言："那不就现在，就依靠国家给吃的吧。那还不算穷啊，自个儿啥也没有。是吧？"C 大妈则历览人生，承认贫困在她那里是持续一生的状态："从小就受穷，现在还（是）一样。"

2. 强烈的相对剥夺感："人家"都比咱们强

有意思的是，受访老人通过与"人家"的对比，来说明自己的生活远不如别人，表达出强烈的相对剥夺感。在第一次访谈中，C 大妈、T 大妈、H 大妈和 X 大叔都提到，亲戚们过得都比自己强。C 阿姨说道："娘家的亲人们都过得好啊，人家都比我强。"T 大妈也说起自己妹妹："妹妹去年上我这儿住了一个多月吧，快俩月了，现在人不来了。说我这黑，地下室黑，憋得她……"H 大妈也颇感慨："（亲戚们）都好过了，谁也不像我这德行，这踢里踏拉，这屋里头，屋不像屋炕不像炕的。你看看这，人家都比咱强……"X 大叔则通过与其弟弟妹妹的比较，告诉笔者他过得不如"人家"："他们都有工作，就我没有。"

受访老人也不自觉地与街坊邻里相比，流露出自己的生活远不如人的感慨。L 阿姨深刻地感到她和小区内的其他老人是"不一样的"，她说：

"哪能一样呢，不一样。人家买那年票，上公园去玩，我哪舍得买，我没有（钱）。"WY大妈也时常提到"人家"，"现在的条件都高着呢"，而自己的生活根本没法比。C大妈将自己的状况形容为"院子里独一无二的困难户"。在一个聚居着高龄离休高级干部的小区内，T大妈的贫困生活更显突兀。与楼上每月退休金过万元且有一至两名保姆照顾的老人们相比，住在地下室的T大妈深知自己只是保姆出身，"哪家不是一个阿姨，就是俩阿姨。跟人家比，行吗？比不了啊"。

放眼更广泛的社区，老人仍然觉得"人家"比自己强。这时，受访老人觉得穷困不仅影响到吃、穿、住等生活的基本方面，而且在活动范围、社交生活以及培育下一代等方面都处于劣势，"不如人家"。例如，没有退休金的CR阿姨觉得和"人家那些上班的"比，"有条件"的"人家"可以到处旅游，而自己"哪儿都不能去"。CA大妈听说过病友的自治组织，却没有参加，理由还是自己条件不如"人家"："他们还经常旅游去呢，什么爬长城啊，什么去北戴河旅游。那个俱乐部，人家都是条件非常好的。"而尽管X大叔的孩子接受高等教育让他看到脱贫的希望，谈到孩子日后的就业他却乐观不了，X大叔连连感慨自己和"人家"比不了：

> 你像那高干的孩子，（找工作）有这么费劲吗？没这么费劲，安排工作跟玩似的，一句话……像咱们，咱们哪能跟人家比啊，比不了。我的天，一个天上一个地下。

3. 因贫困受轻视："瞧不起你穷"

带着强烈的被剥夺感，贫困老人频繁感到因为贫困而被他人轻视。例如，L阿姨在北京市老年协会的活动上因自己没有退休收入而受到歧视，久久不能释怀。访谈中她和笔者细说了整个事情：

> 前两个礼拜上体育场那头，北京市老年协会组织了一个活动，讲了会儿课，健康知识吧，最后说要看病，四个大夫，都是什么专家的。到了我和老头，他看了看老头，大夫说主要就是血管堵塞，要花一千块吧，老头不愿意。（然后）他就又给我看（病），填表呀，问（我），我就说了我没有工作，我就一家庭妇女。然后他说我那个……

没法给我看。这不就说明我这没有收入，他就不管……是不是？是这个道理吧？不管药多管用吧，你没钱，没有收入，给你看不了。

L 阿姨一边啜泣，一边重复着"没钱，他就看不上你"，因为贫困而被区别对待，刺伤了她的自尊心。与 L 阿姨有相似体会的还有 X 大叔、M 阿姨、WZ 大爷和 Z 大妈。X 大叔在第二次访谈时说道："人家有钱人就是瞧不起咱这穷人啊！你骑个自行车，人家开车的，人家就骂你'土老帽'，人家就这样，没办法。"单身的 M 阿姨日日为生计奔波，在落魄之时，她分明觉得邻居在得意地笑话她：

> 这就是什么呀，老北京人讲的就是，典型的气人又小人。假如你要有吧，你比她过得好，她气死了；哎，你要是过得不如她，你又没有，她在那看着哈哈地笑死你，这人没能耐，你没本事，这个那个的。

Z 大妈则换了个说法："咱家没人，他们瞧不起人。"

对有的老人来说，即使是亲戚，也会瞧不起他/她家徒四壁，甚至对其到访产生各种令人难堪的想象。对此，CA 大妈和 X 大叔有深刻体会。CA 大妈和女儿查出患有乳腺癌后，亲戚们便与母女两人日渐疏远。CA 大妈对此十分不平："我们一有病，人家就不来了。吓跑了。人知道这病，害怕。人家二妈就说了，别去了。（二妈说）'我们不在家，出门儿。'"X 大叔也强烈地感到，即使是自己的兄弟姐妹，也瞧不起他的穷困，对自己的到来并不欢迎：

> 就说亲戚，你穷，亲戚都瞧不起你，哥们儿也好，姐们儿也好，都一样！你穷了，哟，上我们家干嘛来了，拿东西来了，他们就这么想！！……其实咱们什么都不要，可他们（还是）这么想。

4. 内化的耻感

被瞧不起和被歧视的感觉进一步内化为因贫困而生的耻感，普遍表现为"不说穷"，即不将家庭的贫困状况告知他人——贫困是一件难堪和羞于启齿的事，说出来会被人瞧不起。L 阿姨如实说："我今天没米了，吃饭吃不了，都不说。可就算现在好点儿了，人家还是瞧不起你，所以家里有困难、没钱，不跟外头说。"C 大妈也说怕人家"瞧不起"："宁说三声有啊，不说一声穷。你说半天穷，没人搭理，（人家）瞧不起你！你说那干嘛，谁帮你？"H 大妈说不愿意找人帮忙，因为"找，说我家没钱啊，穷着呢，不说这个。我让人家瞧不起！瞧不起你穷"。Z 大妈觉得说家里没钱会让别人"瞧不起你穷"，她说："你穷，人家瞧不起，对不对？家里都是病号啊。"CA 大妈则认为，不上亲戚家说穷，是因为"活着要有人格"，换句话说，在她眼里，到亲戚家哭穷是没有骨气、丢脸的行为。她语气坚决："你再穷，踏踏实实过自己的日子，你有什么困难，自己家去解决，我们都不说困难。"同样的，LF 大妈、L 阿姨和 T 大妈也"不说穷"，"不上外头哭穷去"。

既然觉得远不如"人家"，被人瞧不起，有些老人便羞于与邻里主动来往，这让本就资源匮乏的贫困老人变得更加孤立无助。例如，即便仅一墙之隔，X 大叔与隔壁一家人也几无互动。WY 大妈觉得"人家"拿着比自己高得多的退休金，美滋滋的，而自己却"乱七八糟"的，"不敢"上"人家"家里去。WZ 大爷也"不主动找人家"，他说："咱这人到这种程度，没人理你，你也没辙。"

有的老人甚至几乎不与亲戚来往。他们觉得自己的到访对亲戚来说只意味着"伸手要钱来了"，尽管他们的来意从来都不是这样。CA 大妈说：

> 咱们有这亲戚，又不是人家的爹妈，去管人家要钱去，还去见面跟人家说困难……这种状况，你说这也没有，那也没有，看病也没钱，这也不行，那也不行。你，你是不是换个词儿就是管人要钱，就差直接管人要了。这个有什么意思？！没有意思。

X 大叔也有类似的说法："不跟他们往来……他们都有退休金，人家都有工作，咱们什么都没有。你一去了，人家都害怕你，你说你干嘛去呀，（我）根本就不去。"老人们也羞于询问子女的收入，甚至不愿上子女家尤其是女儿家串门。WY 大妈说起她和女儿的关系：

> 我没问过人家（女儿一家的收入多少），问人家显寒碜，挺大岁

数的，查问人家姑爷，多寒碜呀。她结婚这么多年，我上他们家十回都没有……人家家里铺着木地板……我穷……不愿意上他们家去。

贫困带来的羞耻感甚至令有的老人担心被人瞧不起而极力在公共场合躲避他人的目光。WY大妈自从捡上废品以后，就不再与院子里的老太太们聊天遛弯，不论是在楼道里还是在小区的大院里，都"躲人家"。

内化的羞耻感时时成为老人的隐形压力，甚至造成贫困老人的自我贬损，否定自我价值。WY大妈说起自己捡废品而感到低人一等："唉，我这，人（家）都没捡这个呀，咳，就是躲，一瞅那些眼睛……后来自己都上一边跐着那儿。"除了躲避他人的视线外，有的老人还用自我贬损的词语形容自己。例如，同样是60岁出头的M阿姨和X大叔将自己归于社会的最底层，甚至用"下等""要饭的"之类的词语贬低自己。X大叔在第二次访谈时哀叹：

> 喷，真没办法，要钱没钱，要力没力，只能受穷呗，没办法。所以是区别啊，这人就分三六九等，我们就是最下等最下等的人，就跟要饭的一样。哎呀，穷人有什么尊严啊……

他心中也有不平，倾诉道：

> 要是不困难的话，有退休金有钱的话，谁干这个（捡废品）啊？我也是人，就是我比你穷点，比你什么点，那我也是人啊，我也有人格，我也有自尊啊。对吧？都是挣钱，各挣各的，工作不一样，你说你工作好你多挣点，我工作不好我少挣点，也别受你气啊！你别把我们不当人啊。

从"不说穷"、不与亲友来往，到躲避公众视线，甚至是自我否定与自我贬损，贫困带来的羞耻感以不同的程度和方式内化于贫困老人的心里。

五　多重压力相叠

从访谈资料浮现出来的主题可见，受访的城市贫困老人主要受到以上四种压力的困扰：低微收入或无收入带来的经济压力、老化和疾病的压力、逆反哺和照顾配偶的压力，以及贫困耻感的压力。虽然并非所有受访老人都同时承受这四种压力，但对大部分受访老人来说，至少面临两种及以上压力。贫困对他们而言，不仅意味着经济资源的匮乏，而且是多重压力的相叠，用他们的话讲，即"日子又苦又闷"。

例如，M 阿姨、N 阿姨、T 大妈、CA 大妈、H 大妈和 YG 大妈的处境属于贫病交加较为严重的情况。经济与疾病的双重压力让她们对未来充满担忧，甚至完全失去控制感，且她们都存在不同程度的贫困耻感的压力。C 大妈、WY 大妈、LF 大妈、CR 阿姨和 Z 大妈的身体相对健朗，但面临经济压力、逆反哺压力和贫困耻感压力的叠加，这让她们时常感到不堪重负。而当经济压力、老化与疾病的压力，以及逆反哺的压力一齐涌来时，对 CC 阿姨、WZ 大爷、Y 大妈和 X 大叔来说犹如排山倒海，无能为力。可见，老年贫困不仅仅是经济资源的稀缺，贫困在城市老人的主观经验里，还意味着多重压力的相叠。

那么，城市贫困老人是如何回应这些多重压力的呢？接下来的第四章至第六章，笔者将详细阐述受访老人在物质匮乏的环境中，如何通过个人的策略与意义创造，以及如何在个人与家庭、社区、社会政策的互动中运用各种形式的社会支持回应多重压力。

第四章

贫困老人与非正式社会支持

本章将从代际支持、扩展家庭的支持、邻里支持和其他形式的非正式支持这几个方面，探索作为抗逆力保护性因素的非正式支持回应贫困老人多重压力的机制。

一　贫困老人与代际支持

本节，笔者将在贫困老人与子女的互动关系中呈现自下而上的代际支持如何回应贫困老人的多重压力。

1. 经济压力下的代际支持

既有文献特别强调家庭支持（尤其是来自子女的代际支持）对养老的作用（乔晓春、张恺悌、孙陆军，2006）。本研究发现，贫困老人从子女那里获得极为有限的经济支持，他们基本上不主动向子女索要经济支持，实际上是一种"不得已的自立"。

（1）极为有限的经济支持

W 大妈、WZ 大爷、WY 大妈、Y 大妈、LF 大妈和 YG 大妈这 6 位老人都表示"孩子们给钱"或"买点东西"，但子女的经济支持都保持在很低的水平。在所有受访老人中，83 岁的 W 大妈可以算是得到子女经济支持最稳定的老人了。W 大妈的 6 个孩子平时轮流给她买来食物——主要是粮食和菜，"一般不给钱"。尽管 W 大妈乐呵呵地表示生活上有孩子们管着，但低收入的子女们给予的物质支持仅能保证 W 大妈的温饱。用 W 大妈的话说，"有吃的有喝的就行了"。类似的，独居的 YG 大妈平时也由孩子们买来食物。不过，她的饮食甚不规律，常常是一顿饭"啃几口面包得了"，不想吃的时候"干脆不吃了"，可以说是饥一顿饱一顿。尽管如此，YG大妈对孩子给"预备"食物一事感到颇为满足。WZ大爷、WY大妈和Y大妈则不同，他们一边要补贴一起同住的子女，一边偶尔得到住在他处的孩子的经济支持。例如，WY大妈所有孩子中，经济状况较好的要属嫁出去的女儿，女儿回娘家时一般都会添置一些日用品，过年时还能给WY大妈少许现金，"给个三四百块的，有时多，有时给五百块"。WZ大爷、LF大妈和CR阿姨则直言，同住的孩子们平日几乎没有给他们任何经济上的支持。LF大妈说："孩子们谁也不给我钱。"WZ大爷也说孩子挣的钱都是"自己花"，"他们的工资，只是管他们自己"。

从这6位老人的访谈可见，子女的经济支持的确有助于解除或缓解贫困老人的经济压力，但这种经济支持水平很低，且不稳定。不同住的孩子给的钱和物仍是用于补贴同住的子女，只有很少的部分受惠于贫困老人自身。

（2）不主动索要物质支持

在与子女的互动中，老人们有一个不成文的习惯，即从来不过问子女的收入，也不主动向子女索取物质支持。L阿姨、W大妈、WZ大爷、WY大妈、Y大妈、Z大妈和YG大妈7位老人都表示："孩子有就给点，没有也不向他们要。"在经济方面，贫困老人被动地等待和接受子女的支持，甚至对子女的经济支持并不抱幻想。不过在他们看来，不主动索要物质支持减轻了低收入子女的负担，是对子女的变相支持。L阿姨体谅地说："咱们年轻时也走过这一段，是不是？孩子也不容易呢。"

（3）不得已的自立

由于老人自觉地"不过问"孩子的收入，在代际的经济关系中处于被动地位，而客观上"孩子们也不富裕"，因此，受访老人更多地表示，在日常的经济生活中"大部分靠自己"。有成年子女的L阿姨、C大妈、CC阿姨、WY大妈、Y大妈、Z大妈和H大妈7位老人都不约而同地表达此观点。用C大妈的话说，"谁也顾不了谁"。这实际上是一种不得已的自立。

除了以上老人外，剩下的受访老人是独居且无儿无女的T大妈、M阿姨和N阿姨，与女儿同住但双双患有重大疾病、一同领低保金的CA大妈，女儿尚未成年自立的X大叔，这些老人目前不可能得到子女在经济方面的支持。

受访老人在主观上有经济独立的要求，客观上来自子女的经济支持极为有限。自下而上的代际支持对贫困老人回应经济压力的作用极为有限。

2. 疾病与老化压力下的代际支持

面对疾病与老化的压力，受访的老人的医疗费用多数自己承担，低收入的子女们仅能在照顾和精神慰藉方面提供相对较多的支持。然而，自下而上的代际支持却易让贫困老人陷入生存的两难境地，代际支持隐含着一种张力。

（1）医疗费用多数自己承担

像 W 大妈和 YG 大妈这样有四个及以上子女的高龄老人，没有退休金的她们一旦需要看病就医便依靠子女。虽然她们的子女大多也是低收入者，但老人的医疗费用以公摊的形式来分担，在一定程度上减轻了每个孩子的经济负荷。W 大妈在两次访谈中都提到孩子对她在看病时的经济支持：

> 看病，孩子们给我看的。谁带我去看，谁得拿钱，呵呵（笑）……给我儿子报（销），给我闺女报（销），哈哈哈。多了就摊，少了的话……花个 300 块、200 块的，谁带我去谁花。

YG 大妈也说到子女给她买药和分摊医疗费用："谁带我瞧病谁拿钱。真多了，他们几个人摊。"

而在 WY 大妈、L 阿姨那里，只有在大病的时候子女才提供经济支持，平时小病只能自己忍耐。WY 大妈被患抑郁症的老伴砍了面部后，到医院住了 6 天，13000 元的医疗费用全是经济条件稍好的女儿承担。情况相似的还有 L 阿姨。L 阿姨有一个儿子和一个女儿，孩子们的收入都较低。L 阿姨在 2003 年"非典"期间接受过喉部手术。一度拖延很久，最后是同住的儿子出面并出钱，带 L 阿姨上医院做的手术。

除了以上四位老人，其他受访老人看病的费用主要由自己承担，子女在医疗费用方面的支持非常有限。C 大妈、CC 阿姨、WZ 大爷、LF 大妈、CR 阿姨、CA 大妈、T 大妈、H 大妈、X 大叔、M 阿姨和 N 阿姨，他们要么无儿无女，要么尚需补贴或照顾子女（孙子女），就医的费用是靠自己从牙缝中省出来的，更糟的情况便是没钱看病，"拖着""忍着"。例如，不论 H 大妈的哪个孩子，都无力帮助承担母亲的医疗费，H 大妈说："我跟谁亲管什么（用）呀？全都自顾自，谁也都管不了谁。这一点儿钱谁管得了谁啊？"WZ 大爷生病时，在医疗费方面也指望不上唯一的儿子。情况稍好的也只是像 CC 阿姨那样，筹措手术经费时，孩子帮忙借钱，但之后仍是由 CC 阿姨和老伴来偿还。

（2）子女给予照顾和情感支持

比起经济上的支持，贫困老人的子女能够在照料方面提供较多的援助。W 大妈、CC 阿姨、LF 大妈、YG 大妈、H 大妈和 CA 大妈等老人都提到，无论是看病就医还是日常生活，儿女们都在不同程度上照料自己。LF 大妈说："要出门的事情都有孩子帮着，（比如）上医院。平时儿子、姑娘都会回来看看我。"而 82 岁高龄的 YG 大妈，一直是独自居住。直到第一次访谈前不久，小女儿搬过来与其同住，方便照顾体弱的 YG 大妈。

得到子女最多照料的当数 W 大妈了。步入高龄的 W 大妈觉得自己脑子糊涂，时常头晕，有几次独自在家晕倒。6 个子女对独居的 W 大妈很不放心，隔三岔五地来看望她，或是"一晚上来好几个电话"，二女儿还承担起为 W 大妈做饭的任务。说起家庭照顾，她呵呵笑着说："要有病了就上孩子那儿去，他们照顾我。要没病，我自个儿在这儿，就这样。"

而 H 大妈和 CA 大妈这两位老人的情况表明，当贫困老人与照顾他们的子女都需要被照顾时，仅仅将分析和干预的焦点置于饱受疾病压力的贫困老人那里，是不够的。家庭的视角，尤其是考察代际的互动，尤为重要。H 大妈的身体近年来越发虚弱，轮到病情趋于稳定的小儿子在身边照料她。病退的小儿子承担了日常家务和照顾母亲的责任，这让 H 大妈得到莫大安慰，她说："儿女哪怕有一点儿心思，老人都知足，一点儿都不假，我现在是尝着滋味儿了。哎呀，不错，他现在就伺候着我呢。"但小儿子有过精神方面的创伤，有些社交恐惧。他替 H 大妈上医院取药，多少让 H 大妈感到担心："胆特小，他早上四五点钟去挂号，就不敢去，这大白天的还行。唉，有时候也不放心。"

另一位得到孩子悉心照料的老人是 CA 大妈。如前所述，CA 大妈的病情在所有受访老人中最为严重。她身患癌症，觉得"活着，没前途！死了又不死"，但女儿的照料和劝慰收到了积极效果。CA 大妈感到"姑娘（照料得）挺精心的"，"带来温暖"，因此尽量不自寻烦恼，"尽量找愉快，没事儿锻炼锻炼……就想着以后还有希望"。同样正在接受乳腺癌术后治疗的女儿，承担起一切家中事务。从洗衣做饭，到带 CA 大妈上医院治疗，再到向街道和居委会申请、办理医疗报销，以及领取低保金，全由女儿一人承担。女儿"做什么都特别主动"，"什么都给经营好了"，CA 大妈便可以"不走那心思"，"省心了"。

第二次访谈时，CA 大妈的身体状况大不如前，这对同样也患病的女儿来说无异于雪上加霜，不仅要承担 CA 大妈的日常照顾，还要更积极地带着母亲求医。如果"内科大夫看得不行"，CA 大妈的女儿"赶紧又推着我上中医"，"折腾半天"。CA 大妈的女儿还花费了大量的时间和精力去研究"食疗"。女儿的悉心照料，让在病痛中受煎熬的 CA 大妈感到格外欣慰："我就不怎么考虑我自己，因为我也不受什么委屈，是吧？吃，孩子给调理得挺好的，到时候看病去，你还要有什么要求？是不是？"而对于照护母亲，女儿也秉持全力以赴的决心：

> 我跟那（病友）家属说："……每个家庭，按照自己家庭经济能力……在努力的一个过程，我们不追求结果，不管这个人出现什么样的结果，他是生存（能活）一年，还是十年，还是二十年，啊，我们作为家属，做到问心无愧。"

说到这话的最后，她开始哽咽，哭泣起来。其实为了全力为母亲提供治疗，女儿早已悄悄停止了自己的输液和用药，这对她的身体状况而言极为冒险。在照顾母亲的这些年中，女儿付出常人难以想象的努力。到了第二次访谈时，女儿的精力看起来到了透支的边缘。但在母亲面前，她极力表现得轻松自如。她告诉我"我是也不吃药，也不检查"，唯一的办法就是"尽量吃点有益健康的东西，还不能太累了，一般下午就歇会儿"。CA 大妈的女儿同样急需医疗和生活照料方面的支持。

从 CA 大妈和 H 大妈与子女的互动中可见，对患病贫困老人的支持，仅仅聚焦于贫困老人个体是不够的。因为在代际关系中，完全牺牲一方来换取对另一方的支持，这并不符合家庭成员的共同福祉。只有将研究视野扩展到贫困老人的家庭，尤其是代际的互动状况，才能为分析和提升贫困老人的抗逆力提供全面的基础。

（3）对代际支持的矛盾感

事实上，当我们将视线由单个贫困老人个体，转移到贫困老人与子女的互动关系中，这种家庭的视角能够进一步放大贫困老人对代际支持的矛盾感。

得到照顾而欣慰 VS 成为负担而歉疚

子女的照料和关怀，换来的是贫困老人与子女的互相支持和陪伴。这样一种正向的回馈与再回馈的互动过程，提升了贫困老人克服逆境的能力。例如，CA 大妈面对女儿无微不至的照顾与劝慰，不仅自己打起精神，而且给予女儿精神支持，"我们娘儿俩就互相解劝，她劝我，我劝她，互相劝。我精神好，她就能精神也好；她精神好，影响我精神也好"。但繁重的照顾负担增添了女儿的压力，令 CA 大妈感到自己成为女儿的"拖累"，言语间流露出对女儿的歉疚：

> 啊，她后来又紧着这个医院跑，那个医院跑什么的，我就接受不了……你想，（姑娘）太累了。这紧着折腾，哪儿受得了啊！她这岁数了，她有好多她的困难，可是呢，她从来不提这些事。她这岁数，你说是不是？成天在家。唉，她……受……受委屈受大了。

为孩子坚强活下去 VS 生存的左右为难

在这种互相体谅与互相心疼的互动过程中，子女对饱受疾病压力的贫困老人而言，是其坚强活下去的支撑。CA 大妈、H 大妈和 YG 大妈等老人都提到，自己坚强活下去就是为了陪伴孩子。例如，CA 大妈说："我呢，要早走她省点心；可是呢，她太孤单了……"H 大妈也说："我现在坚强地活着就为了他（二儿子），多活几年他好有个伴儿。"可是，这种代际关系充满矛盾感：坚强活下去，是为了能够陪伴相依为命的孩子，但只要自己还活着，身边的子女就要承受无休止的照顾负担，老人的歉疚之情与日俱增。而且，这几位老人担心一旦自己走了，孩子该怎么办。CA 大妈说到了生死的问题："我 75 岁了，活到这年头也可以了。越到痛苦的时候，越考虑到她。"H 大妈对于二儿子的担心也相似："唉！你要说（和二儿子）是个伴，将来我老了他怎么办？这都是问题呀。人啊，谁要是到这份上了，谁也想啊，多虑啊。"于是老人对于生存本身陷入左右为难的境地。

在家庭背景下，贫困老人对待代际支持的矛盾感，本质上来自贫困老人子女支持的脆弱性。患病子女的需要是在家庭背景下提升贫困老人抗逆力无法回避的问题。

3. 逆反哺与照顾配偶压力下的代际支持

面对逆反哺和照顾配偶的压力，贫困老人将家庭资源向同住的被照顾者倾斜，同时也从被照顾者那里获得情感支持，表现为从他们的回馈中获得成就感，得到陪伴，并重燃希望。尽管不同住的其他子女能提供一定的支持，帮助缓解贫困老人的照顾压力，但这些支持显得心有余而力不足。

（1）向被照顾者倾斜家庭资源

面对需要照顾的子女、孙子女或配偶，作为照顾者的贫困老人不仅与他们公摊家庭资源，甚至将有限的经济资源向他们倾斜，一切以子女、孙子女或配偶的利益为优先考量。受访老人一致表示，一般不过问子女的收入，如果他们不给便不主动要求，而是用自己的退休金或打临时工的收入贴补全家的日常支出。例如，C大妈每月900多元的退休金负担一家四口的生活开销。谈到逆反哺后代的日子，C大妈坦言现在是"凑合着瞎过"，她管一家子吃饭，只要孩子们"甭跟我要钱就得了"。Z大妈清楚孩子都是低收入，她说："他们（孩子们）收入基本都一般嘛。他们挣多少钱我不问，他们给我我拿着，不给我拉倒。"同时，受访老人不约而同地表示，只要"孩子弄好了，自己苦点，能凑合"。就像C大妈说的，"宁可亏自己，也不会亏待孩子们"。谈到孙子即将面临上大学，Y大妈坚定表示，哪怕负债都要"尽量让他上大学"。照顾五口之家的Z大妈就连每月固定发放的医疗费也舍不得支取，生怕自己万一得大病进医院，家里没钱，让孩子们着急。而谈到将来，他们无一不希望自己"快走"，省得子女着急。可以说，他们处处以被照顾者的利益为优先考虑。

（2）从照顾中得到情感慰藉

WY大妈、CR阿姨、Y大妈、Z大妈等受访老人的叙述，都流露出因逆反哺后代而得到情感慰藉的欣喜。例如，WY大妈因为孙子对她做的饭菜赞不绝口而对此津津乐道。X大叔对女儿在匮乏的物质环境中仍考取大学欣喜流泪，也因为"孩子比较理解我，还是挺懂事的"感到欣慰。C大妈虽用为数不多的退休金维持家庭生计，却也承认："现在一大家子在一起，挺高兴的。"CR 阿姨与老伴再婚后，总体上融洽的家庭关系令她找到成就感，"这俩孩子啊，都结完婚以后又离婚了，都回来住，多少年了没闹过意见"。在 Y 大妈那里，照顾孙子让她在老伴去世后的日子里对生活有了寄托，"以前好像觉得空洞洞的，特别寂寞"，"现在一天过得挺快乐，也有活干了"。

被照顾的家人成为受访老人坚强生活的支撑，如 WY 大妈所言，"带着孩子们，哇哇地往前奔"。WY 大妈坦言自己曾打算轻生，但是"闺女进门儿要找妈！孩子多可怜，没有妈，谁疼啊？"她转念一想："做什么不要脸的事儿了！自己自杀？！多寒碜呢！好死不如赖活着呢！孩子没有妈，没有妈谁疼啊？"Z 大妈也说："我老说想那么多没用。你心情不好，等你想好了，家瘫了，怎么办？没人照顾。"倾注于后代的成长也让贫困老人在物质贫乏的生活里有了盼头。例如，WY 大妈和 Z 大妈盼着孙子长大。第二次访谈时，WY 大妈说："我快 70 岁了，我要活到 85 岁、86 岁，还有十来年，那孩子（孙子）成家了……我慢慢等着吧。"X 大叔盼着女儿上完大学，他说："我就这么一个希望，孩子能够学到自己的手艺，不像我们似的，像我们得按计划生活，就行了……慢慢熬吧，有个盼头盼个几年。"

可见，在面临逆反哺和照顾配偶压力的同时，贫困老人也在被照顾者的回馈中获得成就感，得到陪伴，并重燃希望。在这里，自上而下的支持（逆反哺）与自下而上的支持（来自子女的情感慰藉）同时存在，这种紧密联结的代际关系体现了代际团结的特点。但也要看到，逆反哺和照顾配偶带来的经济压力和劳务负担未得到实际解决。

（3）其他子女的支持

那些面临逆反哺与照顾配偶压力的贫困老人，除了同住的需要照顾的子女/孙子女外，若还有其他子女，多少能从他们那里得到些许支持。例如，WZ 大爷的女儿"每个礼拜回来看看，带点东西，给一点钱"。Z 大妈除了同住的儿子与女儿外，还有三个女儿各自成家住在外面。女儿与女婿们时常回来探望 Z 大妈，并给 Z 大妈些许经济补助。

然而，其他子女"挣钱也不容易"，且大多"上有公婆，下有孩子"。将舒缓照顾压力完全托付于其他孩子，并不可行。用 WZ 大爷的话来说，"人家还要供养亲家母呢，还有就是孩子正是花钱的时候"。Z 大妈的另外三个女儿相继迈入老年，她们对 Z 大妈的经济支持都是极力节省而来，在体力与精力上对 Z 大妈的照顾也日益力不从心。用 Z 大妈的话说，"孩子岁数大了，最小的都 50 岁了"，"她们都有家，上面有老的，下面有孩子，不看不行"。可见，要缓解贫困老人逆反哺与照顾配偶的压力，需要正式支持的介入。

4. 贫困耻感压力下的代际支持

面对贫困耻感的压力，贫困老人能够从子女的"懂事"与孝顺中得到情感支持。正如 L 阿姨所言，"我们虽然穷点，一家人过得还是挺高兴的"。W 大妈生活上完全靠 6 个孩子的支持，虽然孩子们收入低，也要照顾各自的家庭，给 W 大妈的生活支持只能保证温饱，但这足以让 W 大妈觉得日子"宽绰"，"挺安慰的"。第二次访谈时，YG 大妈、CC 阿姨、WZ 大爷都表示，与子女的天伦之乐是他们的精神慰藉。WZ 大爷不断夸自己的闺女："闺女常来，把家照顾得挺好的，是挺安慰的。"

5. 小结

在多重压力下，贫困老人与子女的互动既表现为代际团结，又隐含着代际的张力（见图 4 - 1）。

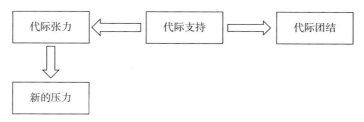

图 4 - 1 城市贫困老人代际支持的实现机制

面对经济压力，贫困老人从子女那里获得极为有限的经济支持，他们基本上不主动向子女索要经济支持，实际上是一种"不得已的自立"。面对疾病与老化的压力，贫困老人的医疗费用多数由自己承担，低收入的子女仅能在照顾和精神慰藉方面提供较多支持。然而，自下而上的代际支持却易让贫困老人陷入生存的两难境地，代际支持充满矛盾感，这种张力带来新的压力。面对逆反哺和照顾配偶的压力，贫困老人将家庭资源向同住的被照顾者倾斜，同时也从被照顾者那里获得情感支持。面对贫困耻感的压力，贫困老人能够从子女的孝顺中得到情感支持。总体而言，自下而上的代际支持能够在一定程度上缓解贫困老人的多重压力，但其作用非常有限。

二 贫困老人与扩展家庭的支持

在这一节，笔者将呈现来自扩展家庭的支持回应贫困老人多重压力的机制和结果。

1. 经济压力下来自扩展家庭的支持

在 17 位受访老人中，只有 C 大妈、WY 大妈、T 大妈和 H 大妈表示，平日得到扩展家庭的经济支持。而其他老人则与扩展家庭极少有经济上的往来。几乎所有的受访老人都表示，他们并不愿意总是依靠扩展家庭的帮助。

（1）少数老人得到亲戚的经济支持

C 大妈坦言，这些年来"净靠娘家的兄弟妹子"。从早些年丈夫去世后，自己独立一人给几个儿子办婚礼，到这些年娘家的兄弟姐妹每逢年节上门探望，都是娘家人帮的忙。甚至每到生病的时候，第一时间还是娘家兄弟给的药。独居的 T 大妈是弟弟妹妹的大姐，弟弟妹妹都住在京郊农村，"如今他们的日子都好过了"。T 大妈的弟弟妹妹偶尔来看她，带来食物。不过，弟弟妹妹如今也都是中高龄老年人了，来探望 T 大妈的次数比从前少了许多，"弟弟一两个月来一次"。H 大妈直言："亲戚对我一概不错，都帮我的忙。"她的亲戚不算多，主要是侄子一家。家里一有状况，侄子就会闻讯赶来，出钱出力。少数贫困老人在经济最紧张的时候，靠亲戚解燃眉之急。比如，X 大叔说："去年住院，正好赶上过年，又赶上女儿交学费，正好我那药费又不给报（销），情急之下跟我妹妹她们拿了两三千块钱。"

（2）其他老人极少与扩展家庭有经济往来

除了 C 大妈、WY 大妈、T 大妈、H 大妈这四位老人以外，其他的受访老人不约而同地表示"亲戚管不了什么事"，平时"各管各的"。其中，与亲戚们关系最僵的当数 M 阿姨。M 阿姨有两个哥哥、一个弟弟，由于拆迁安置不妥当，弟弟挤占了她应有的房子，M 阿姨和她的弟弟对簿公堂。官司终于结束了，M 阿姨和弟弟分别拿到了用于安居的赔偿金，但是姐弟俩"成了仇人"。M 阿姨心中悲凉，"在法院判决之后，再也不和他（弟弟）接触，我就跟政府直接沟通"。与此同时，M 阿姨与另外两个哥哥的关系也越发淡漠。她叹气说："其他两个兄弟就是各管各的。来往，就是有事来找你，没事来找你干嘛？而且他们自己也过得不舒服。"

其他老人也承认，如今与扩展家庭的联结不再紧密，"各家顾各家的"。这或许是因为地理上的距离，比如，CR 阿姨有两个姐姐、两个妹妹和一个弟弟。自从"文化大革命"结束后，有的回京，定居在北京的不同区域，有的留在东北农村，大家"走动得少了，没事也不怎么来往"。除了地理距离，用老人们的话说，"人家也是居家过日子"，不可能总是在经济上支持自己。更重要的是，如 C 大妈所言，"净指着人家"便"还不了人家的情"。

（3）互动的基础：人情伦理下的互惠关系

在经济往来方面，受访老人与亲戚之间的互动受到人情伦理的规范。大体而言，人情在中国文化中有三种含义（黄光国，1989）：第一，个人遭遇到不同情境时可能产生的情绪反应；第二，人与人进行社会交易时，可以用来赠予对方的一种资源；第三，人与人应该如何相处的社会规范，即"受人点滴之恩，须当涌泉以报"的"人情法则"，简称为"报"（reciprocity）。金耀基（1989）指出，从社会学的观点，"人情"二字是指人与人之间的关系，即"人相处之道"。他认为"人情"是对社会（人际）关系有约束力的文化概念。在中国的社会关系（交换）中，人们都不愿成为人情的负债者。因为欠了人情，则意味着在社会关系中失衡、失去自己在人际来往上的独立性。为了不欠人情，最有效的方法是回报别人更多的人情。人情应该是算不清欠不完的，这样才能旷日持久地继续下去（翟学伟，2004）。

在人情法则"报"的规范下，贫困老人与扩展家庭的互动隐含着互惠关系。倘若单方面地一味接受亲戚的经济支持，即便能暂缓老人的经济压力，也会给老人蒙上另一层心理负担——因无力回报对方而感到分外不安。C 大妈、WY 大妈和 CA 大妈都表示，接受亲戚的"恩惠"却无法回报，感觉"欠着人家的情"。C 大妈坦陈对于别人的帮助"可有压力了"，"觉得领不来那份情"。WY 大妈也说："我欠着的情，我不领，我老觉得我欠情，我不爱占人家情。"CA 大妈强调自己无法回报他人，她说：

咱没法回报人家，咱这穷日子没法回报啊。买得少了，虽然（人家）不是瞧不起（咱），咱自个儿也拿不出手啊。买得多了，人家一看给你了，你又给人家回回去。得，我受不了这个，我这人不爱收人家那什么。

Y大妈则一针见血地道出，与扩展家庭是礼尚往来，接受了人家的帮助"将来还得还"。

（4）礼尚往来的压力：生活更拮据

WY大妈一家在经济最困难的时候，在京郊务农的娘家亲戚时常送来食物。而WY大妈则以自己的方式对亲戚的经济支持给予回馈。第二次访谈中，WY大妈谈到不久前娘家弟弟的孙子过一周岁生日，为了"回报"娘家弟弟以往的帮助，年近70岁的WY大妈一到京郊老家，便马不停蹄地到地里帮忙摘花生，"疼得筋都斗奔出来了"，"什么活都给他们干，下地、薅草、拨弄老玉米"。除了付出劳动外，WY大妈还用自己捡废品的钱凑了100元，作为祝贺弟弟的孙子一周岁的礼金，除此之外，她再也买不起额外的礼物。她无奈地说：

> 我知道这俩小孩过生日，我不好空着手来啊，没买东西。东西挺贵的，在超市给孩子……买不了3袋吃的就10多块钱，挺贵的。可是，小孩过生日，我什么也没拿，我给了100块钱，本身我没有钱。我这100块钱怎么来的，捡破烂，再卖破纸盒子，多累啊。

显然，贫困老人要维持与扩展家庭的经济互惠关系是相当吃力的。这样一种互惠关系对贫困老人多少造成了另一种经济压力——为了回报扩展家庭的支持，保持"礼尚往来"，往往使贫困老人的生活更加拮据。Y大妈的例子也说明这种隐性的负担。她满心凄凉地说：

> 你说我弟弟吧，以前也来看我。弟弟患了肝癌，是晚期肝癌，我哥、我妹妹，他们都给钱。我就给不了，因为我也困难啊，有时候我买点东西去看看他，儿子就说得花多了，我说现在的生活水平也知道是吧……你不可能一次不看是吧，亲弟弟，怎么也得买点东西看看去……反正紧着手吧。

鉴于与亲戚在经济往来中潜在的互惠关系，倘若贫困老人觉得自己对亲戚的经济支持无法回报，那么即使扩展家庭愿意提供这种支持，贫困老人自身也会主动终止这种单向接受的关系。换句话说，他们宁可独自承受经济压力，也不愿在与亲戚的互惠关系中处于劣势。

（5）对亲戚支持的抗拒：宁可靠自己

由于互惠关系带来的隐性负担，受访老人（包括 L 阿姨、C 大妈、W 大妈、WZ 大爷、LF 大妈、CR 阿姨、Y 大妈、CA 大妈、Z 大妈、T 大妈、H 大妈、X 大叔、M 阿姨和 N 阿姨）大多抗拒接受扩展家庭的经济支持。例如，C 大妈宁可自己拾废品也不愿"净指着人家"；T 大妈则不跟亲戚叫穷，"我不会说困难，也不跟他们叫穷，反正我不愿意他们顾"。X 大叔则略带自豪地说："家里事没有麻烦过自己的兄弟姐妹。"事实上，在这种抗拒的背后，也彰显着贫困老人在与扩展家庭的互动中力图保持独立性的努力。

因此，扩展家庭的支持只是偶尔为之，不可能为贫困老人提供稳定的经济支持，用 Y 大妈的话说，"救得了急，救不了穷"。至此，我们不难理解，为何多数受访老人在谈到扩展家庭时，都不约而同地宣称"亲戚管不了什么事"。总体而言，对贫困老人来说，来自扩展家庭的经济支持其实很有限。以上分析也让我们分明看到贫困老人在与亲戚的互动中竭力避免依赖、保持经济独立的要求。

2. 疾病与老化压力下来自扩展家庭的支持

（1）有限的支持

面对疾病与老化的压力，只有 C 大妈、CC 阿姨、T 大妈和 H 大妈、M 阿姨和 Y 大妈提到，扩展家庭在她们生病时给予了帮助。C 大妈的医疗报销比例较低，生病时总是舍不得上医院，"要感冒了，找我妹妹、亲戚，找我弟弟他们，拿点药去"。娘家的兄弟姐妹给她的药便解了燃眉之急。M 阿姨提到有段时间因眼睛出血，有好几个月往返医院就诊，这次看病得到了表妹的些许帮助。但类似表妹寄钱的情况极为偶然，"也就这一次了"。Y 大妈曾因急性心脏病住院，当时亲戚们凑钱解了燃眉之急，但亲戚直接给钱的情况也就是"偶尔一次"，她的哥哥们"多少年都不给钱了"。

总体而言，扩展家庭对于患病老人的支持属于少数，而且这种支持是偶尔和少量的——只有在遭遇大病时才发生。与此同时，基于互惠关系，贫困老人对来自亲戚的帮助需要给予回报（见上一节）。

（2）互惠关系破裂：因疾病而更疏远

谈到互惠关系，CA 大妈的例子表明，在有些贫困老人那里，亲戚们因老人的疾患而与之更加疏远。CA 大妈直言，亲戚中"没有什么特别近乎的关系了"。她们母女在整个家族中的情形，仿佛大海中孤立无援的一叶扁舟，她说：

> 你像我们这边吧，老 CA 家的人，老哥仨全死了，就剩几家的孩子了。不是一个爹妈的对不对，这，管什么用？没用。唉，人家不理你，你也不理人家，就完了。还有个妹妹，没有别人。她身体也不灵了，（刚开始）我们有病的时候，她那会儿倒经常来，现在她也不行了……还有一个孩子的大妈，也瘫了，也不灵了，又傻又瘫。都完了，这亲戚。

其实，CA 大妈与亲戚的关系原先并非如此。就在她和女儿查出乳腺癌之初，亲戚还帮着凑齐了一万多元手术费。然而，从癌症手术至今已有 8 年，后期治疗费用像滚雪球一样增长。当 CA 大妈母女再度与亲戚联系时，人家便"吓跑了"，她无奈地说：

> 我们一有病，人家就不来了。人知道这病，害怕，人家就主动不来了！……人家二妈就说了，别去了。人（二妈）说了："以后你不要再去我那儿了，我们不在家，出门儿。"

经过二妈的一番话后，CA 大妈母女与亲戚间的往来日渐稀少。表面上看，亲戚们"各家自扫门前雪"，偶尔支援 CA 大妈后便不像原先热心。CA 大妈也承认，"人家没有义务""管"她们。其实，正是长年累月的治疗与资金缺口打破了 CA 大妈原先与亲戚间的互惠关系。她反问："咱们'当当'一敲门，咱不提钱，咱给人摆困难，你跟人家说困难是干嘛的？……你是不是换个词儿就是管人要钱……这个有什么意义?!"这种纯粹获取帮助而无法回报对方的关系，让她否定了求助亲戚的可能性。8 年来，CA 大妈已欠下亲戚们一笔数额不小的债务。互惠关系没有完全建立起来，便产生新的压力——亲戚们曾经的帮助对她来说，意味着还不起的金钱，以及无力偿还的人情债。她慨叹道："每次的药钱都是管人家借的，将来这些问题都是后遗症。"

不论是大病时的偶尔支持，还是互惠基础上的援助，来自扩展家庭的非正式支持对于饱受疾病和老化压力的贫困老人来说，都相当有限。贫困老人的医疗费用，只能依靠制度性的保障。

3. 逆反哺与照顾配偶压力下来自扩展家庭的支持

面对逆反哺与照顾配偶的压力，贫困老人从扩展家庭那里获得的支持也很有限。WY 大妈和 X 大叔都表示，偶尔得到过来自扩展家庭的零星支持。比如，X 大叔的小舅子给他的女儿送过一台笔记本电脑，作为对孩子求学的支持。第二次访谈时，Z 大妈兴高采烈地告诉我，自己刚从宁波老家探亲回来不久，远方的晚辈"请客"，出资请她搭飞机回去与同样高龄的弟弟聚会。旅行回来的 Z 大妈对一路见闻津津乐道，亲人的重逢和旅行的快乐给她带来无尽的回忆，舒缓了平日沉重的经济压力与繁重的照顾负担。但这只是 Z 大妈"这辈子难得的一次"。

扩展家庭的支持毕竟是偶尔为之，且在很大程度上遵守"有来有往"的互惠原则。因此，面临逆反哺与照顾配偶压力的贫困老人还是靠"自力更生"。X 大叔说起家庭两边的亲戚：

> 我爱人家里是农民，她妈妈瘫痪，他们农民哪有钱呀？……我兄弟姐妹好，都有退休金，我比谁都困难，像我们孩子考上大学，她姑姑什么的，谁也没给一分钱。

互惠关系的潜规则令 X 大叔宁可找"外人"借钱，也不愿向亲戚"伸手"，因为"欠他们的情还不了"。而在 WY 大妈那里，娘家兄弟们常常接济她，就连老伴发病放火烧屋那次，也是娘家兄弟们运来涂料，帮忙把乌黑的墙壁给抹了，妹妹还"给买一书包豆角、一书包黄瓜和土豆、好几书包菜，还给我一百块钱"，这让 WY 大妈当场"急哭了"。但 WY 大妈拿不出多余的金钱作为回报，即便一百元礼金对她来说也是极其辛苦卖力气捡破烂换来的。她唯一能回报的只有付出自己的劳力。总之，基于互惠关系的原则，扩展家庭能够提供给面临逆反哺和照顾配偶压力的贫困老人的支持颇为有限。

4. 贫困耻感压力下来自扩展家庭的支持

前文多处提到，受访老人与扩展家庭的互动在很大程度上是以互惠关系为基础的。而不以互惠关系为基础的互动容易让贫困老人产生耻感，当老人觉得在物质上无法"回报"亲戚时，便抗拒来自扩展家庭的物质支持，甚至主动与之疏离或终止与扩展家庭的互动。

CA 大妈坦言自己多年来已不去亲戚家："我不是穷吗，我从来不去亲戚家，谁家我都不去，唉，唉，我去人家家干嘛去？"由于无法在物质上与扩展家庭保持互惠关系，X 大叔索性不与这些亲戚来往。用他的话说：

> 咱们穷人到哪儿谁瞧得起你啊？就说亲戚，穷亲戚都瞧不起你，哥们儿也好，姐们儿也好，都一样！你穷了，哟，上我们家干嘛来了，拿东西来了，他们就这么想!!……其实咱们什么都不要，可他们还是这么想。要是这样我还不如不去呢，我干嘛去啊！……咱穷人家就在自个儿窝待着呗，跟家待着吧。

面对贫困耻感的压力，扩展家庭不但没能给予支持，与扩展家庭的互动还可能进一步加深受访老人的贫困耻感，尤其是像 CA 大妈、X 大叔这样无法与扩展家庭维持互惠关系的贫困老人，因此他们无奈地选择与扩展家庭保持距离。这一发现也提醒我们，应重新思考扩展家庭支持网络的作用。

5. 小结

在这一节，笔者以作为抗逆力保护性因素的非正式支持为线索，探讨了贫困老人在多重压力下与扩展家庭的互动情况（见图4－2）。

图4－2 城市贫困老人扩展家庭支持的实现机制

贫困老人与扩展家庭的互动遵循着人情伦理下的互惠关系，故面对经济压力，只有少数老人得到扩展家庭的经济支持，其他老人极少与扩展家庭有经济往来。而"礼尚往来"的关系往往带来新的经济压力，令贫困老人的生活更拮据。那些对亲戚的经济支持无法回报的贫困老人，对这种支持感到抗拒。面对疾病与老化的压力，扩展家庭对患病贫困老人的支持属于少数，且这种支持是偶尔和少量的。由于互惠关系破裂，还可能令扩展家庭与贫困老人更加疏远。面对逆反哺和照顾配偶的压力，扩展家庭的支持只是偶尔为之，且在很大程度上遵守互惠原则。面对贫困耻感的压力，与扩展家庭的互动可能进一步加深受访老人的贫困耻感，因此他们无奈地选择与扩展家庭保持距离。总之，在多重压力下，扩展家庭对贫困老人的支持很有限，互惠关系没有建立的老人可能因此产生新的压力。

三　贫困老人与邻里支持

这一节，笔者将在贫困老人与邻里的互动关系中，展现邻里支持回应贫困老人多重压力的机制和结果。

1. 经济压力下的邻里支持

面对经济压力，个别受访者频繁得到邻里的物质帮助，但这种经济支持的获取也是以互惠关系为基础的。当互惠关系没有建立时，贫困老人与邻里便极少有经济方面的互动。不论住房的格局如何，贫困老人与邻里之间总体上是一种较为疏离的关系。

（1）个别受访者频繁得到邻里的物质帮助

只有个别受访者声称自己较常得到邻里的帮助，C 大妈和 T 大妈就是极个别的例子。C 大妈终日靠拾废品来补贴家用，比起直接给实物和金钱，街坊们对她的"帮助"更多的是将能卖钱的废品送给她。她说街坊四邻为人都很好：

> 谁家有点儿什么破烂儿，"给你吧，（拿）去卖去，你去卖去，卖个三块五块的"，都给我，让我卖去。我说你们别这样，他们说"我们要帮你，给你几十块钱，你准不要。给你点儿破烂儿嘞，你卖点儿，添上个三十块二十块……你日子不宽松点儿？"

住在地下室的 T 大妈平日里也得到邻里的不少"照顾"。T 大妈认为，首先是因为楼上的"老头老太太们"特别富裕。T大妈从20岁起就在楼上某位部长家里做保姆，一干就是26年。楼上的邻居们与她相识几十年，如今都是离休的高级干部，且都是八九十岁的高龄老人，家家都有保姆。第一次访谈时，T大妈笑着说："就这院的人都不错，要是别院儿就不行了。我们这楼上的都是部长、副部长的，一月拿万儿八千的，好家伙……这院儿条件好，这儿的人拿钱多。"T大妈高兴地说自己和他们的关系"挺好的"，"这过年过节的，他们家吃什么就给我送什么来"。就连T大妈现在住的这间地下室，也是她步入老年时，楼上的老雇主出面与居委会主任交涉，让他们鉴于T大妈孤寡老人的状况，酌情给予的"照顾"。于是，T大妈才以极其低廉的价格（每月三十多元）租下这间地下室。在楼上邻居帮忙后，居委会还给T大妈上了低保。尽管地下室的这间屋子蟑螂肆虐，不太通风，终日漆黑，但T大妈一提起这房子，总要提到楼上部长的恩惠。

T大妈觉得，楼上邻居们的物质帮助，的确在很大程度上缓解了自己的经济压力。在这样一个支持网络里，她觉得生活"很不错"。平日的食物常常由楼上邻居家里的保姆顺道送来，经过楼上老人的首肯，买来的食物都不收钱。这确实省却了T大妈很大一笔开支，也免去了她外出购物的不便。用T大妈的话来说，"买吃买喝，都花不了"，"要不这国家给的600块钱，我怎么过，灯钱、水钱、房钱，全算上，也过不下去呀"。T大妈的衣裳也几乎不花钱。她的屋里有一台缝纫机，她是制衣好手，楼上的老太太们争相找她做衣服，总是会准备多一份布料给她。一到年节，邻居们也惦记孤身一人的T大妈。T大妈略带夸张地说："要过一个八月十五，这月饼我得吃到九月八，九月十五去……这家给我了，那家给我了。"就连屋里所有的家具，都是楼上的邻居们让家里的保姆给搬下来的。虽说全是二手淘汰了的物品，但冰箱、彩电、小沙发等一应俱全，乍一看这间地下室的屋子也算舒适。邻居们的帮助，让T大妈的生活得到了很大改善。

另外，T大妈年轻的时候做保姆，除了在楼上某位部长家工作了26年外，还为小区里的其他几个家庭带大了孩子。现在这些孩子都长大了，过年或是从外地回北京仍会回来探望T大妈。在精神上，这给无儿无女的T大妈很大的慰藉；在物质上，或多或少缓解了T大妈的经济压力。T大妈流露出高兴的神情，说道：

> 我带的那些小孩，他们每年春节也来。他一来就是，他爹他妈也来。说起来嘛，就跟自己的儿女似的。呵呵……（孩子们）行啊，两个都出国了。回国来看看我，也给点钱。哎哟，那时候给千把块钱呐，哎，一千多块钱，了得。我说："那一千块钱，我且花呐。"

为什么是 C 大妈和 T 大妈？通过仔细审视，我发现，这两位老人在与邻里的互动中都处于尤为积极的姿态，扮演非正式领袖或"守门人"的角色。例如，C 大妈在小区 NGO 的组织下主动请缨成为互助组的组长，只要街坊有事便带头发起探望，甚至代表街坊与居委会交涉小区事宜。T 大妈虽然口头上不住念叨"主要是这个院的人拿钱多"，但她为楼上的离休老人和保姆缝制衣裳，开导受委屈的保姆，时常亲自下厨给她们做饭。说到底，C 大妈和 T 大妈能够在物质方面得到邻里的帮助，一方面，是因为她们各自的人格魅力；另一方面，更重要的是，她们在与邻里的互动中，始终保持着互惠关系。

（2）获取邻里的物质帮助以互惠原则为基础

这种邻里之间的互惠关系，用 C 大妈的话来说，"我是有回报人家的"：

> 我可是待着三月俩月里，我有回报过去。我也不死乞白赖的，我这人从来不爱占人便宜。反正，我说我不多给，我少给，反正我回报你了……我有时候买点东西啊，还是买点布样什么的，给人做件衣裳，买点儿……花不了几块钱，十块八块的，意思意思就得了。

而 T 大妈的解释更是直指实质，"指着一好（一方给你好处）是不行的，是相互的"。例如，楼上的保姆外出买菜常常给 T 大妈顺道捎来，凡事惦记着 T 大妈，而 T 大妈也时常在生活上帮助这些保姆，最直接的方式便是免费为她们做衣裳。而楼上的老太太们常常拿布料给 T 大妈，T 大妈则分文不取为她们量身定做衣服，随叫随做。即便是"哄过的孩子们"回来探望 T 大妈，带钱给物，T 大妈也总是以其他形式回馈给这些孩子。她说："过春节，那孩子们一来了呢，是吧，我哄的孩子都'奶奶长，奶奶短的'，北京不都有这茬嘛，给压岁钱嘛，那我还得吐露出去。"因此，虽

T大妈频频受到邻里的帮助，但这种持续的互动始终建立在互惠的基础上。

事实上，我们还能从C大妈的访谈中反向印证贫困老人与邻里之间在经济上的互惠关系。倘若T大妈感到物质帮助超出了自身的回报能力，她便因此产生心理负担，从而背负新的压力。她这样表露自己的心情：

> 咱们经济上不行，人力上也不灵，无法回报给人家，其实我最怕人家关心我了，人家一关心我，给我增加负担，真的怕人家，真的……哎哟，我心里不落忍呀。

相较之下，T大妈更倾向纯粹的情感互动，这比起接受物质帮助来得更愉快。她说："就平时咱们关系不错，你来看看我，我来看看你，什么钱都不用花，你说说你的心里话，我说说我的心里话，这不是很好的一个乐子吗？"

（3）总体上疏离的邻里关系

当互惠关系没有建立时，贫困老人与邻里便极少有经济方面的互动。W大妈、CC阿姨、CA大妈、H大妈、X大叔、M阿姨和N阿姨都表示，平日和街坊不怎么往来，"不知道他们的根儿"。住在楼房里的W大妈和CC阿姨没有互相串门的习惯。即使老人们搭伴锻炼身体、遛弯聊天，也不过问彼此的具体情况。W大妈说起她的这些邻居："邻居们，那边的那个老太太搬走了，这边一个老头不出来，那边那个搬走了，再上头别的楼门儿，楼房都关了门，我一进（屋）去一关门，谁也瞅不见谁。"CC阿姨则直率地说："住几十年都没有串门儿的习惯……楼上楼下都不串门儿。"

住在老城区胡同里的贫困老人与邻里的关系也不紧密。CA大妈在身体允许的时候，坚持在小区附近散步，与街坊们最多也只算得上点头之交，"不跟他们谈家常，也就见面说两句客气话得了，所以就不知人家的根儿"。H大妈、X大叔与街坊保持和气，但也只限于点头之交。H大妈说自己"不爱打听事儿"。X大叔也是"互相就是打个招呼，没什么来往"，"下完棋就完了"，也"不问他们姓什么，叫什么"。个别的如M阿姨，在所住的院子里感到压抑和被欺凌，已习惯性地对邻居保持提防。她压低声音，凑在我耳边说道："住这儿的街坊，那都是……就好像光算计人，要不然就偷你的东西，要不然就给你胡说八道。我觉得都是小人，所以我们也没怎么来往。"这些老人也不清楚社区中与自己经济状况相仿的还有其他哪些老人，即使略知一二，他们也避免过从甚密。X 大叔提过院子里的其他人家，说道：

> 这院里头，我们好好的也不说话，隔壁也是一样，都各干自己的事。但是这个总的来说，这院儿的 3 家人啊，都喜欢静！不喜欢来往，生活非常的艰苦。

可见，不论住房的格局如何，贫困老人与邻里间总体上是一种较为疏离的关系。他们各自保护自己的隐私，彼此间的互动仅限于点头之交，谈不上在缓解经济压力方面提供支持。

那么，面对老化和疾病的压力，贫困老人的邻里支持又是如何呢？

2. 老化与疾病压力下的邻里支持

个别受访老人从邻里那里获得实际的支持，如赠送药品、接送看病等。

（1）日常生活得到街坊的支持

体弱多病、行动不便的贫困老人，如 WZ 大爷、T 大妈、CA 大妈都表示，生活中不同程度地得到街坊的支持。WZ 大爷说如果病了，周边街坊都会伸手"帮忙买菜什么的"。而 T 大妈楼上邻居家里的保姆常常帮她买东西、搬物品、清洗床品。CA 大妈也表示，对家里相依为命的患病母女而言，劳动力是尤其令人发愁的事。好在像换灯泡这样的小事，邻居都能帮忙。

（2）生病时得到街坊的关心和照顾

除了日常生活外，W 大妈、CA 大妈、T 大妈、H 大妈、WZ 大爷等受访老人生病时也不时得到邻居们各种形式的支持。

情感支持：关心、劝解与陪伴

街坊们的情感支持让这几位老人颇感温暖。不过，根据每位老人社交的活跃程度，邻里"关心"的程度也有所分别。比如，对半身不遂、较为沉默的 WZ 大爷来说，偶尔能与街坊们在小区花园里聊天，便帮他排遣了孤寂。对"不和街坊走得太近"的 CA 大妈来说，出门时年纪相仿的老人时常劝慰，排解她的忧思。第一次访谈时，CA 大妈说：

我们这一对（母女）有病，出名，大家都知道（笑）。有些人不问，（但是）知道，长期碰见他就熟了。有时候跟老人聊两句（担心的事儿），老人说别那么想。人说你那性格多好，瞧你多好啊，什么的。

对 H 大妈来说，街坊对她不错，尤其体现为一旦她住院了，街坊纷纷打听她的病情。而 T 大妈得到街坊们的关心看起来更频繁且多方面，楼上的老太太们路过她的窗前总要看看她是否安好，每到晚上便不时打电话给她，以确定她无恙。T 大妈也有为疾病和将来担忧的时候，每每"脑子转不过弯儿来"时，也是街坊老太太们的陪伴让她"翻想过来"，她说："实际（上）那我也（有）想的时候，这怎么办呢，（我）这人。铆着（劲儿）我就不干（我不在屋里钻牛角尖），我就（上）外头跟老太太聊天去，就过去了。"

实际的支持：送药、带去看病

个别受访老人面对疾病与老化的压力时，有时得到街坊的实际支持。比如，C 大妈说到上医院开药输液时，向相熟的街坊借医疗卡。W 大妈说到自己心脏不适时，是附近楼门的 G 大妈带上血压仪及时赶来，并主动提出送她上医院。在 H 大妈常年与疾病斗争的岁月里，街坊们也总是在她身体不适时提出用自己的车送她去医院，这便让 H 大妈感激不尽。

谈到具体的支持，T 大妈得到街坊们的支持几乎是最多的，并最大限度地帮她缓解了经济紧张、老化与疾病带来的压力与生理痛楚。T 大妈几乎不上医院，药盒子里满满的都是各种药品——治疗气喘的、感冒的、风湿的等，全是邻居们给她送来的。T 大妈笑着说：

不去（医院）。为什么不去啊，我这院里头这药就够吃了。你看，这大盒子里都是药，什么药都有。我不是喘嘛，那个，老头老太太他们领药片也不花钱。是啊，什么药都有，就给我送来了。那次那阿姨来给我药，哎哟，我说"了不得了，我这都（能）开药铺了"，你看这一大盒子药。这么大把药，我就省多少钱啊，你甭说别的了。

即使是药物有效日期这样的小事，"谁来就给登记过了，扔了（过期药物）"。有一次 T 大妈卧病不起，也是楼上的老人差遣自己的司机和保姆带 T 大妈上医院看病。T 大妈讲起这段故事时，总不忘感慨"这院儿的人真不错"。

其实，得到邻里的支持只是故事的一面。面对老化与疾病的压力，邻里间也是一种互惠往来的关系。

（3）自己也帮助街坊

相较于给予物质方面的回馈，在社交方面较活跃的几位老人更善于通过其他形式来维持与邻里的互惠关系。W 大妈提到楼上楼下的街坊，用的是"互相照应"的说法，她将街坊们来找自己解闷、出主意，视为自己对邻里的一种回馈。

T 大妈常常给楼上的老太太们缝制或修改衣裳，"就这么互相帮助"。楼上的保姆们也时常到 T 大妈的屋子里来，请 T 大妈缝制或修改衣服，"阿姨们都来，反正我这儿有个缝纫机，谁愿意扎谁扎"。T 大妈与住在同一个院子里打工的保姆们有同病相怜的感情，在她们遇到委屈或烦恼的时候，她总是作为过来人循循开导这些"命苦"的保姆。她说：

> 我说，我上养老院，什么的。哎哟，这阿姨急了。（她说）"你可别去。你要去了，我们上哪去啊？"当阿姨嘛，怎么也有点儿苦处。她来这儿呢，就跟我诉诉苦。我说，你当阿姨，值了，真的。就当一个普通的，外头那一个男的，会说"我们一个月才多少钱呐，一个月1000多块钱，我们得住、得吃饭呐。你这一个月1000多块钱"。

H 大妈也通过经验分享作为回馈邻里支持的方式，她时常用自己的经历提醒他们注意身体保健。H 大妈是这么说的：

> 咱都是互相的，谁不愿意大家伙高高兴兴的啊。我就老跟他们说，你们自个儿好好注意自个儿的身体，不管什么事都一样。这身体真是本钱呐。

从以上几位老人与邻里的互动可见，面对疾病与老化的压力，贫困老人与邻里的互动仍以互惠关系为基础。相较于经济上的互惠，贫困老人可以通过自己的技能、经验等形式回馈邻里的情感支持和实际的支持，因而更有能力维持这种互惠关系。能够得到邻居帮助的受访老人，尤为典型的如 T 大妈、H 大妈、WZ 大爷、C 大妈、W 大妈，可称得上在各自小区的社交生活中较为活跃的老人。这几位老人平日关心社区事务，有意建立与邻里的友好关系，在与邻居的交往中为自己建立了有力的支持网络。相比之下，另几位在社区中相对沉默的受访老人，如 L 阿姨、LF 大妈、CR 阿姨、X 大叔、M 阿姨和 N 阿姨，则很少与街坊深入交往，更不用说在患病时得到街坊的关心、陪伴或帮助了。由此可见，社区中是可以自发培育互助网络的，但对那些在社区中较沉默和更为边缘的贫困老人，以及那些连值得回馈的技能和经验也没有的贫困老人，则需要我们给予更多的关注。

3. 逆反哺和照顾配偶压力下的邻里支持

逆反哺和照顾配偶不仅给贫困老人带来经济上的紧张，照顾本身也意味着繁重的家务负担。来自邻里的情感支持往往成为这些老人的"疏压阀"。就像 CC 阿姨说的，与老太太们在一块儿，"家里的烦心事就没了"。尽管 83 岁的 Z 大妈身体还算硬朗，干起活来"不太懒"，但照顾一家五口的生活起居难免感到疲惫和偶尔烦躁。街坊的老人们常常能够从 Z 大妈的角度读出她的忧虑与牵挂，让 Z 大妈感到理解与宽慰，她笑着说街坊们如何开导她的：

> 有时候太累了，哎哟，累死我了，嗯，还不如早点死了，该他们弄的弄，该烦的烦。他们说，你想这个干嘛呀！……你呀，累是累，我们也知道，你要想得开，你身体弄好，你多活点，是他们的福气……聊完回来，就不烦了。

哪怕是素不相识的街坊，偶尔的关怀与帮助也能给贫困老人带来莫大的安慰。在 WY 大妈的故事里，那些并不相识的街坊时常在她不经意间伸出援手。比如，WY 大妈和我讲了个买香蕉的故事：

> 那天他（老伴）去（医院）了，给他买把香蕉，那个卖香蕉的，见我没多买，买了 3 块 8 毛钱的。我说我捡破烂，没有钱，旁边一女

的问："没钱那你还买香蕉上医院？"我说："空着手去，不好意思，瞧病人去，寒碜，嫌寒碜。"结果那女的就给（我）换了一大把，5块多，而且她没让我给钱，又给我10块。我一瞅，岁数不大，那孩子挺善良的。我说："你住哪楼？""大妈您甭打听，您甭管啦，我认得您。"她拎起书包，就跑了。后来我就哭了，好人是不少。

还有一次，WY大妈在废品堆里捡塑料袋，住在同一个小区的一位女士给她"扔下钱"，然后什么也不说"就跑了"。街坊只要有些能卖钱的废品，"街坊装修，破木头什么的，破瓶子的，一大兜子纸箱子"，便主动免费送给WY大妈。这些偶尔的帮助对改善WY大妈的生活来说也许作用并不大，但这种关怀本身却增强了WY大妈的控制感。在她疲于应付逆反哺和照顾配偶压力时，感到被理解和接纳，而不仅仅是同情。WY大妈感慨道：

> 好人是不少。我就说了，（我）出门老遇上好心人。本来捡点（破烂）总是嫌寒碜，躲着（人家），可是人家不这么看你，觉得咱们还挺不易的，（我）这就高兴，这就高兴。

显然，邻里的关怀能够为贫困老人提供精神慰藉，这有助于提升贫困老人应对逆反哺和照顾配偶压力的能力。但仔细看来，CC阿姨和Z大妈平日在与邻里的社交中较为活跃，而WY大妈所得到的零星支持则具有极大的偶然性。那些在社交中不活跃和较为沉默的老人，则难以得到邻里的情感支持。因此，关怀性的社区氛围有待进一步增强。

4. 贫困耻感压力下的邻里支持

面对贫困耻感的压力，受访老人集体选择对邻里屏蔽自家的贫困状况。尽管他们不愿与邻里谈论自家的"困难"，却很乐意为街坊主动提供非物质的支持，在助人过程中获得自我价值。他们善于通过良好的社交表现展现社会融入的能力，以此排除贫困耻感带来的自我贬损。

（1）贫困不为外人所道

为免于被邻里轻视，受访老人在访谈中几乎无一例外地表示，贫困的状况不为外人所道。例如，C大妈、Y大妈和Z大妈都表示，家里的困难不跟街坊说。C大妈说：

> 他们说，你儿子给你钱？（儿子）不给，我说给。（他们问）"给多少？"（我说）"给个三百块、四百块的。"不给也说给，我不能让外边的人耻笑，我儿子抬不起头来。对不对？说了让人笑话，瞧不起咱。人家问："这一个月多少钱？够花吗？"我就答："够花！还有点富余呢，要没点富余将来要是有个什么事我该怎么办？"

Z大妈也说："家里（的情况），我不说。我不找人家……自己克服克服。"T大妈幽默又自嘲地说，自己在楼上的老太太们面前从来"不说穷"，"她们吃啥我也吃啥"，"她们活着咱们也活着"。与邻里隔阂渐深的M阿姨，谨慎地保护隐私，与"志不同道不合"的街坊保持距离。

（2）在助人中找到自我价值

尽管受访老人不愿与邻里多谈贫困带来的压力，却很乐意为街坊主动提供非物质的支持。比如，C大妈的手工在院子里是出了名的。她时常免费为院子里的老太太们裁制衣裳，且不收钱。当经济困难的街坊向居委会争取补助时，C大妈总是帮着"说好话"，让街坊的申请更顺利。用她的话说，"帮言帮不了钱"，只要能"帮上工夫（时间）"，而且"能干的我就干，我绝对不推辞"。CR阿姨住在海淀区某高校大院，她时常用自己的方式帮助贫困大学生，比如赠予二手家具。Z大妈谈到自己在街市为街坊提供的举手之劳，露出腼腆又自豪的表情：

> 我也帮助人家，也得帮……有时候走道，看到小孩过马路，"注意点啊，看着红绿灯啊，不要使劲跑，慢点儿"。有时候买菜去，"你的菜掉地上了啊，回头人家给你捡走了啊"。哈哈哈，就那样。

X大叔和N阿姨在物质匮乏的生活中仍能通过"在气力上"帮助邻里而找到自我的价值，从而缓解贫困耻感带来的压力。X大叔说："咱帮钱没辙，帮点力气没问题，比如，来煤啊，干个什么的，还有抬个东西这样的，给人帮忙自己也觉得心气儿高点儿。"而N阿姨天天帮隔壁老太太倒好洗脚水，"听到老太太道谢，就觉得自己还是不错的"。

（3）以良好的社交表现证明融入社会的能力

谈到与邻里的互动，受访老人常常还对与邻里的友善关系津津乐道，试图用社交中的良好表现来证明自己融入社会的能力，以回应贫困耻感的压力。用他们的话来说，"外头尊重我，都跟我不错"。个别老人还承担着社区非正式领袖和"守门人"的角色，从中找到自我价值。

WZ大爷每天坐在家门口花圃旁的石凳上，见到路过的街坊，总是主动打招呼，寻找话题，得到回应后露出满足的微笑。WZ大爷对自己与街坊四邻的社交颇有心得。关于递烟的一席话，显示出他对自己社交能力的自信。他说："拿我抽烟来说，递上一根烟，这说话口气就不一样，是吧？这是社交的工具。递一根烟咱们就认识了，有点交情了。"Y大妈对唱歌跳舞颇感兴趣，不论是就近的小区，还是远处的公园，"到处都有熟人"，她对这种社交兼休闲乐此不疲。谈到与邻里的互动，T大妈的笑颜替代了愁眉，说起这几十年来"没有和谁吵过架"，街坊"没有反对我的"，也"没有瞅见我不理我的"。她愿意几十年来在这个院子里居住的重要原因，在于"这院人家这么高的干部，他也不拿我当个保姆出身"。楼上的老邻居们来到T大妈屋里便有滋有味地吃她烙的馅饼，争先恐后地请她做衣裳，这都让T大妈感到受尊重与受欢迎。Z大妈哈哈笑着说："外头人都跟我不错！外头都挺尊（敬我）的，社区那头也挺尊（重我）的，一去就说'哎，来啦来啦'，都挺不错的。"

少数像C大妈、WZ大爷这样的贫困老人，更是因"有什么事他们都找我"而极大提升了自我价值。C大妈说自己就是"爱管闲事"，"不像人家是袖手旁观"。她可以说是社区的非正式领袖，街坊的生老病死由她组织探望，她对自己管闲事却"不图利"的行为，流露出自豪之情：

> 我打搬来这20年，一直到现在，谁家死了人、孩子满月，都是我管的，娶媳妇有时候我们随份子，全是，全部花圈都是我买的，都是我给张罗买的。一死了人他们就找我……（他们说）你要不管没人管，没人撺掇。我说行，我管我也不图利。

C大妈将邻里的上门询问或求助视为街坊四邻对自己的认可，这在很大程度上削减了因贫困受到的贬损与歧视。她说："人家求我呀，我就说

（是）人家看得起你。看不起你人家不求你，（不管你）多能，人家看不起你，人也不用你。"

WZ 大爷则对小区内的各项资源了如指掌，扮演着"守门人"的角色。比如，第二次访谈时，路过的街坊上前询问装修需要的工具，WZ 大爷随口便给出了答案。街坊上前跟他打招呼或向他询问事情，都让他觉得被人"看得起"。WZ 大爷说道："这人，没人理你，你说多没意思，是吧？人人都找你，多好，是吧？证明人看得起你，是吧？"显然，贫困老人通过良好的社交表现融入社区，被邻里接纳、认可和尊重，从中找到自我价值，这在很大程度上缓冲了贫困耻感给他们带来的自我贬损。

通过主动帮助他人的方式令贫困耻感的压力得以缓解，这似乎与邻里互动中的互惠关系有矛盾，其实不然。针对他人给予的支持，贫困老人力图回报对方，在与邻里的互动中"不欠人情"。而贫困老人乐于主动提供帮助，从中找到自我价值。

5. **小结**

本节呈现了贫困老人在多重压力下与邻里的互动关系（见图 4-3）。不论住房的格局如何，贫困老人与邻里之间总体上是一种较为疏离的关系。他们获得的邻里支持主要是以互惠关系为基础。因此，在社交生活中较活跃的老人与那些在社区中相对孤立的老人，以及那些连值得回馈的技能和经验也没有的贫困老人，他们所获的邻里支持有明显的差异。

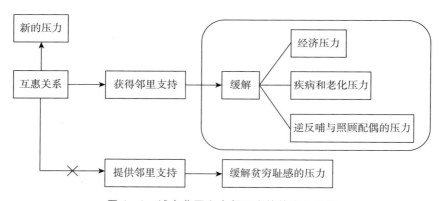

图 4-3　城市贫困老人邻里支持的实现机制

面对经济压力，个别受访者频繁得到邻里的物质帮助；但当互惠关系没有建立时，贫困老人与邻里便极少有经济方面的互动。面对疾病与老化的压力，在社交生活中较为活跃的贫困老人通过施展技能、分享经验等非物质的形式回馈邻里的情感支持和实际支持，为自己建立了有力的支持网络。而那些在社区中相对沉默、缺乏技能和经验的贫困老人，则很少和街坊深入交往，也极少得到邻里的支持。面对逆反哺和照顾配偶的压力，邻里的情感支持成为贫困老人的"疏压阀"，但那些在社交中不活跃和较为沉默的老人除外。面对贫困耻感的压力，受访老人集体选择对邻里屏蔽家庭的贫困状况，却很乐意为街坊主动提供非物质的支持，在助人过程中获得自我价值；他们也善于通过良好的社交表现展现融入社会的能力，以此排除贫困耻感带来的自我贬损。

四　贫困老人与其他非正式支持

也有个别的受访老人，他们与邻里互动不多，但在邻里之外的社交网络里得到各种形式的支持，得以缓解多重压力。提供这些支持的来源包括同学、朋友、师长、病友以及社区内的其他非正式资源。

1. 同学、朋友、师长的支持

M 阿姨与现在院子里的几户街坊相处得不甚愉快，但在小区外倒有不少关系不错的朋友，有搬家公司的小伙子，也有产房中介的年轻人。"要是没气没油了"，她"就打电话求救他们年轻人"。当遇上突如其来的疾病时，M 阿姨能够在自己的朋友圈里求助。就在第二次访谈的前几个月，M 阿姨患上眼疾，在一个医生朋友的建议下及时就诊。这些情感、信息和劳力方面的支持，在很大程度上减轻了 M 阿姨疾病与老化的压力，也有助于减轻 M 阿姨贫困耻感的压力。例如，嫁给军长的同学把自己穿不上的裙子都给 M 阿姨穿，也有同学出钱叫她去韩国玩。在她看来，因为自己"人缘好"，受欢迎，"有身份的老同学"才愿意与自己保持联系，这样的关系让她肯定自我价值。而且 M 阿姨乐于在这种关系中付出，而不看重物质回报。例如，她数月陪伴并照顾百岁的老师，分文不取。在她看来，这位祥瑞老人与自己的精神交流，以及对自己的欣赏和关怀，比金钱回报更重要。

对 N 阿姨来说，同学和朋友网络也比邻里关系来得更重要，"我们关系真是不错"，而这种关系也是"互相的"——"你对人家好，人家有好事肯定会想着你，你有难处也会帮你"。客观上，M 阿姨和 N 阿姨之所以重视同学、朋友关系，在很大程度上是因为她们比其他受访老人受过更多的教育，由此拓展了社会支持网络。

2. 与病友互相支持

定期化疗的 CA 大妈母女，则在同病相怜的病友那里找到了归属感。CA 大妈将身边的人们分成"你们健康的人"和"一群互相得这病的"，她认为自己关于饮食的经验教训"健康的人不爱听"，而到了医院和病友"交流经验"，"你吃什么好，哪些东西不能吃，说得那有来有去的，可好了"。病友故事让她看到榜样的力量："有的老太太想得开的……化疗好了以后，人家到医院还绣花，绣得好着呢，一点也看不出（人是）有病的。哎哟，不管这个人得了多么严重的病，都那么坚强。"受到感染，CA 大妈面对疾病也表现出常人难以想象的坚强，她说：

> 我们没有哭哭闹闹，不像人家似的，想不开。就我们住院做手术，全是（得）这样病的病友吧，每一个人都非常的乐观，你就受感……感动，特别受感动。那癌症病人，他们每一个人的精神，都像要活过百岁似的，没有一个是放弃生命的，或者想不开的。不管那药物对自己有多大的刺激，都忍着去接受治疗，特别坚强。

CA 大妈不仅从病友那里得到精神鼓舞，还用自己的亲身经历鼓励其他刚做完手术的病人，她说：

> 有一个老太太呢，她就想不通，就跟我聊，我就把我的情况大概跟她聊聊，她一瞧我这情况就比她的严重，没有她的条件具备好多（没她条件好），但是那病呢还比她的重，她爱听，她一听我这病 7 年了，她觉得就有熬头。她刚做手术，可不就有熬头嘛。她特别爱听这些。

对 CA 大妈来说，比起跟"健康人"打交道，与病友的互动更易达成互相理解，在这样的关系里更易找到自己的价值。这样的支持网络是值得我们重视的。可是，对于像 CA 大妈这样的贫困老人来说，与病友保持联结并非易事，因为物质的匮乏让他们连基本的通信工具也安装不起。

M阿姨和CA大妈面对疾病与老化的压力时，与朋友或病友的互动多于邻里，她们在自己的网络里找到了归属感与精神支持。这两位老人虽然只是个例，却启示我们在更广泛的社区范围内发掘贫困老人习惯并青睐的支持网络，以增强他们面对疾病和老化的抗逆力。

| 第五章 |

贫困老人与正式社会支持

本章主要探讨正式的社会支持，即来自社会政策、专业服务机构和其他组织的社会支持如何回应中国城市贫困老人的多重压力。其中，第一节从贫困老人的视角，考察社会政策的具体措施回应贫困老人多重压力的效果。第二节在贫困老人与社会政策基层执行者的互动关系中，探讨社会政策基层执行者的支持回应贫困老人多重压力的机制。第三节，主要以驻扎在 A 社区的某专业服务机构为例，探讨专业服务机构提供的社会支持如何回应贫困老人的多重压力。

一　贫困老人与社会政策的支持

本节主要从贫困老人的视角，考察社会政策的具体措施回应贫困老人多重压力的效果。笔者将分别从贫困老人的经济压力、老化与疾病的压力、逆反哺与照顾配偶的压力以及贫困耻感的压力来阐述。

1. 经济压力下社会政策的支持

在北京市，与回应城市贫困老人经济压力密切相关的社会保障措施包括企业退休职工养老金（本书简称"退休金"）、社会救助和福利养老金。让我们看看这几项措施对于缓解贫困老人的经济压力有何作用。

（1）退休金：回应经济压力相对有力

在受访老人中，只有 CC 阿姨、Y 大妈、Z 大妈、H 大妈、N 阿姨属于正式退休；M 阿姨不到 50 岁病退①；C 大妈、WY 大妈属于退养②。这三类老人每月有稳定的退休金，其中前两类老人的退休金相对较高，一般每月有一千元以上；C 大妈和 WY 大妈每月的退休金在 700~900 元。与其他没有任何退休收入的受访老人相比，这几位有固定退休收入的老人更多用诸如"知足"、"现在真不错"和"比上不足，比下有余"等表达对经济状况的相对满意。例如，C 大妈说："反正这点钱，我也觉得挺知足的，我觉得这社会挺好的。"WY 大妈直言："我就感谢共产党，感谢政府，到点给我退休费，我这就知足了。"Z 大妈说："现在真不错……反正你在家坐着，每月到点工资就给你，你开去。"可见，一份稳定又相对充足的退休金带来的经济安全，极有利于增强贫困老人面对经济压力的抗逆力。

（2）社会救助：审核门槛内外各有不足

对获得最低生活保障的贫困老人来说，低保至少能保障他们的生存，用 WZ 大爷的话来说，"过去哪有低保费啊，现在起码能保障你生活"。T 大妈谈起"又是米又是面又是油，牙刷、牙膏、香皂、毛巾，什么都给"的社会救助，高兴地说："这都是白给的，吃饭没问题。"而对于像 CR 阿姨那样目前不在最低保障范围内的贫困老人来说，低保的存在相当于给她吃了一颗定心丸，她说："（将来）没老头（的话），最起码它得给我低保吃吧，它得能让我吃饱吧，是不是？"

尽管如此，对那些同时承受多重压力的贫困老人来说，每月四百多元的低保金有如杯水车薪——温饱尚可，却不足以应付疾病和照顾家人的压力。对此，老人最常挂在嘴边的是"不够"。既无退休金，又身患各种疾

---

① 根据《国务院关于颁发〈国务院关于安置老弱病残干部的暂行办法〉和〈国务院关于工人退休、退职的暂行办法〉的通知》（国发〔1978〕104 号）和《关于完善城镇职工基本养老保险政策有关问题的通知》（劳社部发〔2001〕20 号），经劳动能力鉴定委员会鉴定，已经完全丧失劳动能力的企业职工，如男性年满 50 周岁，女性年满 45 周岁，参加基本养老保险且缴纳基本养老保险费年限（工龄）满 15 年，可办理病退。病退属于退休的一种，可按月领取养老金，但病退每提前一年退休扣减退休金的 2%。

② 根据劳动部《关于严格掌握企业职工退休条件的通知》（劳险字〔1988〕3 号）和《国有企业富余职工安置规定》（1993 年国务院第 111 号令）的规定，离岗退（休）养一般是指职工在接近正常退休年龄（一般为五年）时，因年老体弱不能坚持正常生产工作，或因企业分流安置富余人员，而退出工作岗位，由企业按月发给一定的生活费。离岗退养是目前解决企业富余人员过多的一项措施，职工离岗退养并未解除与企业的劳动关系；而退休是当职工达到国家法定的退休年龄时，按规定办理退休手续，享受基本养老金待遇，与企业终止劳动关系。

病，还要供女儿上大学的 X 大叔对低保金"不够"的反应尤其强烈。第二次访谈时，他抱怨飞涨的物价和沉重的家庭负担，坦言低保金平均"一天十多块钱"，"吃喝拉撒、水电费，全都在这十多块钱以内"，"养家糊口这点钱都不够"。一遇上大病住院和为孩子凑学费，对 X 大叔一家来说便是重大经济危机。他说起那段艰苦的日子：

> 那回我住院，就是心肌梗死，没有钱住院，给街道办事处打电话都没用。没钱，你怎么办？后来我去跟人借点钱，先凑 1000 块钱，交的押金，慢慢往里交，押，都押了 4000 多块钱了，我说那赶紧出院吧，我说受不了了，咱交不起啊，花了 4000 多块才报 1000 多块，那 3000 多块从哪来呀？就那低保一个月才 430 块，够干嘛呀？

对那些进入低保门槛内的贫困老人来说，低保难以帮助他们同时应付多重压力。

然而，能够领取低保的老人仍是少数，过高的审核门槛为贫困老人通过社会救助应对经济压力设置了障碍，从而将真正需要支持的贫困老人排除在外。根据北京市民政局的规定，若人均收入低于各个区所确定的贫困线，所有非城镇户籍的户都有资格申请最低生活保障津贴。[①] 津贴是根据户籍系统，以户为单位发放给低保对象的。因此，一个户可能由分开居住但注册在同一个户的成员组成，或是住在一起但注册成不同的户。为强化子女赡养老年父母的义务，即使已注册成不同的户并分开居住，已婚子女的收入也纳入资格计算的范畴。只有在成年子女的家庭人均收入低于低保救助线 150% 的情况下，成年子女才被视为没有能力履行赡养老人的义务，可以免予老人的资格计算。像 L 阿姨、W 大妈、LF 大妈、CR 阿姨、YG 大妈这样没有任何退休收入的老人，因为子女或配偶的收入纳入资格计算后，便不符合申请低保的资格。而正如前文所述，尽管子女有一定收入，但是否给予老人经济支持完全取决于子女的实际能力与道德自觉。像 W 大妈的 6 个孩子都是低收入，群策群力之下尚能维持 W 大妈

[①] 《关于加强最低生活保障工作的通知》，http://bjshjz.bjmzj.gov.cn/Jzzlpageaction.do？type=002001001，最后访问日期：2012 年 8 月 15 日。

的基本生活。而像 LF 大妈，她的 3 个孩子收入各一两千元，各自要抚养自己的孩子，基本无力再支援 LF 大妈，即使 LF 大妈入不敷出时向女儿借钱也是要还的。LF 大妈与多病的老伴共同生活，倚赖他的退休金度日，而老伴的退休金却是 LF 大妈无法自由支取的。

由于最低生活保障制度所设置的门槛，那些没有退休收入却排除在最低生活保障之外的老人不得不忍受贫困衍生的多重压力，从而削弱了贫困老人的抗逆力。这种观察也得到一些社会政策基层执行者的认同。A 社区居委会主任在访谈中描述了很多类似的例子：

> 老年人申请低保这个太困难了。我原来在××社区，（有个老人）自己浑身的（是）病，没有工作，给 200 块钱，仍然不够自己生活，申请低保。后来老伴去世了，有一个儿子（在）丰台住，有一个儿子进监狱了，两个女儿都嫁出去了，也都下岗了。像这种情况，确实很困难。首先医药费这块，她每天都要吃药，没人来给她承担。作为社区来讲，我们也极力给她申请。最后卡壳卡在哪里呢？她大儿子和大儿媳妇都有工作，两人一开证明，就超出低保线的限制。因为这个，直到老人去世，都没有享受上低保。

A 社区居委会主任一语道破了贫困老人申请最低生活保障的障碍，以及审核制度的不合理。

那么，每月 200 元的福利养老金对贫困老人的经济压力又起到什么样的作用呢？

（3）福利养老金：象征意义大于实际作用

目前北京市的福利养老金专门发放给"具有本市户籍、年满 60 周岁，且没有享受到社会养老保障待遇的城乡老年人"[1]。福利养老金不需要个人缴费，但养老金数额显著低于居民养老保险和职工养老保险。福利养老金制度于 2008 年 1 月 1 日起开始实施，最初为每位符合资格的老年人每月发

---

[1] 《关于印发〈北京市城乡无社会保障老年居民养老保障办法〉实施细则的通知》，2008，http://www.bjdch.gov.cn/n1685296/n2805150/n2805152/c2805552/content.html，最后访问日期：2012 年 5 月 12 日。

放 200 元。2011 年 1 月 1 日起，由 200 元/月上调至 230 元/月[①]。对于那些没有任何退休收入，又不够资格申请最低生活保障的老人来说，每月固定获取 200 元的福利养老金能够部分缓解他们面临的经济压力。T 大妈说到福利养老金让她"正好活下去"，YG 大妈也感觉"给这 200 块钱，一个月就活动多了"。可以说，200 元钱的意义远大于这笔钱本身能够解决的实际问题。毕竟，对这些没有任何保障的老人来说，这是从无到有的变化。这意味着，他们从被忽略变成如今"有人管"。CR 阿姨激动地说："我从农村出来一直到现在，第一次享受这 200 块钱的生活费。" W 大妈则觉得"领导给老人想得周到"，"不上班，没工作，每个月还给 200 块钱花"，这便是"享福"了。YG 大妈表现得十分高兴，她说：

> 就是给一分钱都高兴。因为什么这么高兴，有人惦（记）着你，有人管你，就知道有你这么一人儿！原来谁理你？谁管你？谁知道你是谁啊？这你甭管怎么着，这有你这个名儿。嘿，我说，甭管多少，就是一分钱给我，我都高兴。我说名儿，挂上名儿了。

老人们所说的"有人管"，一方面指的是，养老保障对他们来说终于实现了从无到有的突破。他们不由得感到自己从边缘化与被忽视的境地向那些享受养老金的主流老年群体靠近。至少，原本"有－无"的差距已不复存在，现在只是"多－少"的距离。另一方面，这 200 元钱让没有任何退休收入的老人感受到来自公共领域的关怀，这让他们得到莫大安慰。在 YG 大妈那里，自己被"挂上名"，这远比钱的金额本身令她愉快。CR 阿姨说："我挺知足。这 200 块钱甭管它是多少钱，政府它能知道这些老人的苦啊。"这笔钱甚至燃起了老人对未来生活的希望。例如，CR 阿姨便很肯定，政府"既然管就得管到底"，她估计"在这 200 块钱基础上以后还得涨"。

然而，尽管福利养老金给那些没有任何保障的老人带来了惊喜，但这笔钱毕竟数额太小，象征意义大于实际作用。W 大妈和 CR 大妈在高兴之余，都委婉表示，在物价高涨的北京，200 元钱能解决的实际问题毕竟很

---

① 由于本研究的访谈时间为 2009～2010 年，故文中仍沿用 200 元/月的福利养老金标准。

有限。CR 阿姨希望"这 200 块钱吧,多少能再涨点儿"。E 社区居委会 G 委员谈到福利养老金时,对该项养老金的保障力度表示质疑:

> 你说 60 岁以上,既然你承认他是老人,他没有任何收入的话,你就应该给他一个低保的收入。你给 200 块钱,人家也照样。说白了,要(是)不给,人也要生活,人家子女也得养着。

B 社区居委会 Z 委员也表示:

> 国家也承认我们已进入老龄化社会,那政府在这块的投入就应该再大点儿,我觉得不是说才补 200 块钱的事。像我国,从计划经济到市场经济,作为社会补助和社会救助这一块来说,我觉得政府还是应该加大力度。

C 社区居委会主任则强调给低收入人群一个有尊严的生活,他说:

> 咱们政府现在谈到民生问题,关注低收入,要给人一个有尊严的生活,那有尊严的生活……应该靠政府强有力的制度。

这几位基层工作者都认为,政府对贫困老人的帮扶力度应当在福利养老金的基础上进一步加大。

2. 老化与疾病压力下社会政策的支持

在社会政策方面,回应贫困老人老化与疾病压力的主要措施包括城镇职工基本医疗保险、医疗救助、"一老一小"医疗保险(城镇居民基本医疗保险)。这几项措施对于缓解贫困老人老化与疾病的压力有何作用呢?

(1)城镇职工基本医疗保险:极大缓解疾病所带来的经济压力

在受访老人中,只有 CC 阿姨、Y 大妈、Z 大妈、H 大妈和 N 阿姨享有退休待遇涵盖的医疗保险,她们几位的医保报销比例较高,基本在 90% 左右;M 阿姨属于病退,医疗报销比例是 85%,在受访老人中也属于较高的。对这几位受访老人而言,退休待遇所涵盖的医疗保障大大缓解了疾病所带来的经济紧张。第二次访谈中,CC 阿姨细说自己"一个月开完了药以后，自己得再掏出来 300 多块钱"，"看病 90% 报销还行，基本可以报"。H 大妈说起上次住院的开销，说："我自己掏不了多少钱，也就掏个 2000 来块钱。（报）95%，住院。还行，要不然……自个儿花钱哪花得起这些钱呢。"对这几位老人来说，疾病带来的经济紧张大致不构成特别严重的问题，但在大病面前她们仍是一筹莫展，尤其是自费的药物和治疗让她们望而却步。但总的来说，这几位老人的医疗保障比其他受访老人充足。例如，对于退养的 C 大妈来说，50% 的医疗报销便十分吃重，她说自己是"退养的，跟人家两样"，因为"报得少"，"没那个富余"，"腿疼，酸疼酸疼，都舍不得瞧去"。

（2）医疗救助：一定程度上缓解疾病的压力

常年接受癌症术后治疗的 CA 大妈和高龄体弱的 T 大妈，她们的医疗保障主要与医疗救助以及"一老一小"医疗保险衔接。医疗救助与"一老一小"医疗保险对原先没有任何医疗保障的 CA 大妈来说，有如雪中送炭。CA 大妈说自己"在住院的时候，人家街道就帮着办理"，"一个月，很快"就办好了。有了医疗救助与"一老一小"医疗保险，让 CA 大妈感到在疾病的重压下有了依靠，因而对不确定的未来多了一份控制感。

同样享有低保和"一老一小"医疗保险的还有 T 大妈。第二次访谈时，T 大妈的身体大不如前，让她十分感动与意外的是，居委会的工作人员将她送去医院，没让她花一分钱。T 大妈深知住院费不菲，原本坚持不肯住院，但"那小伙子不知道是谁，他说您甭管这事儿，叫您住您就住吧，住半个月"，于是半推半就住下来。至于费用，T 大妈既糊涂又明白："不知道，小 Z 把我接回来的，不知道谁出的。我问了我也记不住，我问了他们也会说，'你也给不了，你问了干嘛呀'，不问，稀里糊涂地就这么着了。"这半个月的免费住院经历让 T 大妈不住地感慨："我现在就依靠国家了，就是国家对我不错。"得到临时医疗救助的这次经历有如一颗定心丸，增强了她在疾病面前的控制感。

总体而言，医疗救助能够在一定程度上缓解贫困老人老化与疾病的压力。不过，像 T 大妈这样通过临时医疗救助的渠道在住院时全额免费是极个别的情况。

（3）"一老一小"医疗保险：从无到有但保障水平低

对于没能享有退休待遇且从未得到医疗保障的贫困老人来说，"一老一小"医疗保险可以说是破天荒地将这些老人纳入医疗保障的范畴，这种从无到有的变化增强了受访老人面对潜在风险的能力。例如，LF 大妈每个月要花去 200 多元的医药费，"一老一小"医疗保险每年门诊给报销 500元，对 LF 大妈来说，"报点儿，它不少（报得不少）"。L 阿姨觉得，有了"一老一小"医疗保险，不用像从前一样只能指望老伴或儿子负担自己的医疗开支，既缓解了疾病带来的经济紧张，又增强了自尊。她是这么说的："我要没老头了，我就依靠儿子了，那儿子还有老婆呢，儿子哪能报……现在有了这'一老一小'医疗保险，能报点儿了。"而没有退休金的 CR 阿姨想到将来可能到来的疾病感到不那么害怕了："上这养老保险也是，我觉得也挺好的……到老了，最怕就是这个病。"对 CA 大妈来说，"一老一小"医疗保险不仅意味着医疗报销额度比原先的医疗救助提高了，而且定点医院限制更少。CA 大妈的女儿说起早年没有这个政策时，在协和医院开出来的药得"跑隆福医院"开具外调证明，"每看一次病，左跑右跑，得跑好多次"。"一老一小"医疗保险实施后"可方便多了"，由于特种病的门诊只能选一家医院，她们选择的协和医院"离得很近"，而且"那儿的专家看得特好"。第一次访谈时刚满 60 周岁的 X 大叔对领取"一老一小"医保卡亦充满了期待。生病了"有人管"的预期让 X 大叔增添了许多控制感，并因此认为政府"挺得人心"。

贫困老人对"一老一小"医疗保险的期待和赞许，恰恰说明他们对医疗保障的渴望。对于所有从前未得到任何医疗保障的贫困老人来说，"一老一小"医疗保险意味着从无到有，也意味着自己从以往被排斥于福利体系之外，到如今终于被纳入医疗保障系统之中，这大大增强了贫困老人在疾病与老化压力面前的抗逆力。但与城镇职工基本医疗保险相比，"一老一小"医疗保险的报销额度还较低。例如，CR 阿姨说：

> 你说门诊……这一年呐，得花到 1200 块钱，它给你报 500 块钱。政府既然照顾老年人，你就应该，政策放宽一点儿……就是说到门诊，挂个号、化个验，这一次就好几百块。就那天……这肠炎挂急诊啊，还没赶上他给我开药，就打了个吊瓶，这就 200 多块。你还得够了那钱数才能报销，200 多块钱等于白花。

即便像 CA 大妈这样切实得益于"一老一小"医疗保险的贫困老人，仍委婉地表示像她得的这样的危重病，希望报销比例能再提高些："这危重病，你即便报到 60%，我那 40% 也是很大的。我乐意让它提高点儿。" X 大叔也坦言"一老一小"医疗保险的政策固然不错，但其规定的报销额度对有多重压力的他来说，依旧意味着"看不起病"，"不敢看病"。他说："现在胳膊、腿肿得……都不敢上医院瞧去，瞧不起啊！一去就得花好几百块，可是它报呢就报那么点儿，根本就不行，没有退休金啊，没有工作是最难了。"

（4）被动接受、不清楚缘由

大部分受访老人在疾病与老化的压力面前，对与自己切身相关的社会保障措施表现出一种被动接受、不清楚缘由的态度。尤其是他们对自己所享有的医疗保障具体情况，如报销额度、缴费金额和程序，表示不清楚，甚至从未试图使用过自己的医疗保险。第一次访谈中，H 大妈表现出对政策的不了解："这国家也不是对你一个人，对每个人都这样。爱怎么扣怎么扣吧，让他们去报，我不管。" WY 大妈则说："我去瞧病我还没有医疗保险，说现在有点儿了，能报，我也没报，也没瞧病。" Z 大妈直接说"一直没报"，"现在（报销）70% 还是 80%，不知道"。而 X 大叔虽对低保老人的报销额度颇有微词，却对自己的意见不抱希望。用他的话来说，"反正给到什么咱们就享受什么呗，要求也是白搭"。这种被动接受、不清楚缘由的态度体现了贫困老人对自身权利认识的不足，容易降低面对疾病与老化压力的抗逆力。

有一种例外的情况是，有的贫困老人的家人因为其争取利益而四处奔走。比如，当第二次访谈 CA 大妈时，她的身体大不如前，其女儿坦言，这一年来家里的医疗开支像雪球一样越滚越大，几乎是举债维艰。CA 大妈的女儿打算再次到民政局那里，争取额外的"照顾"，这个主意也得到 CA 大妈的赞同。可见，家人的支持有助于增强贫困老人在疾病面前的抗逆力。将抗逆力的视野由贫困老人个体扩展到家庭，通过为贫困老人的家人增权，为他们提供更多关于社会政策与资源的各种信息和便利，能够间接地增强贫困老人回应疾病与老化压力的能力。而那些自己既被动接受"国家照顾"，又缺乏家庭支持以争取公共资源的贫困老人，典型的如 T 大妈，则需要给予更多的关注。还有一种例外的情况，体现为贫困老人对待社会政策的代群差异，这将在第七章第二节阐述。

3. 逆反哺与照顾配偶压力下社会政策的支持

相较而言，贫困老人逆反哺与照顾配偶的压力较少得到政策的回应。在资料收集时期，政策对此种压力的回应主要是临时性救助。

（1）临时救助：逢年过节的慰问

承受着逆反哺和照顾配偶压力的贫困老人，常因其个人享有退休金或有子女的现实，而不属于常规救助的对象。不过，社会政策的基层执行者尤其是居委会工作人员对这些老人的家庭情况却了如指掌，通常也将其列入"困难家庭"的名单中，视为"重点关注"的居民。比如，倘若有些临时性的慰问或探访活动，居委会便会考虑这些贫困老人。用受访老人的话来说，"逢年过节给点钱给东西"。WY 大妈说当时她都哭了：

> 居委会还照顾油，照顾面给两回。我（那时）就哭了，结果后来（居委会）又照顾十斤面跟一桶油。还跟我照一相，那阿姨搂着我照一相……给一回钱，好几百块呢，还上我们家，把我们家儿子叫来了，儿子站那儿，给了好几百块钱，有那么一笔钱是给困难户的，把我叫去了。

这种临时性救助对 WY 大妈来说，意味着"有人管着"，她说心里特别感激："人要给我点儿东西吧，我说人家递我手上，我就又高兴，谢谢了……"83 岁的 Z 大妈也接受过类似的临时救助，她夸起居委会："底下社区弄得多好啊。有时候过年过节，他们党委书记给买点粮食啊，给点面，给点学费，哎，生活费给一点儿。"

也有没受到居委会"照顾"的老人。LF 大妈曾向居委会反映过家庭生活的困难，但她的求助并未得到想象中的回应，她长叹说："我记得去年反映过一次，居委会也不管，没有什么反应呢，就是……过了'十一'，给了一桶油。"

（2）临时救助的不稳定性

临时性救助不能带来逆反哺与照顾配偶压力的真正缓解，因为这种救助不稳定，且与居委会的"酌情权"有很大关系。曾得到过临时救助的WY 大妈、Z 大妈和 X 大叔都表示："以前有，现在没了。"第二次访谈时，

WY 大妈就说："原来街道，那两年，还给小袋米，给油，给照顾点。这几年……看得少了。"X 大叔也反映第二年就没有慰问了，说："像那个困难学生这一块，连街道都没有，每年学费给我们减轻点都没有。"这种临时性的慰问或探访，不仅没能从根本上缓解逆反哺和照顾配偶的压力，而且居委会今年"管着"，来年却不管了，反而容易加深老人的无力感。而且，这种临时救助虽然给承受逆反哺和照顾配偶压力的老人带来了些许贴补，却容易带来耻感。比如，WY 大妈在第二次访谈时透露，她宁可自己捡废品也不愿意"向国家伸手"，每次居委会给点东西，都让她觉得"不好意思"，"人家给点什么就哭"。

（3）政策的新进展

在本研究资料收集工作结束后，最低生活保障制度进一步提出分类救助的新办法，即根据申请家庭的困难情况，在对申请家庭收入做适当核减后再计算家庭月人均收入，这包括申请家庭中有罹患重大疾病或重度残疾人的，其家庭收入按照城乡低保标准的 100% 进行核减；其中，法定抚养人达到 60 周岁的，家庭收入还可按照城乡低保标准的 50% 再次进行核减。[①] 这一政策进展正式将贫困老人逆反哺和照顾配偶的压力纳入社会救助的视野，然而，在有待于考察该政策所提供的物质救助对缓解这部分老人经济压力效果的同时，这部分老人所面临的劳务负担和精神压力仍需社会服务的进一步跟进。

4. 贫困耻感压力下社会政策的支持

退休金、低保和福利养老金对受访老人贫困耻感压力的缓解又起到什么作用呢？

（1）有退休金的老人贫困耻感压力最不明显

总的来说，在那些享有稳定退休金的受访老人身上，贫困耻感的压力最不明显。例如，谈到自己的"穷日子"，C 大妈频频说道，自己有退休费，"不觉得寒酸"。尽管到第二次访谈时 C 大妈的退休金每月仅 900 多元，但她觉得至少"比上不足，比下有余"，感到"知足"。对她来说，退休金不仅意味着有稳定的生活来源，不被外人看不起（"不寒酸"），也意

---

① 《关于规范和统筹我市城乡居民最低生活保障分类救助制度的通知》，2014，http://bj. bendibao. com/zffw/20141226/175669. shtm，最后访问日期：2016 年 5 月 12 日。

味着在子女面前有尊严，不用"伸手"向儿子"要去"，"花得硬"，"自个儿能做主"。相似的，Z 大妈觉得"每月工资发到这儿，开支有了"，"不算太穷"。

（2）低保产生的污名难以彻底消除贫困耻感

像 WZ 大爷、CA 大妈、T 大妈、X 大叔这样得到最低生活保障的老人，感到"现在比以前好太多"。低保在一定程度上降低了贫困耻感的压力。正如 X 大叔所言，"这个，医疗保险我也有了，生活保障也有，也就没有什么负担嘛。要比（过去）……那什么，强多了。这么想，就不觉得寒酸"。然而，他们因受惠于低保而感到知足，大多是与过去比较的结果。最低生活保障制度的资产审查和在社区内的公示容易给有需要的人们贴上"穷人"或"依赖者"的标签，这让贫困老人往往感到申请社会救助是一件羞耻的事。这种污名令他们有需要申请社会救助时，总是万不得已才做出此种选择，并且总要多加解释，其实他们"不爱给领导添麻烦"。比如，CA 大妈说自己"不得已的时候才让人（居委会）帮忙"；T 大妈不忘强调，她的低保待遇是社区工作人员主动给她办理的。这种强调意味深长，似乎只有反复说明自己并"没有去要"，才不会被别人轻视。这也侧面说明，低保可能产生的污名难以彻底消除受访老人的贫困耻感。

（3）福利养老金有助于摆脱"家庭依赖者"的自我形象

在受访老人中，L 阿姨、W 大妈、WZ 大爷、LF 大妈、CR 阿姨、CA 大妈、T 大妈、X 大叔、YG 大妈领取福利养老金。其中，WZ 大爷、CA 大妈、T 大妈、X 大叔同时享受低保。福利养老金针对没有任何退休收入的老人，虽然要对老人自身的收入状况进行审查，但家庭成员的收入无须纳入资产审查范围。那些原先没有退休收入却也没有资格申请低保的老人，有了某种形式的保障。这 200 元钱给贫困老人带来了尊严感和独立感。在访谈中，L 阿姨这么说："现在有这 200 块钱，有人管了，一年到头也能花点儿，零花什么的，不用管儿女要。"LF 大妈也表露了这种感受："咱们就这么说啊，我想买点什么东西，是不是也方便啊？你说你伸手跟人谁要去啊？都挣得不多，跟谁要啊？"CR 阿姨也觉得这钱增加了自己的独立性和自尊感："人家花多我可以花少啊，是不是啊？不能老跟（在）人家屁股后面，叫人家给我钱花啊。现在这样，我觉得挺好。"YG 大妈的话朴实直接："有养老钱了，这心里就好受多了。"作为一种养老保障的形式，福利养老金虽然数额不多，但有助于无退休收入的贫困老人摆脱"家庭依赖者"的自我形象，在一定程度上缓解了贫困耻感的压力。

通过本节的分析可知，退休金、最低生活保障或福利养老金，对贫困老人来说不仅意味着一份收入来源，而且让他们感觉到"有人管"，在不同程度上提升了贫困老人的安全感与自尊感。相较之下，享有稳定退休金的贫困老人，他们贫困耻感的压力最不明显。贫困老人因受惠于低保而感到满足，大多是与过去比较的结果，而低保可能产生的污名难以彻底消除贫困耻感。福利养老金作为养老保障的一种形式，有助于无退休收入的贫困老人摆脱"家庭依赖者"的自我形象，在一定程度上缓解了贫困耻感的压力。但从根本上说，提供稳定而充足的退休金才是消除贫困耻感最有效的政策措施。

二 社会政策基层执行者的支持

1. 人情伦理对获取社会政策支持的影响

社会救助等政策最终是通过街道办事处和社区居委会落实的。因此，受访老人常常把对政策的观感具体化为对居委会个人的评价，这在他们的访谈中最常体现为当谈到对居委会落实社会政策的评价时，以这样的表达来代替："某某还可以，对我不错。"L 阿姨、C 大妈、CC 阿姨、WZ 大爷、WY 大妈、Y 大妈、CA 大妈、Z 大妈、T 大妈、YG 大妈、M 阿姨和 N 阿姨 12 位老人都有类似的表达。L 阿姨说起居委会的 Z 主任："Z 主任在这儿待了六七年，我觉得还挺关心我们的，经常过来看看、问问我们，挺好的。"C 大妈找居委会办过户口证明，在二儿子去世后也办理过领取抚恤金的证明，提起居委会，她说："咱居委会没少帮助我，小朱啊，小周啊，有什么事儿，有什么困难找他们，都给我解决。"WZ 大爷所在的居委会给他家的厕所安过扶手，还给他配了个轮椅，说起居委会，他直言："这小孙还可以。"Z 大妈说起居委会小李帮她搁煤的"好人好事儿"，高兴地夸赞："居委会，这小李子不错。"看起来，贫困老人与居委会之间有一份熟人社会的人情意味。

T 大妈对与居委会互动的描述，则更清晰地展示贫困老人与社会政策基层执行者之间的互动逻辑。T 大妈谈到居委会对她的"帮助"时，总是不自觉地将居委会与常来探望她的小赵联系在一起。对她来说，小赵就是那个抽象的"社会政策执行者"的代名词。第一次访谈中，她这么说：

> 国家给点儿粮食什么的，小赵都给我送来。过去嘛，不管，要是发点儿什么东西，我就找人（帮我）弄去。现在都是这个主任管，他就不让我去了。他老来啊，国家配点儿，给我们点儿什么东西啊，都是他领了，过来给我送来。主要是街道，就刚来的那小伙子对我特好，什么都他管。

第二次访谈中，T大妈再次提到小赵给她送粮食，送她上医院，一个劲地说："小赵对我真不错，时不时上我这儿来。"

T大妈这么认为，有自己的考虑——虽然她的低保金是固定的，但她明白，关于给困难户何种物质补助以及给多少，居委会还有一些弹性空间。事实上，尽管居委会没有审批社会救助的最终决定权，但社区层面仍有一些资源可以由居委会工作人员"酌情"派发，例如，每逢年节政府各级部门和外界单位的"慰问金"与"慰问品"。又如，为哪些"生活困难的居民"申报临时性救助，也在很大程度上取决于居委会对该居民的了解。E社区居委会的G委员谈到"慰问"时居委会的难处，侧面说明了人情关系在社区资源分配中起到的作用：

> （居委会）每年（慰问）都要换人的。比如，我们肯定是想慰问最困难的，这个没办法。但由于困难人员多，不能每次都（是）那几个人，也得兼顾其他人。他们（居民）就会来讲："我也困难啊。"……（我们）没法去中和，也是怕引起麻烦……所以在这个情况下，一般的（发钱）都是很隐晦的，不去告诉你（居民）……反正沾钱的事，不说。有时候他们（居委书记/主任）跟谁熟一点，就给他/她了。

T大妈认为，之所以自己得到这么多"照顾"，是因为居委会的小赵总是适时地帮她争取实际利益。她说："主要现在国家对我特好，小赵对我真不错，那他要不知道别人谁知道啊，谁知道我这么困难啊，他要不说谁知道啊。"于是，本应是社会政策基层执行者与居民之间的工作关系，在 T 大妈那里便成为一种人情关系。既然居委会和小赵这么"关照"她，回报人家也是情理之中的。她说到自己曾经给居委会送水果结果被回绝的事情：

> 我过去的时候……我也给他们居委会送点什么水果啊，这个那个的。最后他们就说我了："您送的吧，我们都不敢吃啊，您这是国家照顾啊，您别干这事儿了。"这几年我就不送了。我老说，人家也不容易，我干嘛呀。我这人吃亏行，叫我赚香油，我赚不了，我难受。

M 阿姨与居委会的互动也体现了这种人情关系。M 阿姨在街道的帮助下寻到了租金低廉的住处，但新住处没有下水道，也没有厨房设施。之前 M 阿姨找过居委会，但都没成。后来一次偶然的机会，居委会的另外两位工作人员帮 M 阿姨与房管所交涉，又和院子的其他街坊协调，最终解决了她的难题。这样，M 阿姨就可以搬到新住处，省下很大一笔房租开支（现在是 1500 元/月，新住处是 300 元/月）。于是，M 阿姨首先想到的是，要表达感谢的心意：

> （居委会的工作人员帮我解决了下水道的问题）我特别感激……后来我就给他们送了一面锦旗。我觉得呢，你说我要怎么感激人家，说请人家吃顿饭，人家说得了，就您那点钱，您又去看病，算了算了。我说，那不行，我得表达我的心意呀，就花了 100 来块钱做了一面锦旗，写了"为民解难"就给他们送过去了。还给那个房管所的所长，人家直接下的这个单子，还派工人具体来做这个事，我就给他们写了一封表扬信。这有关的咱们都得给人家有所表示嘛，所以，这样我心里还觉得有点安慰吧。

送锦旗、写表扬信，这些"表示"虽不能给对方带来直接的物质回馈，但能成为那两位工作人员的"政绩"证明。以这样的方式"回报"对方，让 M 阿姨觉得对这样的人情也有了交代。于是，通过这样的回馈，M 阿姨与居委会工作人员保持了良好的关系。当她下一次有求于居委会时，用她的话说，"人家也不好意思回绝我"。

在贫困老人与居委会的互动中，贫困老人有人情伦理的考虑，居委会的工作人员亦如是。C 大妈与居委会交往的事体现了这种"你来我往"的人情关系。C 大妈提到，自己生病时居委会工作人员以个人的名义掏钱来看她：

> 我那年有病，他们上医院看我去，给买了点儿吃的，回头他们几个人一人拿点儿，小朱拿了不知 100（块）还是 50（块）呢，他们给我凑了四五百块钱。个人凑的，不是从哪什么的。买东西可能花了几十块钱，从居委会报上的，另外是个人凑的。

C 大妈不断重复："这点儿情，且忘不了。"因而，只要对她"有恩"的居委会工作人员，"谁家有事儿"，她也"不能袖手旁观"。她在与居委会工作人员频繁互动的过程中，与他们建立了较为密切的私人关系。作为对 C 大妈支持居委会工作的回报，居委会工作人员也时常把能够机动支配的物质资源悄悄给 C 大妈。她悄声说：

> 社会没忘了我，居委会没忘了我。你看哪次发什么东西，发那个照顾老人的东西，哪回都有我。不像（其他老人）他们似的，都得……他们（居委会）说："你这人呐，我们最了解了。"

在人情伦理的影响下，这几位贫困老人以各种方式"回报"社会政策基层执行者的"情"。还有一些无力回报的老人，则选择尽可能不欠人情。用 CA 大妈的话说，"尽量不给人家找麻烦"。因此，她只好用一种更迂回的方式来与居委会的工作人员打交道。CA 大妈已有 70 多岁，来回奔波已经不便，所有关于社会救助和保障的具体交涉与手续主要由其女儿去处理。CA 大妈在家总会就如何与街道、居委会的工作人员打交道对女儿交代再三。例如，CA 大妈认为"咱为咱自己的事，咱跑十趟，应当的"，而对居委会为自己办理各种行政手续，则认为"人家社区是帮咱们的忙，人家要为咱跑一趟，咱心里过意不去"。而且特别强调："咱们不能说，你们挣着国家工资呢，你们跑一百趟也应该，那就是不对的想法。"最有意思的是，CA 大妈和女儿的二次医疗报销，也是让女儿先辗转到东城区民政局主管部门打听好了，再到居委会去申请，而不是首先到居委会去询问和办理。因为她们认为，应当"尽可能避免给居委会添麻烦"，她们甚至考虑到本地居委会推行二次医疗报销可能晚于区民政局下达的时间，但若因自己的"莽撞"而影响了社区居委会的绩效考核，耽误个人绩效，那将给人家带来不必要的麻烦，同时也不利于自己与居委会接下来的关系。她向我们解释了这些事情：

> 我每次让闺女去报销之前，我都让她先问好了，最后再跟人社区的，那个……有时候它这政策宣传下来，或者怎么，不是那么全面，十条它没准给人传达了八条。咱们这药费，哪个报不了，人家社区同志不知道，咱也不知道，那赖谁去，谁也不能赖。闺女就亲自到民政部门问好了，咨询电话都给人抄出来，如果跟社区哪儿不吻合，让人社区同志打个电话问问，咱们尽最大可能不给人家找麻烦。由于你说话不周到，那个……他们内部回头扣钱，或者将来评先进什么的受影响，提干呀，咱们都得考虑到这，这点。一定要为人家着想。

当然，由于在与居委会的互动中"必须顾及方方面面的问题"，这种小心翼翼的处理方式让 CA 大妈及其女儿更加奔波，对身心休养毫无益处。CA 大妈的女儿在访谈中非常委婉地表达了社会政策基层执行者应当主动服务于弱势群体的看法：

> 你既然有这种，照顾这低保，而且是有病的，像我就属于这样的，我们家是两个癌症患者。我觉得咱们的政府呢应该就是层层下达……我所管的人群当中有多少个危重病属于这个，不是我从电视上看，而是应该由你通知到我。这是我的想法啊，但是咱们现在没有做到。

在人情伦理的影响下，贫困老人与社会政策基层执行者之间的互动完全超越了"公事公办"的工作关系。贫困老人以"回报人情"的直接方式或"少欠人情"的迂回方式处理与社会政策基层执行者的关系，一方面，这确实是他们在资源匮乏的环境中为争取更多公共资源的智慧变通，这是抗逆力的展现；另一方面，人情伦理也对贫困老人与社会政策基层执行者的互动带来消极影响——贫困老人往往不会理直气壮地宣称受到保障是自己的权利，而将之归于居委会某些人的"照顾"。于是，一旦有需要，也只能想着尽量不去"给人添麻烦"——不欠人家的情。当因感到欠人情而"不好意思"和"过意不去"过多地左右贫困老人的资源争取时，人情伦理很容易阻碍他们合法地实现保障的权利，从而成为发挥其抗逆力的障碍。从根本上说，人情伦理作用于贫困老人与社会政策基层执行者的互动过程，反映了不论是贫困老人自身，还是社会政策的基层执行者，都对贫困老人的福利权利认识不足的事实。

2. 家庭的老年照顾者缺乏社会行政的支持

那些承受照顾家人压力的贫困老人，常常因为子女的下岗失业（如 C 大妈、CC 阿姨）、低收入（如 WZ 大爷、WY 大妈）、残障或疾病（如 Z 大妈、H 大妈），以及配偶的长期疾病（如 WY 大妈）而不得不将有限的收入向后代或配偶倾斜，从而令自己的实际生活陷入贫困的境地。除却将家庭物质资源向子女/配偶倾斜外，这些老人对外也常为了子女/配偶而与居委会频繁打交道。

C 大妈不时地与居委会打交道，打听二儿子失业证明的办理情况。她不解地抱怨，办个失业证明"真麻烦"。C 大妈还常常为了小儿子的事上居委会那里。

有劳动能力的小儿子被安排定期参加公益性的社区服务劳动[①]，用 C 大妈的话说，就是"上社区值班"。C 大妈让儿子外出打工去，自己则主动承担了小儿子的"值班"任务，这样便"不用上家吃我"。

因为孩子的无收入或低收入而与居委会打交道的，还有 CC 阿姨和 Y 大妈。CC 阿姨的两个儿子都因国有企业倒闭而下岗，他俩申请低保的手续都是由 CC 阿姨找居委会办理的。Y 大妈也表示，大儿子的性格较木讷，那些关于低保的相关政策，比如孙子学费的减免，都是她"挨个打听来的"。

这几位面临逆反哺压力的老人并不在当前针对贫困老人的社会政策范

---

① 根据《北京市城市居民最低生活保障制度实施细则》，城市低保对象应当履行如下义务：在劳动就业年龄内、有劳动能力而尚未就业者（含下岗及失业人员等），应当参加街道办事处（乡镇人民政府）组织的公益性社区服务劳动（劳动保障部门组织的职业培训时间除外）。

畴中，但由于他们扮演着家庭照顾者的角色，常作为家庭的代表与社会政策基层执行者打交道，为改善家庭整体的生活而奔走。而目前，在社会政策和社会服务方面对这类老人的支持较有限。在社会救助政策宣传和程序办理的过程中，为这些老人提供相关信息与服务方面的支持，有助于缓解贫困老人在家庭中的照顾负担，从而提升贫困老人的抗逆力。

3. 社会政策基层执行者促成的社区参与

尽管不愿"向国家伸手要"，贫困老人却乐意成为居委会社区工作人员的帮手，对居委会举办的活动积极回应。比如，只要是居委会鼓励社区居民参与的活动，C 大妈、WZ 大爷和 X 大叔等老人都积极参加。C 大妈自豪地提起自己做了奥运会志愿者，"（居委会）办事处让去的"。X 大叔也是积极参与，他说："平常有一些活动啊……公益活动，捡垃圾……值班儿，到长安街去站岗，都干过。反正，如果社区找到我，我就去参加。"

C 大妈、CC 阿姨、LF 大妈是各自社区的楼门组长，成为居民与居委会沟通的桥梁。C 大妈提到为了在社区安装护栏而在居委会和居民之间进行沟通的例子，告诉我说："这就为居民办了件好事。"CC 阿姨也保持和社区工作人员的频繁接触，"老开会，有时候有事儿就找我"。

C 大妈、CC 阿姨、LF 大妈、CR 阿姨、Y 大妈、Z 大妈、X 大叔等老人都参与了居委会组织的"值班"，即参与社区巡逻、秩序维持等工作。在他们眼里，"值班"是对社区的服务与贡献，叫上自己值班是居委会对自己态度与能力的肯定。因此，但凡参与社区值班的贫困老人都表示"愿意干""挺爱干的"。

在参与社区公共事务的过程中，受访老人去除了"贫困老人""困难户"的标签，而有了"社区志愿者""楼门组长""社区巡逻员"等新的身份，这在很大程度上减轻了贫困耻感的压力。用 CC 阿姨的话说，"干社区这个，没人敢瞧不起你"。社会政策基层执行者促成的社区参与对提升贫困老人面对贫困耻感的抗逆力发挥了重要作用。

三　其他的正式社会支持

在 17 位受访老人中，只有 A 社区的 4 位老人得到当地社区专业服务机构的社会支持。本节将以这个专业服务机构"LL 合作社"为例，探讨专业服务机构如何回应城市贫困老人的多重压力。

1. 专业服务机构的社会支持对贫困老人多重压力的回应

（1）小额资助项目

LL 合作社于 2007 年 3 月开始在石景山 A 社区开展试点工作。最初，该机构与社区居委会合作，由社区老人自选组长，自己制定管理规则，成立编织、唱歌、棋牌、保健、聊天 5 个兴趣小组，力图推动社区老人的参与和互相关怀。2008 年 7 月该机构在 A 社区的实践基础上鼓励社区老人自主申请小额公益活动基金，由此成立健康聊斋、棋牌组、风采书画社、纤巧手工艺组、20 栋楼门邻里互助小组、小草艺术团、热心人帮扶队和宣传组 8 个活动小组，试图通过社区老人自主组织并维系这些为老服务，搭建社区居家养老支持网络。

L 阿姨、C 大妈、W 大妈和 CC 阿姨都参加了 LL 合作社的活动。其中，L 阿姨、W 大妈和 CC 阿姨参加了"小额资助编织组"，这个项目为贫困的老年女性提供技能培训，支持她们开发手工艺品，通过义卖等方式获取收入，CC 阿姨还是编织组的组长。编织组的开展在一定程度上缓解了三位老人的经济压力。尽管只是每月 100~200 元不等的收入，但对这些老人来说至少"一个月的菜钱就出来了"。说起这个活动，W 大妈笑着说："感觉挺好的，有姐妹一起嗨，还挣钱，零花。"CC 阿姨也对编织组的小额资助表示赞同："还行，管点用。也能添个呀，买点菜什么的。"L 阿姨很高兴地说："既活动脑子，又活动手……那（我们）没钱可不就挣点好嘛。"

除了增加收入，老人们觉得在一起做手工艺品，彼此提供情感支持，远胜于以往在社区里的孤立与隔离。CC 阿姨说："挺好的。大家坐在一起有说有笑，还能干出个活来……组织这些老人吧，心里挺敞亮的。"L 阿姨说："有乐的，老太太们几个说说话，要不一个人你说，老坐屋里，（跟）谁说啊。"看起来既"费眼"又费时的手工编织活动对 83 岁的 W 大妈而言，最大的意义并不在于增加收入本身，而是能够与境况相仿的"姐妹们"互相陪伴，"省得自个儿在屋里瞎磨蹭"，W 大妈直赞心情"开阔"。

可见，LL 合作社通过"小额资助编织组"为社区贫困老人搭建的互动平台，除了为社区贫困女性老人提供一定的经济支持外，还有效促进了她们在疾病与老化压力下的互助和联结。比起零散的临时工与容易被人歧视的捡废品的行为，由社区非营利组织举办的这种"小额资助"就业活动，亦肯定了贫困老人增加收入的合法性，避免了耻感。而且，互助与参与培育了她们的集体身份，贫困老人不再是一个个孤立的个体，这也降低了贫困耻感。例如，第二次访谈时，CC 阿姨刚出院不久，已有几个月无法参加活动。她总是用"我们六个"来形容自己眼中的编织组，盼着早日痊愈"回去活动去"。在 CC 阿姨看来，编织组给她带来归属感，在这个集体中，她们"六个"的身份不是贫困老人，而是编织组成员，这大大降低了贫困耻感的压力。

（2）由非正式领袖联结孤立的贫困老人

LL 合作社善于发掘那些在社区中较为活跃的贫困老人，将他们培育成为非正式领袖，并通过他们的影响力，联结那些在社区生活中较沉默、较孤立的贫困老人。例如，"人缘好"的 CC 阿姨担任编织组的组长兼手工老师，她对小组投入了极大热情。她为不熟悉工艺的组员写口诀，主动承担购买编织材料的任务，也无私帮助其他组员完成工艺较繁复的部分工作。可以说，CC 阿姨在这个编织组中完全承担了领袖的角色，成为联结社区贫困女性老人的纽带。因为编织组的活动，那些以往面熟却甚少互动的组员开始上 CC 阿姨家串门。CC 阿姨说："她们这些老太太有时候净要找我来，跟她们都说得来，人家拿你当亲人似的，跟你聊啊。"这让 CC 阿姨从中找到成就感与自我价值，从而降低了贫困耻感带来的压力。

C 大妈的例子亦颇能说明由非正式领袖联结孤立的贫困老人所起到的作用。C 大妈参加了 LL 合作社组织的热心人帮扶队，它由社区内热心活跃的中低龄老人组成，服务对象主要是社区内 75 岁以上的空巢老人和生活有困难的老人。C 大妈说起她在帮扶队里的工作：

> 谁有什么困难，谁知道了，互相通个信儿，互相帮助帮助。比如，谁要是有什么事儿，买个菜呀，或上哪儿办什么事，找什么人啊，我说行，电话我不是有吗，你告诉我，我准给你办到。我搁着家里的事撂下，给你办到，管保（保证）我做得到。

参加这一活动已然变成 C 大妈社交生活中不可或缺的部分。虽然只是帮一些"力气活"，但 C 大妈觉得自己切实帮到了街坊四邻，找到了自我价值感，用她的话说，"帮到人家了，觉得干起来挺有劲儿的"。同时，C大妈的纽带作用加强了邻里联结，从而由社区居民自发培育了社区支持网络。

总的来说，LL合作社针对贫困老人的"小额资助编织组"项目在一定程度上缓解了六位老人的经济压力，这样的活动为社区贫困老人搭建了互动平台，增强了社区联结，亦在一定程度上缓解了疾病与老化的压力。同时，互助和参与培育贫困老人的集体身份，在促进联结的同时，也降低了贫困耻感的压力。从提升贫困老人抗逆力的角度来看，LL合作社的工作模式最突出的亮点在于，发掘那些在社区中较为活跃的贫困老人，通过他们的非正式领袖作用来联结那些在社区生活中较沉默、较孤立的贫困老人，从而形成贫困老人自发培育起来的社会支持网络。

2. 社区其他组织的正式支持

社区内还有一些组织能够为贫困老人提供一定的支持，有助于缓解贫困老人疾病与老化的压力，以及逆反哺和照顾配偶的压力。例如，Z大妈在访谈中提到，社区外的武警战士和邮递员都曾由居委会转介到Z大妈这里，为她分担家务，或是帮助解决现实的问题。X大叔也得到过社会政策与邻里支持之外的社区资源。比如，一位不知名的"好心人"通过希望工程为X大叔的女儿上大学"赞助一些学费"，大大缓解了X大叔当年的经济压力。

此外，社区老年人自行组织的活动，或是面向老年人的各种讲座，为贫困老人提供了社区参与的机会。通过这些平台，承受逆反哺与照顾压力的贫困老人有更多机会与社区的其他老人联结，从而缓解了照顾家人带来的精神压力。C大妈和Y大妈都提到类似的社区活动对缓解照顾压力的积极意义。例如，C大妈说自己加入了老年协会，"他们就说出去玩呢，叫我也出去玩。我也加入了，有活动我就去参加活动，跟老太太们一起"。

这些正式支持对于承受多重压力的贫困老人来说，可能是发展抗逆力的重要保护性因素。

在本章，笔者分别考察了作为外在保护性因素的非正式支持和正式支持对提升贫困老人抗逆力的机制和效果。接下来，笔者将继续探讨内在保护性因素——应对策略和意义创造如何提升贫困老人的抗逆力，以及它们所发挥的作用。

第六章

贫困老人的应对策略与意义创造

应对是压力研究的核心，特别是在 Lazarus 的交互取向中。Lazarus 和 Folkman（1984）区分出聚焦于问题的应对和聚焦于情感的应对。聚焦于问题的应对，包括寻求信息和支持、采取直接的行动来解决问题或是改变压力情境，有时也被称为"工具性应对策略"。聚焦于情感的应对，致力于通过规范与压力情境有关的情感，以缓解心理上的不适。通常，当一个人对事件无法施加任何控制（如在绝症下的调适）时，便使用聚焦于情感的应对。在前一种应对类型中，获取社会支持亦被视为重要的应对策略；后一种应对类型有时也被称为"意义创造"。

意义创造（meaning making）是应对的其中一种理论取向。人们常常在高压环境中寻找某些意义。"意义创造"，也被称为"认知重构"（cognitive reframing），指的是试图对问题赋予意义。它大体上被认为是一种积极的策略，它的特征是"寻找一线希望"，或试图寻找一个问题的益处（Aldwin，2007）。Folkman 与 Moskowitz（2000）将意义创造分为情境性的（situational）和普遍性的（global）。情境性的意义创造更接近一种评估的过程（appraisal processes），与应对相关。通过给一个情境灌注意义，而产生积极的影响。相反，普遍性的意义创造更多地涉及对于世界的基本假设。面对长期贫困及与其相关的各种压力，贫困老人的意义创造很可能不仅是针对特定情境，还延伸到对人生、生命赋予意义，而这或许具有更普遍的特点。

本章聚焦于贫困老人面对多重压力的应对策略和意义创造的方式。在第一节中，笔者将报告贫困老人面对经济压力、老化与疾病压力，所采用的各种消极与积极的应对策略。第二节将分别报告贫困老人面对经济压力、老化与疾病的压力、逆反哺与照顾配偶的压力以及贫困耻感的压力所进行的意义创造，在此基础上总结贫困老人通过主观诠释回应多重压力的两条主要路径。

一　贫困老人的应对策略

贫困老人所运用的各种消极和积极的应对策略，主要针对经济压力、老化与疾病的压力。其中，经济压力下的应对策略包括依靠积蓄、缩减开支、增加收入。老化与疾病压力下的应对策略主要包括缩减医疗开支和养护身体的各种策略。

1. 经济压力下的应对策略

（1）依靠积蓄

在 17 位受访老人中，只有 T 大妈、M 阿姨和 C 大妈提到，她们是靠为数不多的积蓄来应付日常经济压力。T 大妈 46 岁时不再"哄孩子"了，她来到城中的百货商场做裁缝，手巧得"连外交部出国的衣裳都敢做"。她夜以继日地"做活"，"顾不上吃饭也顾不上睡觉"。T 大妈坦言，目前还有年轻时候"狠干"与极端节俭剩下的一万多元积蓄。当生活吃紧时，她便从存款中支取一点做补贴，她说："我要是那阵儿不抓（挣）点儿钱，那这阵儿也是够呛。"但几十年后通货膨胀，她越发感到自己的积蓄不足以应付日常开支的缺口，以及随时存在的大病风险。她苦笑着谈起自己日益微薄的积蓄："我说那钱越存越没有，那阵儿利钱可多了……后来就不行了，存这点根本就没有了。"M 阿姨说起她的积蓄："原来我那时候手里头不是还有一万多块钱吗，我一点一点往里搭。"C 大妈也说："多少也有点积蓄……我就没存过万把块钱，这一年别出事，还能抠出 5000 块钱来，怎么抠出来的？我说是捡破烂，卖破烂。"对这三位老人来说，少量积蓄只是杯水车薪。对其他的城市贫困老人来说，入不敷出比略有盈余更常见。于是面对经济压力，缩减开支成为最普遍的策略。

（2）缩减开支

在缩减开支方面，首先是最大限度地抑制日常生活中的各种欲望。

抑制欲望

T 大妈说自己"不敢大富大贵地花"，"熬一锅粥也能吃一天，切点咸菜搁里"。其他受访老人也多强调家里平时只是粗茶淡饭。L阿姨说："我们吃饭都很简单，不讲究，粗茶淡饭，吃饱就行。"C大妈也说道："咱们不吃好的，吃次点儿。人家吃鱼肉，咱们买点儿便宜菜吃。"LF大妈家里"一个月吃一次肉"，孩子们来了才"包点儿韭菜鸡蛋饺子"。有些老人对饮食的需求压缩到极致。例如，WY大妈则说起自己在外拾废品挣钱，为省下三元钱的水宁可渴上一整天：

> 我渴得都说不来话了，都没舍得花三块钱买那水，太贵！我有这三块钱买馒头，我饱饱的，我吃好几顿。我舍不得买（水），渴点儿就渴点儿。

尽管如此，有些受访老人却赋予饮食的节制以健康的意义。例如，H大妈强调："不爱吃肉，吃多了对身体不好，胆固醇高。"CA大妈认为饭馆不卫生，所以"老在家做着吃"。在穿的方面，受访老人多数长达数年或十几年没有买过新衣服。除了在吃穿方面节省，受访老人的住房大多常年不修。尤其在以平房为主的E小区中，CA大妈、Z大妈、YG大妈仍靠烧煤供暖，H大妈和X大叔烧土暖气，而T大妈、M阿姨、N阿姨则因无力负担供暖费而不得不忍受北方冬天的刺骨寒冷。在出行与休闲娱乐方面，受访老人极力将费用降低。L阿姨连公园都不愿意去，她说："买那年票，上公园去玩，我哪舍得呀。"X大叔则说："哪都不去，公交车都不坐，都是骑车！"

所有缩减开支的策略，用W大妈的话便是，"该吃的不吃，该用的不用"。而YG大妈则用"现在就是瞎过"这样自我解嘲的方式来概括自己的生活。"省着""节约点儿""算计着"几乎是每一位受访者经济生活的共同主题，在他们的叙说中，这样的策略还有一个更中性且富有尊严的名称——"计划生活"。

计划生活

"计划生活"这个词是X大叔对其经济生活的诠释。他说：

> 我们现在都得计划生活。你不管吃什么、买什么、穿什么，都得计划。因为现在，咱们站在这个……属于贫民嘛，干什么都得计划。

你不计划，计划不周，就一辈子受穷啦。

这个词与诸如"不够花""不够用"等关于经济压力的表达很不同，那是受访者对自己在资源稀缺状态下一种富有尊严的诠释，体现了贫困老人对经济生活的控制感。其他老人不一定采用完全相同的表述，但同样展现了努力适应的抗逆力。C大妈说自己精打细算："这800块钱可是精打细算，花得匀实。吃饭、穿衣裳、买菜，我这都得算计着。"CR阿姨也说："过日子你得精打细算，现在这东西都这么贵，不细算点儿就不行。"Z大妈家里"全是病号"，即使是买煤的钱也要"每月抠一点抠一点"，她用安排全家饭菜的例子说明"自己能安排"：

> 买来带鱼做熏鱼，买两条，今天吃一条，那条留起来，等哪天没了再来回给他们倒着吃。要说生活方面，我自己能安排，反正，鱼老给他们吃。

善用资源

受访老人也运用生活智慧，寻觅价格更低廉甚至免费的必需品。L阿姨、Y大妈、Z大妈、LF大妈、CR阿姨都不约而同地提到"上远处买食物"。Z大妈说起买蛋糕的事情：

> 稻香村蛋糕贵，（2009年的时候）七八块一斤，五六块一斤，（我）到哪去买啊，北海。北海东门那儿，不是卖点心的么……我就去啊，给她（指大女儿）买……它（指蛋糕）三块五毛钱一斤。（比稻香村）便宜……五块钱一袋，我买两袋。一袋搁在冰箱里，一袋她吃，吃半个月，两个礼拜。

而X大叔一家的蔬菜则不需要花钱买，原来他们是去早市捡剩菜。他解释道："市场上扔的菜，都比我们小时候买的菜新鲜。"贫困老人穿的大多是别人送的衣裳，家居用品也多是二手的。X大叔、M阿姨和N阿姨都提到，自己的部分家具是从别人那里转手搬回来的。

除了依靠积蓄、缩减开支，一些老人还通过增加收入来缓解经济压力，以更主动的方式回应物质资源稀缺带来的限制。

（3）增加收入

临时性工作

C大妈、CC阿姨、Y大妈、Z大妈、X大叔、M阿姨和N阿姨都提到，自己正在或曾经从事临时性工作，以应对经济压力。现已步入高龄的受访老人大多提到，他们在刚退休后的那几年都做过不同类型的临时工。例如，Z大妈退休后先后在百货大楼和影院"搞卫生"，接着到建筑工地上帮人"烧茶炉"。C大妈、CC阿姨、Y大妈也提到，她们刚退休那几年，做些瓦匠活、手工编织和摆地摊。

而低龄的受访老人仍有强烈的就业需要，但他们在正式的就业市场中处处碰壁。用X大叔的话说，"一到60岁就没人要了"。为了生计奔波，贫困老人甚至不得不游走在制度边缘。例如，X大叔除了捡废品，也从事一些很不稳定的临时性工作，比如摆地摊卖地图，但因不受法律保护而受到城管的诸多限制。他说：

> 卖地图就是自己去，也属于小商小贩嘛，它也违法，但是不犯罪。也有人管，城管也管。现在啊，今年（管得）稍（严），今年（卖得）少。有的时候，腿不疼的情况下就去外面待会儿，自个儿买个小三轮，锻炼锻炼腿，能挣个十块八块的。为了生活嘛，天天都在奔波。

M阿姨坦言，自己做过各种临时工，最"落魄"的时候靠打扫卫生、帮人抄写增加收入。此外，拥有大专学历的她持有会计证，退休前在国企做过会计，这项技能也成为她再就业的人力资本，她说："最近也是一个朋友儿子的公司，要做一个工程，就刚跟我说，想让我去给他做出纳。"不过，朝九晚五的"上班式"就业模式让她颇有顾虑：

> 我现在就是眼睛不是特别好……而且要按部就班地去上班……我这儿还要看病，现在是半个月一（次）复查，药吃完了我还得去调这个药。我还没答应。

M阿姨渴望更灵活的就业方式，而且她更愿意为了自己的兴趣去工作。M阿姨在长期上访和打官司的过程中自学了《行政诉讼法》，后来偶尔被介绍去做法律代理，帮人打官司。第一次访谈时，M阿姨帮朋友做法律代理，商定的报酬是2000元/月。第二次访谈时，M阿姨谈到正在帮另一个朋友打行政诉讼的官司，"纯属帮忙"，对方仅提供M阿姨的路费与伙食费。M阿姨虽然仍要通过其他方式补贴家用，却乐在其中，她解释道：

> 我呢是比较喜欢看法律的、社会学的这些东西，我喜欢看，所以呢，可能常识比别人知道的稍微多一点……成就感是谈不上，起码觉得，这是我愿意干的。没有人能强迫我，这是我最大的自由。

可见，不同健康状况和教育背景的贫困老人对工作的要求是不同的。像M阿姨这样受过较高教育的老人，个人专长与追逐温饱最好能够高度契合。

"捡破烂儿"

在受访老人中，L阿姨、C大妈、WY大妈、LF大妈、Y大妈和Z大妈、X大叔、YG大妈8位老人都提到，自己平时靠捡废品增加收入，以应付经济压力。其中，像L阿姨、C大妈、LF大妈、X大叔、YG大妈，拾废品对他们来说几乎是生计来源不可或缺的一部分。L阿姨不好意思地说："我都没干活呀，就有时一干呀，也是打的临时工。后来临时工不干了，一直就在家，捡点破烂，就这么混着，混了这一辈子。"LF大妈吞吞吐吐地说："现在……就看着那垃圾车，能捡，有人愿意扔，扔了我就捡起来，能卖个一块两块的。"X大叔脱口而出："捡破烂呗！那只能是这样，那邻居有退休的，不也天天还捡瓶子的吗，那你怎么办啊？你干不了别的，那你可不就干那个呗！"

捡废品的收入微薄，一个月大概挣几十元钱，且"没准儿，不固定"。Y大妈说："夏天能捡（瓶子），挣二三十块钱吧，一个月。冬天没有，冬天一般都不喝水呢。"这点收入数目不大，但"添一点挺宽松的"，因而他们觉得"捡着挺有劲儿的"。L阿姨说："出去顺手就捡点儿，一个月怎么也添个，添个十块八块的，你买菜吃，怎么也吃个三天两天的。"C大妈也说到自己晚上出去捡废品："这一晚上捡点儿，卖个三块五块的，觉得挺富余的，捡着觉得挺有劲儿的。这一个月也能卖个二三十块的，给自个儿添个菜钱。"

因为它的一些特点，捡废品成为这几位老人日常生活的重要部分。在C大妈眼里，捡废品不像做小生意那样"坑人""缺斤少两"，实实在在地靠自己卖力气挣钱，这个活计"凭良心"。而WY大妈也考虑过清洁打扫之类的工作，但相比之下更看重捡废品在时间上的灵活性，"我今儿愿意卖就来卖，不愿意卖明儿来卖"，这样能够照顾到为家人做饭以及接送孙子的时间。在Y大妈看来，到家附近的大学校园里头遛弯、捡易拉罐，"还能活动身体"。

在老年人就业未得到制度性安排的背景下，捡废品因其时间灵活自主、容易进入、没有地点限制等特点，成为受访老人为应对经济压力而普遍从事的活计。可是，即便捡废品有诸多益处，这样的活计却容易带来耻感，它意味着昭示自己的穷困，用老人的话来说，"干这个寒碜"。例如，WY大妈反复提到，自从捡上破烂之后便"怕蹭人，低脑瓜，见人一来就躲"。而且，由于每天都要将捡回来尚未卖出的各种废品堆在家门口或是小区的空地上，WY大妈常因卫生问题被居委会提醒，尤其是遇上节日或上级检查。然而，WY大妈在叙述完自己"躲人家"和"给人添麻烦"之后，转而又有另一番话——捡破烂其实"不寒碜"，她告诉笔者：

> 后来我说，嘿，一不偷二不抢，我说老头这病这个，这个靠卖力气捡的，也不是掏人钱包让人攥着手，寒碜。我说啊，你不搭理我，我还不搭理你呢，我心里想的！啊，谁要摊上这病人，也了不得！

C大妈也说："捡破烂儿不寒碜，你别偷、摸、抢的，那寒碜。捡的，不寒碜。"Y大妈也谈道："捡瓶子，那怕什么，我说，不偷不抢，哎，还活动身体。"

虽然捡废品多少会被人轻视，但大多数受访老人还是能发展出自己的一套话语将这项活计合理化与道德化。在经济与贫困耻感的双重压力下，这无疑彰显着贫困老人内在的抗逆力。而倘若贫困老人增加收入的个人行为得到制度性的支持，那么将更有助于提升他们面对经济压力的抗逆力。

（4）经济独立

贫困老人有经济独立的强烈要求，即"凡事尽量靠自己"。几乎所有受访老人都强调，除非不得已，否则尽量不借钱，"有困难自己克服"。首先，借钱对他们来说只是一种暂时缓解经济压力的方法，花完别人的钱仍是要还的，不能从根本上解决物质匮乏的难题。其次，借钱还意味要还上别人的"情"，对贫困老人来说徒增压力。C大妈反复说："我这能力（能）还，我借去；没这能力还，我就不借，我宁可自个儿少吃点儿，吃上牙缝勒点儿。"即使X大叔每年要为女儿支付上万元的学费与生活费，他也强调尽量不借钱，"不让孩子背（戴）上借账的帽子"。不借钱，意味着人格的独立与尊严。H大妈将这种独立性视为骄傲：

> 我这辈子没跟谁借过一分钱。我这人是这样的，跟别人是不一样的，咱有钱多花没钱少花。

经济独立的要求也表现为，丧偶老人不会考虑以再婚作为摆脱贫困的捷径。C大妈谈到再婚的可能性时，直言"没那幻想"，比起经济保障，尊严来得更重要。她这么说："回来将来儿女们瞧得起你吗？瞧得起你吗？我这人，（就算儿女）理解我都不行，我没那幻想。"T大妈早在20岁的时候，爱人就牺牲了。几十年来，她既不愿倚靠丈夫的功勋要求国家"管"自己，也"没想再找一个"。尽管不乏热心人为她张罗再婚事宜，但是T大妈"就想自己有本事"。M阿姨明白地说："我不想靠别人去……去恩赐呀什么的，我绝不会将再婚当作摆脱目前窘境的途径。"

总之，从受访老人回应经济压力的个人策略来看，他们大大不同于传统文献中老年人作为"依赖者"的形象；相反，不论年龄、婚姻状况和子女数量如何，他们都有经济独立的强烈诉求，竭尽所能运用一切消极的策略（如抑制欲望）与积极的策略（如善用资源、增加收入）以应对经济压力。这显示出贫困老人在逆境之中"反弹"的能力。然而，从他们在经济压力下的个人化策略来看，即使是个人的策略，仍然需要制度性的支持和保障，尤其是提供更为多样、灵活、富有尊严且适合其需求的就业环境。

那么，他们又运用哪些策略应对老化与疾病的压力呢？

2. 老化与疾病压力下的应对策略

老化与疾病带来经济紧张和生理痛楚的双重压力。与回应收入低微带来的经济压力一致，面对老化与疾病带来的经济紧张，几乎所有受访老人选择的应对策略便是缩减医疗开支。而面对老化与疾病带来的生理痛楚和衰退，贫困老人运用各种策略力图将生理机能维持在一个相对稳定的状态。

（1）缩减医疗开支

面对老化与疾病的压力，老人们最常谈到的应对策略是缩减医疗开支。对退养的 C 大妈和没有退休金的 W 大妈、WZ 大爷、CR 阿姨、X 大叔和 T 大妈来说，他们"舍不得看病"，总是"忍着"。W 大妈不好意思地说："量血压，我也没检查过……一检查还要钱。"CR 阿姨说自己看不起病："现在有病就不爱看，就是看不起。"Y 大妈因为心脏手术费用太高而无奈采用保守治疗："现在输液就是疏通一下血管，也解决不了根本问题，我没做手术，自费啊，12000 块，没钱啊，做不了，一直拖着吧。"

CA 大妈可以算是对疾病忍受到极端的受访老人。CA 大妈母女为应付多年来的医疗开支已到了家徒四壁的境地。为缩减医疗开支，两人减少药量，甚至自行停药。CA 大妈在第一次访谈中说道："人家要求一个月输一次液，我们就把它变成俩月，就维持着，维持着啊。"这种做法起初似乎奏效，但到了第二次访谈时，CA 大妈的身体越来越"不灵"，"情况发生了特大的变化"。CA 大妈无力地说："现在事实证明，这药不能停……（但）咱们这个药费，这个经费，是个严重的问题！"

实在到了有生命危险不得不住院时，贫困老人也只能以维持生命为目的，身体稍微好转便匆忙出院，根本等不及康复。退养的 C 大妈和没有退休金的 X 大叔都有类似的经历。在第二次访谈时，C 大妈说起自己得肺炎提前出院：

> 那回就是发烧，得了肺炎，我住了 20 天，就不住了，我没钱啊，这家伙花好几千块没处报去我哪受得了。我跟这大夫说，我说我没钱，我先走。她说老太太真是的，还没好利索，怎么也还得再住个十天二十天的，我说不行，我住不起。这就 7000 块钱了，再住你说我上哪弄钱去，我说不能老让儿子、儿媳妇那什么呀。

即便是像 H 大妈这样享受95% 报销比例的老人，在第二次访谈时已卧床不起，仍轻易不上医院，每次都是到了"不住不行了"的地步，"才舍得住院去"。即使住院了，也是稍有好转便出院，H 大妈直叹住院"太贵了"。CC 阿姨和 M 阿姨也享有城镇职工基本医疗保险待遇，但自费药是她们的禁区。CC 阿姨说："自费的药都不敢吃，你要一吃那药就得 1000 多块，不敢吃。"

忍受痛楚、缩减医疗开支毕竟是一种消极的应对策略。贫困老人还采用各种积极的策略养护身体，用他们的话来说，"自己心疼自己"。

（2）养护身体

疾病与老化的压力并未迫使贫困老人屈服，相反地，他们在日常生活中格外注意影响健康的危险因素。受访老人大多表示，"自己心疼自己"很重要。C 大妈一再说："自个儿保养自个儿身体，别让它累着。"中风后只能依靠轮椅出行的 WZ 大爷常年坐在家门前的小区花园里，他给一棵大树下的破沙发周围钉了木板，遇上刮风下雨，就坐到自己制作的小隔间里，"那儿又背风又暖和"。T 大妈也说："反正自己得注意，要摔着我可咋办啊？"此外，贫困老人养护身体的策略主要包括锻炼身体、利用免费资源和食疗。

锻炼身体

锻炼身体是零成本的保养方式。受访老人大多患有多种不同程度的老年病，轻则像 X 大叔和 Y 大妈这样，虽有冠心病、关节炎等多种慢性病，但日常活动功能大致无碍。X 大叔"每天早晨、晚上都出去遛遛"，每年上景山公园"一两百次"。Y 大妈患有高血压、冠心病、关节炎等，平日除了照顾儿子和孙子的生活起居外，她花的最多精力就是散步、跳舞、搞卫生，"每天必须得出去走走"。即使像 CA 大妈这样几乎每日在死亡线上挣扎的老人，只要能够起身活动，仍坚持出门"转悠转悠"，"尽量找愉快，没事儿锻炼锻炼"。

对更多的贫困老人来说，锻炼身体算不上娱乐休闲，而是在时间缝隙中挤出来的活动，在家务或工作中一齐产生的效果。Z 大妈清晨外出给女儿买早点，"顺道遛个弯儿"，晚上休息前"也活动"，"做做操，伸伸腿，张张手啊，扩扩胸，也练"。在 X 大叔的眼里，外出蹬三轮车补贴家用，

"锻炼锻炼腿，也能挣个十块八块的"。W 大妈和 T 大妈虽不常出门，但认为独居家中做饭、收拾屋子，也是活动身体。YG 大妈尽管步履蹒跚，但坚持在胡同附近溜达，这对她来说也是重要的社交生活：

> 天儿要好啊，就在门口活动活动。解解茅房……门口那儿，要是有人，就跟他们坐会儿，说会儿话。要再能走呢，就再走一轱辘，到那边大根他们，他们家待会儿。他们一瞅见我就找，连那狗都上家找我来。

在他们诙谐乐观的叙述里，尽显生命的顽强。

利用免费资源

贫困老人也善于利用一些免费资源来维护身体机能，L 阿姨就是很典型的例子。在访谈中，L 阿姨几次提到自己得空便外出做理疗，待访谈深入才透露，原来，她常常到附近出售理疗设施的商场里，免费试用设备。这让长期腿疼的 L 阿姨觉得，治疗疾患有了好去处。她是这样解释的："不过话说回来，你不买人家东西，老去也不合适，是吧？不想去了，它还有好几个地儿，咱可以再去别的地方，到那儿里头它也得有那捧场的。"在她看来，既然是为商家"捧场"，利用那里的资源当然是合理的。

食疗

CA 大妈和女儿在谈到如何维持身体状况时，反复提到"食疗"的办法。她们两位从过往的饮食习惯中吸取教训，并参考电视上各种养生节目，为的是在饮食方面寻找维持健康的办法，同时节省医药开支。她们介绍自己的食物疗法：

> 都注意点儿，对身体好的，它对身体有利的，凡是抗癌的东西，（我们）娘俩就多吃一点这样的菜；油什么的，少吃一点这个。

CA 大妈母女在术后奇迹般地存活了 7 年，这令她们更坚信食疗的方法确实奏效。访谈中，她们毫不吝惜地与笔者分享饮食经验："尽量多吃点五谷杂粮。这真的，因为现在妇科肿瘤特别的多，其中得妇科肿瘤的主要原因就是吃的五谷杂粮少。"第二次访谈时，CA 大妈的身体大不如一年前，但她仍不放弃希望，不断尝试更合适的饮食方法："这岁数了，人也不能老给你做手术了。体质越来越弱，还老吃这药……只有从食物中找办法。"类似的，WZ大爷自豪地告诉我，原来他的心脏一直不好，这几年坚持用丹参泡水喝，用物美价廉的方法把自己的心脏病调理好了。

以上，本节呈现了贫困老人面对经济压力、老化与疾病压力下的工具性策略。从受访老人应对经济压力的工具性策略来看，他们大大不同于传统文献中老年人作为"依赖者"的形象，而是有经济独立的强烈要求。只有个别老人有少许积蓄，缩减开支是贫困老人面对经济压力的共同策略。如果说抑制欲望是一种消极的无奈之举，那么计划生活和善用资源则是经济压力下的积极应对。应对经济压力的积极策略还包括以临时性工作和捡废品来增加收入，但容易给老人带来耻感。贫困老人就业需要制度性的支持。而回应经济压力的工具性策略在生命历程中是动态变化的：随着年龄的增大和身体的衰老，用体力换取收入的活动变得力不从心。

面对老化与疾病的压力，贫困老人一致缩减医疗开支，对疾病极度忍耐和拖延。但他们也通过锻炼身体、利用各类资源和食疗的方式努力维持生理机能。这都体现了贫困老人在逆境中的"反弹"能力。

接下来，我们转向贫困老人抗逆力的另一个内在保护性因素——意义创造，笔者将阐述贫困老人如何通过主观诠释回应多重压力。

二　贫困老人的意义创造

本节笔者将分别报告贫困老人面对经济压力、老化与疾病的压力、逆反哺和照顾配偶的压力以及贫困耻感的压力如何进行主观诠释，最后总结贫困老人在多重压力下创造意义的路径。

1. 经济压力下的意义创造

除了运用一系列的工具性策略来回应老年贫困的经济压力外，贫困老人还对经济压力进行诠释，意义创造的方式集中表现为：在艰苦的生活中找到成就感；通过同过去和同经济状况更为困难的人做比较，重新界定现状；重新界定需求。

（1）在艰苦的生活中找到成就感

在资源极为有限的条件下，贫困老人能够将生活打理得井然有序，这对他们来说就是一种成就。CA 大妈面临的经济压力非比一般，只要在有限的条件下好好地活下去，"这点土给它和这点泥儿，给它和匀了"，"少花钱，多办事"，那么"每天的生活也是有滋有味儿"。不少受访老人在访谈中喜欢用"凑合"这个词。用 YG 大妈的话，"这钱呐，无所谓。我就说，有就花，没有就不花。没有什么那是过不去的"。毕竟这样"凑合着"活到了今天，于是存活至今很自然地被贫困老人视为一种成就。Z 大妈笑着说自己："哎哟，凑合着活到这时候，活得挺高兴的，哈哈哈（笑）。"W 大妈也这么说："哎，我没想到活到这会儿……想起来那会儿，那会儿老头子一人挣钱，好几个孩子，家里要吃的没吃的，要喝的没喝的……这活到这会儿心里高兴着呢。"T 大妈也对自己"过年就 85 岁了，还活着"这件事感到不可思议，话语中流露出她对存活至今的成就感。

（2）重新界定现状

对于自身的贫困状况，受访老人通过与过去艰苦岁月的比较，以及与更困难的人们比较，重新界定饱受经济压力的现状，从而找到新的平衡点。

参照过去的纵向比较

尽管在当下的社会处于底层，但和过去的困苦相比，大多数受访老人表达了满足感。C 大妈回忆过去那段日子，五味杂陈：

> 你大叔死了都 20 多年了。我那时退休金才几十块钱……晚上就上那捡破烂去，卖几块，捡那破衣裳、鞋，有时候捡点大米。瞅人家倒那大米，我说你别倒，那多好的大米啊，人说时间长了不好吃，我说我吃，给我吃得了。别人有人认识我说，你给她得了，她挺困难的。给我米，那我就一点一点给捧出来，回来淘着，淘干净点儿，搁点碱，搁点开水烫烫，我就抓点米粒出来。真的，我都那样……和过去比起来，现在好多了。

L 阿姨也谈起过去和现在的对比，感叹："这会儿的猪都比那会儿的人吃得好。真的！" X 大叔呵呵笑着对笔者说："总觉得现在好太多了。" X 大叔不久前用拆迁款买下仅 14.5 平方米的房子，这让他庆幸居住条件"比原来好太多了"——原来一家三口的居住面积是 7 平方米。CR 阿姨对与前夫在农村生活食不果腹的那十多年，记忆如同梦魇。离婚后，她回到北京做了二十来年的临时工，直到五十多岁与现在的丈夫再婚。尽管目前唯一的收入只有 200 元/月的福利养老金，但对她来说，至少"有一个安乐窝"。她感慨地说起往事：

> 吃低标准那年，一个人一个月就二两粮食，二两、三两那会儿，我刚 8 岁。然后，三年困难时期，我才八九岁。刚缓过来，就说，咱国家经济刚好，"文化大革命"，又让我给赶上了。上山下乡，回来，国家那几年又，又供应困难，又让我给赶上了。我在农村那会儿，我跟你讲吃不上饭你都不信，北京的大伙儿凑点粮票给我买一袋面回去，要不接不上顿儿。这，这几十年都让我赶上了，我这个岁数的人，就说都这岁数了，现在才生活好了，你说能，能不知足吗？

与更低阶层的横向比较

有些受访老人与不如自己的人比，从而得出"比上不足，比下有余"的结论。例如，T 大妈谈到自己住的地下室比有些家庭"还强"：

> 实际上，喷，你要比的话，那困难比我多的多多了。后面小卧的房也住了好几口人。我这房子一个月才拿 30 多块钱。

CR 阿姨也将自己的生活与同龄的农村人相比，觉得"挺知足的"。因为"农村像我这岁数的，他不劳动就不给吃饭，你像我这样，我不劳动吧，我能吃上饭"。

（3）重新界定需要

M 阿姨反复强调："其实我这人是比较注重精神生活的。"读书、看报、拥有独立思考的能力和自由决定的权利，这些对她来说足以忽略物质生活的艰苦。N 阿姨也认为，自己在学习法律方面的兴趣多少弥补了经济压力带来的烦恼。她饶有兴致地说：

> 我现在有时间就研究法律，看《资本论》。我对法律学了不少，买了好多这方面的书。就是这种法律的课堂，我也去听。而且到有关

的律师那儿去咨询呐，或者去学。

与西方文献不同的是，本研究中贫困老人对精神生活的追求，并没有聚焦在国外学者（如 Black & Rubinstein，2000；Barusch，1995）普遍发现的精神信仰方面。

X 大叔也以自己的方式重新界定需要。对他来说，目前最重要的是将还在上大学的女儿培养出来，而自己"一切以女儿为重，吃什么穿什么都无所谓"。

贫困老人通过强调精神追求或强调下一代的需要，重新界定自己的物质需要，从而缓解物质资源匮乏带来的经济压力，以这样的诠释方式来缓解经济压力，实属无奈。而且，贫困老人对经济压力的主观诠释并不意味着压力本身的消除。第二次访谈时，老人们仍与笔者讲述那些挥之不去的压力。压力与抗逆力交织并存。

2. 疾病与老化压力下的意义创造

面对疾病与身体机能的衰退，受访老人坦言虽然他们受到病痛的折磨和医疗费用的困扰，却并不一味沉浸在负面情绪中，而是积极开解自己。WZ 大爷如是说："我要是不开朗，这身体还得坏。其实身体好全在自己，而且心情最主要，你总得自己开导自己。"CA 大妈则是让"自己想得开"，"不钻牛角尖"。"想得开""想开了"，这样口语化的表达其实是有些抽象的。面对疾病与老化带来的压力，贫困到底是如何"想开"的呢？关于此话题，资料分析中浮现出以下次主题：重构病人与老人的身份、自我肯定、活在当下、心存盼望。

（1）重构病人与老人的身份

访谈中，身患各种病症甚至卧床不起的贫困老人，面对疾病与老化的压力，在生命故事中重构了自己作为病人和老人的身份，不拿自己当病人，不服老。

在所有受访老人中，身体状况最不乐观的便是 CA 大妈了。CA 大妈在言谈间流露，自己和"健康人"已经不一样了，"能够维持现状就不错了"。可是，即便日日与病魔抗争，她也不将自己看作病人，她说：

> 这次犯病，它发展的不是一项，它不是光骨头，它这个呀，肺

部，它也有毛病，脑袋也有毛病，腿上也有毛病。这一下我还有活头？我没有活头了。我又不那么想，（我就想）嘿，吃了那药，舒服，你要现在你就输完液什么的，这牙微微疼，这就叫舒服，没有疼得你"哎哟""哎哟"，这就是舒服。一般来说，我就不拿我当病人。

在半身不遂的 WZ 大爷眼里，抽烟、喝酒"按理说不利于健康"，可是，他节制一些，"一般就喝一小杯，不多喝"。他说："我抽了我喝了，我高兴。不抽不喝，你说你跟病人没两样。"

而对像 W 大妈、Z 大妈和 T 大妈这样的高龄老人来说，她们不把自己当老人。W 大妈说自己不服老："没告诉你我不服老吗？我还愿意活动，不活动不行啊，这脑子不行啊，腿脚不行，眼睛也不行。"Z 大妈也是"那个不服气"，她说：

> 我觉得我还挺年轻，我脾气跟小孩一样。心里老想着不是老了，不是老了，蹬那梯子和玩似的，自个儿寻思一蹬就上去了。

第二次访谈 T 大妈时，她斜躺在被窝里，不时咳嗽、喘气，话音微弱。T 大妈说自己"老了，没本事了"，可是话锋一转，又告诉我，楼上老太太们和阿姨们的活计"回头就给她们做好了"。

（2）自我肯定

受访老人还善于肯定自己在病痛中依然保持某些能力。比如，WZ 大爷对自己在多年来半身不遂的情况下依然能够生活自理感到自豪，"我这已经算不错了……有时候我爱人不在家，我自己做点简单的，我自己能做饭"。84 岁的 T 大妈认为尚能自我照顾，并且"脑子还挺清楚的，不糊涂"。而 CA 大妈手术后在物质条件极为匮乏的条件下存活了 7 年，感到神奇。第一次访谈中她说：

> 当时我们做手术的时候，人家大夫说嘛，只有 60% 的人能活 5 年。人家是富裕，我，我也不可能得到特别好的治疗啊，所以我就不想这个，不要想它！今天我活着，我就当成我生命中的最后一天，每一天我都非常珍惜，非常高兴，非常快乐地过，我就这样慢慢慢慢过

了 7 年，我也没事儿。

而第二次访谈时，谈到死亡，CA 大妈坦然说道：

> 我自己不害怕，害怕就吓死了。这种病呀，得这种病的病人啊，10 个得的，其中有 5 个是被吓死的，属于精神崩溃，他就死了。

自我肯定的另一种方式，也体现为从疾病中得到有益的经验。CA 大妈在访谈中反复提到她们母女自从患病后对于过往饮食习惯的反思。遇到有兴趣的听众时，她们会将食疗经验娓娓道来，希望对方不再经历她们的痛苦。H 大妈也特别提到，频繁的看病经历让她有了经验，成为"挑大夫的行家"。

（3）活在当下

在长期与疾病共存的过程中，贫困老人对生命的态度也得到升华——与其无穷无尽地担忧自己还能活多久，病情是否会恶化，不如踏实地活在当下。第一次访谈中，C 大妈说自己"不背包袱"，"我现在活一天赚一天，我能活着呢，我就心情舒畅"，"真不行的时候再说"。T 大妈也说："就这么回事儿，挤到哪儿，过到哪儿，就这么着吧。"在第二次访谈中，CA 大妈的一席话令人动容。由最初的惊慌失措，到如今的淡然处之，CA 大妈克服了对绝症与死亡的恐惧，她很坦然地说：

> 每一天我都当成我生命的最后一天过。对不对？我先过了今天，我再说明天。我考虑，哎哟，我是能活 10 年，还是能活 5 年，能活 6 年……谁也打不垮你，最先打垮（你）的是你自己。

（4）心存盼望

即使身患重病卧病不起，贫困老人依旧不放弃康复和治愈的希望。心存盼望成为他们努力活下去的支柱。CC 阿姨在两次访谈期间住院数次，其中有一次手术甚至"在鬼门关前兜了一圈"，但她仍笑谈自己"爱凑热闹"，盼望"赶紧好了"。CA 大妈在女儿的带动下也开始格外关注食疗，她们相信，药膳能够抵消昂贵的西药带来的副作用，而且让她们重拾生存的希望。CA 大妈和笔者讨论了正气的巨大影响：

> 可不中医现在都不讲这个（正气）嘛，（正气）就得从食物当中来啊。现在最讲究食疗嘛。为什么老说活血化瘀，现在老想找点活血化瘀的药，给补足了气，气足吧，它就推动那个血，循环好。你要是推动得好，慢慢缩，慢慢缩，也有无数的例子。

面对疾病与老化的压力，贫困老人通过以上各种方式追寻生命的意义。正如在 *An Anthropologist on Mars* 一书中，作者 Sacks（1995）谈到关于疾病与失能的悖论：事实上，疾病和失能可能带来优势和能力。King 等人（2003）也认为，人们常常建立适合于自身状况的人生意义，而不是屈服于生理状况或疾病，那些"认为只有特别强壮和特殊的人们才有抗逆力，这是一个迷思"（King et al.，2003：81）。而在本研究中，CA 大妈的这句话尤其体现了在疾病的阴霾下坚强生活的贫困老人对生命的建构：

> 你觉得我过得好，我（却）觉得自己痛苦死了；你觉得我过得不好，（但是）我呀挺乐呵，这就挺好。

压力与困难并不能阻碍贫困老人对愉悦感、成就感、希望的追寻，即使与疾病共存，他们仍然能够在自我的世界里构筑生命的意义。

3. 逆反哺与照顾配偶压力下的意义创造

相似的，面对逆反哺和照顾配偶的压力，贫困老人主要聚焦于对生活现状赋予自己的意义。与过去相比，现在的艰难困苦也成了一种"相对的幸福"。

（1）相较于过去的"相对幸福"

Y 大妈也说跟以前比，现在"不那么困难了"。Z 大妈也是一路追忆往昔，感叹"现在日子可不是好多了么！"。WY 大妈说要"想高兴的事"，"比以前强多了"：

> 我想一切高兴的事儿，你要不想，还真是没法活啊。老想着高兴的事儿，新社会、胡主席多好啊，是吧？没工作的，还，还给点钱，

国家多好啊，这些领导多好啊，还给老人照顾，坐车不用花钱，多好的事儿啊……现在啊，比（过去）那阵儿强多了。那时候用粮票吃不饱，那点粮票根本就不够。现在不但吃饱了，甭管买得好赖，吃饱了。

（2）肯定自我价值

面对逆反哺和照顾配偶的压力，受访老人善于从中找到自我价值，以此缓解照顾负担。WY 大妈的一席话流露出对自己为患病老伴付出的肯定：

> 我是不容易。一想起别的老太太说："瞅你够可怜的。"我说："要没病不至于，什么可怜不可怜的。"我反正是，我捡点东西都卖出去了。给老头买点香蕉，还买一箱奶，一箱奶 40 多块钱，买了给他送医院去。这心够好的了。

WZ 大爷和 Z 大妈则肯定自己开朗乐观的心态。WZ 大爷说自己"个性够开朗，钻牛犄角就完了"。对 C 大妈和 X 大叔来说，善于排解烦闷情绪是他们在艰苦生活中值得自我肯定的重要能力。例如，C 大妈笑着说："嘿，我要不宽心早急也急死了。"X 大叔说："有时候心里头别扭，干脆就上外头遛遛，走半个钟（头）就回家了，这件事就过去了，不记心里了就。"Z 大妈不论是买菜做饭，还是买电买煤，都安排得井井有条。就连烧一道家常菜，也把自己描述得像身怀绝技的行家里手。对此，她很自豪地说："过日子嘛，都会做，我能安排。"

（3）依靠宗教信仰

面对逆反哺的压力，Z 大妈提到，对佛的信仰也是她的精神慰藉的来源。在所有受访老人中，只有 Z 大妈表示自己有宗教方面的信仰。不过，她的信仰更多是出于实用主义的心理。比如，Z 大妈说，其实信这个也就是一个心理作用；又比如，她认为基督教与佛教并无实质区别，只是名称不同。

在国外学者关于贫困老人抗逆力的研究发现里，宗教信仰是其中一个重要方面。而在本研究中，只有 Z 大妈提到与宗教信仰相关的内容，且她的佛教信仰有很强的实用主义色彩，与西方文献中的"精神信仰"有本质不同。

4. 贫困耻感压力下的意义创造

面对贫困耻感的压力，贫困老人开启各自的意义系统，对贫困、对人生、对自我赋予独特的意义。

（1）关于贫困的自我对话

受访老人对贫困的诠释是一个自我对话的过程，用他们的话就是"来回想"。在此过程中，受访老人在贫困耻感与对贫困内涵的重构之间摇摆。尽管贫困耻感或多或少地存在，但对贫困内涵的重构所产生的积极情感往往在很大程度上抵消了贫困耻感的压力。这个自我对话的过程包括保持独立性，借助假设性叙事，重构穷人身份，通过与过去比较、将自身的境况概化、向下的社会比较、重新界定现状，以及通过拓展人生的多重维度来重新界定需要。

保持独立性

在受访老人看来，向别人哭穷容易被人瞧不起，向别人求助也不是件光彩的事情。因此，在他们的故事里，随处可见诸如"不求别人"、"尽量少麻烦别人"和"不给别人添麻烦"这样的叙述。CC阿姨说自己"反正有什么事儿都得自己去解决嘛，我们那口子没有求过别人，他不愿意求，求完了，借完了不还得还吗"。LF大妈说了很朴实的一句话："尽量不给大家添麻烦，得尽量克服。"CA大妈则用坚毅的口吻说："你再穷，你踏踏实实过自己的日子，你有什么困难，自己家去解决。"Z大妈也说："困难我自己怎么弄，怎么调？那没办法，自己咬牙吧。"这里的"别人"也包含街道人员、居委会人员等社会政策的基层执行者。T大妈就说：

> 不就一天吃那么几顿饭吗，有啥困难的。你别总说"我这是国家照顾"，我老找你给我钱，我干嘛呀？嘿嘿，你自己能过去就过去。

X大叔也说要靠自己努力坚持："自己再努点力，就能维持下去。还是那句话嘛，我不想为一点事情啊，就找街道去。"在受访老人眼里，在物质匮乏的环境中仍保持经济与精神上的独立性，是降低贫困耻感、维持尊严的最重要方式。

假设性叙事

对部分老人，如C大妈、WY大妈、T大妈、H大妈和M阿姨来说，假设性叙事能够让她们得到些许宽慰，从而降低贫困耻感带来的压力。假设的故事在语言上往往表现为："如果……今天我保证（比你们强/跟你们一样有钱）。"例如，老伴去世或独居的贫困老人时而假设"如果老伴还在的话"，境况会大不相同。C 大妈谈到已经过世 20 多年的老伴，感叹如果立过军功的老伴仍在世，那么院子里住的大部分老人家的收入都比不上她家的收入，她说：

> 他是军人，是二等残疾。他要活着的话，我可就不着急了。我说没福呀，真是没福，他要是活着，我可享大福了，我说好房子我也住上了，他一个月拿 4000 多块，（加上）我退休这点儿，一个月四五千块钱，我说我们俩吃香的、喝辣的。

T 大妈偶尔也会做这样的假设，如果自己那位做地下党的爱人没有牺牲的话，她今天的境况"保证比他们（楼上的离休干部）都高挺多的"。

而"如果自己/家人没有病"，这样的假设给面临老化与疾病压力的贫困老人往往带来短暂的安慰。H 大妈重复多次："我要是没有病的话还真就凑合了。"WY 大妈总是习惯性地假设："你说（老伴）他要不得这病，老想着啊，想着不得病……"

M 阿姨则引用同学的话说，要是遇上好机会，她的境况一定比现在强："（同学对我说）你呀，一个是你的脾气和性格太硬；再一个呢，是没有那好的机会，你要是有机会，你绝对不会比我们差。"

重构"穷人"身份

受访老人也以重新界定贫困的方式，将自己划出穷人群体，从而重构身份认同。在 CC 阿姨眼里，贫困指的是"缺衣少穿"，而起码她与老伴各有一份看起来体面的退休金，至少满足温饱没有问题。在 C 大妈眼里，自己不算是"特别贫困的"，她说："真正的穷的就是没有依靠，没儿没女的，没有退休金，就吃国家的 200 块钱，这样的才算贫困呢。"没有退休金的 W 大妈一开始说没有人比她更困难了，"没有退休金就困难，有那钱的不困难"，不过话锋一转，参加了社区非营利组织的编织组，"赚点钱就不困难了"。而在 YG 大妈看来，"有人管了"（尽管只有 200 元/月的福利养老金），就"不穷了"。WZ 大爷用小区里刚过世一老人的例子，"老头一个月两千多块钱",但"儿女不孝顺,那就麻烦",且在金钱上没有自由决定权,比起物质上的匮乏更显"窝囊"。每位老人都以各自的方式诠释贫困内涵,当他们把自己排除出贫困群体时,自然消除了贫困耻感的压力。

重新界定现状

受访老人还以重新界定现状的方式回应贫困耻感的压力,具体表现为:相较于过去的"相对幸福"、将自己的境况概化、向下的社会比较。

相较于过去的"相对幸福"

所有受访老人在回忆过去的岁月时,都一致表示,年轻的时候"净是吃苦受累"。比起过去的艰难困苦,如今的相对贫困简直"好太多了"。L阿姨因为"混了一辈子"都没有退休金而觉得羞愧,当话题转到她的整个生命历程时,她不由得感慨,现在"比过去好多了",至少"吃饭是没问题"。C大妈虽说自己的困难是"这院儿独一户",但是过去"挨饿的滋味"刻骨铭心,如今"吃上了、喝上了、穿上了",C大妈由衷地感到"心满意足"。W大妈回想年轻的时候"老吃不饱","可困难了",觉得现在的日子"不受穷了","挺宽敞的"。H大妈也表示:"过去这屋里就一张床、一个三脚桌,什么都没有",而现在"省吃俭用还能省点东西出来"。X大叔经历过"大跃进"的饥荒岁月,"比以前……总觉得好太多了",所以"不给自己找闷气受"。CR阿姨也说:"甭管我的青春颠簸了多少年,现在能有个安乐窝,能有政府照顾,跟以前比,现在不穷了。"当参照过去进行纵向比较时,当下的贫困生活成为一种"相对幸福"。

将自己的境况概化

贫困老人对现状进行重新界定的另一种方式,就是将自己的境况概化,认为自己"和大多数人是一样的"。例如,H大妈说道:"现在总的来说还是有钱的少,没钱的人还是多。"言外之意就是,尽管自己没钱,却还是和大多数人一样,没必要觉得低人一等。C大妈、CA大妈和T大妈,则分别用"人家穿了,我们也穿了","人家吃了我们也吃了,咱也不特殊化!","他们吃啥我也吃啥,他们活着咱们也活着",强调自己的生活与人家是一样的。

向下的社会比较

对于现状的另一种再界定方式,是与更低阶层的横向比较,或者说

"向下的社会比较"。受访老人表示，不跟有钱人比，也不能比。L 阿姨说："人家都有退休金的，人也不能比，自己跟自己比。"WY 大妈也说："人家一人，是大学生，有文凭，挣好几千块钱；（我们家）这好多人，四人也没挣好几千块钱。"X 大叔说在生活上不和人比："我们当老人的，哪个便宜就吃什么呗，买点白薯，买点老窝头，就这么吃呗。跟别人比，天天下馆子的，真比不了，和那有钱的比不了。"C 大妈强调："我们不攀高。"在 M 阿姨看来，与人攀比"那我就没有活的份了"。T 大妈说"人家钱多多花"，自己领低保也知足。CR 阿姨说："不能比啊，自己能填饱肚子就行了。"

有的老人赋予这种安于现状的方式以道德的合理性。例如，在 CR 阿姨和 CA 大妈眼里，同别人在物质生活上进行比较，是虚荣的表现。CA 大妈说："不跟人比，不搞虚荣，假大空啊，绝对行不通。"CR 阿姨坦陈自己也曾有虚荣心，是岁月把自己打磨得面对现实：

> 我小时候虚荣心也很强啊……现在没有了，虚荣不了了，我上哪儿去从来都不再说我有，我没有，就是穷！有就是有，没有就是没有。

然而，"不跟人家比"并不意味着完全不比较，而是选择性地与那些境况不如自己的人相比。受访老人将自己与那些更不幸的人相比，以强调自己的优势。C 大妈和 Z 大妈认为，比起那些没有退休金的老人，起码自己有工资，"比上不足，比下有余"。LF 大妈说自己"比中等户稍微低一点，比那低等户呢又高一点儿"。CR 阿姨也说："我最起码有个窝呀，有的人连房都没有啊。"T 大妈说，像她这样的"困难户"街道上"独一份儿"。可是，T 大妈总是"来回想"——不是"不能与人家比"，而是"得想那低的，别想那好的"：

> 你像那楼上的都换那个小彩电贴（挂）在墙上了，咱们行吗？那一台电视要花一万多块吧，几万块？是啊，咱们行吗？咱甭比，咱比低的，别比高的。你想那困难的，别想那好的……你像那普通的，我们这院里那绞花的花工，他说："我们还不抵阿姨（指保姆）呢。"

是啊，还真不抵阿姨的，"阿姨那钱，甭管多少钱，人家装腰包。那1000多块，一个月都装腰包了"，他说，"我们这1000多块得租房子，是吧，得吃饭"。这个真的，困难户多着呢。

L 阿姨、H 大妈、X 大叔和 T 大妈则直言，自己生活在北京市区，比起山区和农村"要强得多了"。L 阿姨说："你要说在这儿，人就觉得你穷，比不上了。你要到了穷地方，就（算得上）富了。是不是啊？这地方跟地方不一样。"CR 阿姨与她东北的妹妹相比，"她不蹦去，她就吃不上饭"，而"我不蹦去我就能吃上饭"，不由得感慨"北京总比外地强"。

这种选择性的比较降低了可比较的标准，减少了贫困老人的相对剥夺感，有助于缓解贫困耻感的压力。但是，为了增加个人自身的主观幸福感和提升自尊心而进行向下的社会比较，则对那些更不幸的其他人进行了污名化。从长远来看，只会分化贫困和低收入群体，不能利用贫困人士的集体增权。

重新界定需要：人生的多重维度

有的受访老人还重新界定自己的需要。C 大妈反复提及，"穷日子过惯了"，哪怕"要抓着 500 万块，我这穷日子我还舍不得"，对自己住的院子还会"惦念"。对于饱受疾病折磨的 CA 大妈来说，"平平安安就得了"。T 大妈谈到院子里的高龄退休干部相继去世，言辞间的幽默流露出看淡人生起落的释然。她叹了口气说："唉……这院的人也快没了，还剩仨老头。老太太也依着走……最近死了两个了，一个 C××，一个 Z××，Z×× 是最高检察院的。唉，我们就说这下子，人没了，钱也没了。"M 阿姨说："物质上的条件我不是特别想象（需要），但精神生活是需要。"她举例说："你说要是两天不看报纸，哎呀，我受不了，我觉得难受。"M 阿姨感悟生命本身就是一种馈赠，人的欲望在生命面前显得太渺小：

> 人的欲望是无限的，没完没了的，那你今儿想要这个，明儿还想要那个，永远没有完。像我们这个年纪的人，已经都把这些事看得很淡很淡了，因为你已经是有今儿没明儿的人了，那你何必不把现在能过成什么样子……能过得好一点，就过得好一点。

受访老人所强调的"想得开""看淡了"，正是通过反复的自我对话，告诉自己，也告诉听取故事的人们，生命的意义除了物质需要外，还有许多其他维度，比如健康的身体（如 WZ 大爷、CA 大妈）、精神的自足（如 M 阿姨）、对一种生活方式与关系的眷恋（如 C 大妈），以及对生命本身的体悟和珍视（如 T 大妈和 M 阿姨）。正是通过重新界定人生需要的方式，贫困老人识别了新的人生维度，而降低了贫困耻感的压力。

贫困老人对需要的重新界定，让我们看到了他们对生命的体悟和对物质欲望的超越，这是他们内在抗逆力的直接体现。然而，这种重新界定需要的方式，何尝不是物质资源匮乏条件下的无可奈何？在个体层面，这种重新界定需要的方式固然有助于贫困老人降低耻感，但社会政策的研究者和工作者却不应将贫困老人扭曲和压抑其的基本需要视为合理和应然。

（2）自我肯定

受访老人还通过肯定自我与人生，以回应贫困带来的自我贬损。在自我价值方面，主要包含对自我能力与自我品质的肯定。

对自我能力的肯定

回忆过去，老人们认为自己在年轻时候的能力毋庸置疑。C 大妈骄傲地谈到自己年轻时，既会做瓦工活，又会缝制衣裳，算账"比算盘还快"，她说"吃苦耐劳我是能的"。WZ 大爷神采飞扬地谈到年轻时在国有工厂工作，"立式、卧式车床都开过"，而且负责宣传工作，"打乒乓球、踢足球、举重，都行"。

T 大妈很高兴地说自己"年轻时候会做活，哪个老太太也比不了我"。Z 大妈也羞涩地表示，自己即使年纪大了，"干活也不赖"。

受访老人在关于当下的故事里，也凸显不同程度的存留的能力（reserved capacity），尤其体现为有控制感。这在 C 大妈那里，意味着保持经济独立，"自个儿花起来硬气"，不找儿女"伸手"要钱。在 X 大叔那里，即"目前来讲，在能力范围内"。在 WZ 大爷、CR 阿姨和 M 阿姨的眼里，对当下的控制感意味着能够自决、不受束缚。WZ 大爷说："这人要是没有主见就完了。"CR 阿姨也说："自己的事情自己拿主意。"M 阿姨明确表示，自己是非常向往自由的人，"不喜欢受指使"。她说自己尽管努力"适应社会"，但对生活有自己的原则和底线，"该清高的时候照样还是会清高，不会随波逐流"。

贫困老人对当下的控制感还表现在他们自信"能把生活安排得有滋有味"。例如，CA 大妈说自己"少花钱，多办事"。而 CC 阿姨和 M 阿姨还坚持在物质匮乏的条件下保持个人爱好。CC 阿姨说自己喜欢手工艺，"捣鼓些小玩意"。M 阿姨喜欢门球运动，还拿到了门球裁判的资格。M 阿姨因患眼疾而错过了当年赛季，惦记着等自己痊愈了便延续这一爱好，她说："我也别活得这么难受，要不然总得去找点事，我会把自己的生活尽量安排得有滋有味吧。"

贫困老人存留的能力还表现为出色的社交能力。用他们的话说，就是"人缘好"。例如，C 大妈善于协调邻里关系，尤其强调自己"不传闲话"。WZ 大爷认为自己有人缘，"会见机行事"。而 Y 大妈说自己"社交广"，通过在公园跳舞能找到兴趣相投的朋友。T 大妈为自己没有与他人"斤斤计较"的"毛病"而感到自豪，她很骄傲地说，院子里的这些家庭"没有反对我的"。M 阿姨也认为自己"到现在这大朋友小朋友的，朋友也不少"。

对个人品质的肯定

受访老人还善于肯定自身的优秀品质。他们将对艰难困苦的忍受力视为自己最重要的个人品质之一。例如，C 大妈直言自己"吃苦受累不在话下"。T 大妈即使到了 84 岁高龄，洗床单、被套这样的活计也不愿假手于人，"双面的洗不动"，她就"一片片洗，洗完了使机器轧（甩）去"，她说自己"就那么钢铁劲儿，自个儿佩服自个儿坚强"。X 大叔略带神伤地谈及自己支边那些年的"受的罪"，他说自己"受苦受累行"。

乐观、开朗是大多数受访老人都提到的个人品质。CC 阿姨说："你要不乐观，老愁眉苦脸也不行。就得乐观着点儿，我这在家一人儿，我都不闷得慌。"WZ 大爷说："要心情开朗，自己不跟自己较劲。"Y 大妈、Z 大妈和 T 大妈也都是这样的"乐观派"，她们或保持多样的兴趣，或"疙疙瘩瘩不往心里去，没有想不开的事儿"。

善良、乐于助人，也是不少受访老人自我肯定的个人品质。用老人的话说，他们"心肠好""心眼儿好"。C 大妈说自己就是这样一个"好心眼搁头上"的人：

> 人家不是说"宁修十座桥，不拆一座庙"吗，我说对，好心有好报。我就觉得，多干好事，少干坏事……打小我就这脾气，到现在还

这样。

WY 大妈直言自己是个急人所急的人，"你甭瞅我们穷，（我们）心眼好"。CR 阿姨认为自己"心肠软""不长坏心眼"。

正直与清白也是许多受访老人强调的重要品质。比如，他们把捡破烂诠释为"劳动""不偷不抢""清清白白，不寒碜"。C 大妈自豪地评价自己："我做什么事我都对得起儿女，对得起街坊四邻，对得起社会。我说我这一辈子，我活了六十多岁了，三条大道不犯——不走贼不养汉，不偷粮不盗米，我历史清白。"因而她说自己"不觉得惭愧"。Z 大妈则用自己上早市买菜准时还钱的家常事，讲述了诚信对她的重要性。T 大妈、H 大妈和 WZ 大爷也表示，自己"宁可吃亏也不贪便宜"。

对人生的肯定

贫困老人还延伸到整个生命历程，给人生以正面的总结。对于贫困老人，特别是高龄贫困老人来说，能够在艰苦的生活中存活至今本身就是一种成就。T 大妈在访谈中不断重复"不知道怎么活过来的"。历尽艰难困苦活到今天，T 大妈直言"不容易，活着"。YG 大妈多年前患有晚期宫颈癌，"不知道死活"，那段时间她的丈夫也得了抑郁症。"他死了，我倒是活到现在，没死。"当 YG 大妈语带调侃地讲述人生的戏剧性结果时，饱含对自己奇迹般存活至今的感叹。生存至今对 H 大妈和 W 大妈来说本身就是一种胜利。W 大妈说："我没想到我能活到现在，没死，了不得，活过来了。"

面对贫困耻感的压力，关于意义的追寻——不论是对于贫困经验本身，还是对于自我与人生，都贯穿受访老人的生命故事，成为抗逆力的重要主题。

5. 多重压力下意义创造的路径

综观贫困老人面对经济压力、老化与疾病的压力、逆反哺与照顾配偶的压力以及贫困耻感的压力所进行的意义创造，可以发现，贫困老人通过主观诠释以回应多重压力的路径主要有两条：一是重构贫困经验，二是追寻自我价值。重构贫困经验包括对现状、需要、穷人身份的重新界定。其中，对于现状的重新界定主要通过参照过去的纵向比较、与更低阶层的横向比较，以及将自己的境况概化，将当下的生活视为"相对的幸福"；对于需要的重新界定主要通过发现并偏重人生的其他维度,从而转移在多重压力下对物质资源、医疗资源、照顾资源的需要;对于穷人身份的重新界定主要通过重新界定贫困,将自己划出穷人群体,从而重构身份认同。贫困老人追寻自我价值的方式亦多样化,包括在艰苦的生活中找到成就感,通过重构病人与老人的身份,不屈服于疾病与老化的压力、肯定自身存留的能力、肯定个人的质量、将存活至今视为成就。对自我价值的追寻充分显示了他们在逆境中拥有丰富而有力的意义系统,这是抗逆力的最好证明。

　　然而,尽管在个体层面重构贫困经验有助于缓解贫困老人的多重压力,社会福利的研究者和工作者却不应将贫困老人对现状、需要和穷人身份重新界定的方式视为合理和应然。这是因为,一方面,贫困老人通过与更低阶层的社会比较,以及通过重新界定贫困而将自己排除出穷人群体,这虽增加了个人自身的主观幸福感和提升了自尊心,却对那些更不幸的人进行污名。从长远来看,这样只会分化贫困和低收入群体,不利于贫困人士的集体增权。另一方面,贫困老人通过发现并偏重人生的其他维度,从而转移在多重压力下对物质资源、医疗资源、照顾资源的需要,这实际上是对人类基本需要的无奈的扭曲和压抑。

第七章

讨论与反思

本章将基于前文的研究发现，对中国城市贫困老人的多重压力和主要的保护性因素进行讨论。其中，本章的第一节将简要讨论多重压力的识别对于老年贫困研究的现实意义。第二节聚焦于抗逆力的外在保护性因素，讨论在非正式支持日趋弱化的情况下，亟须加强非正式支持。第三节聚焦于抗逆力的内在保护性因素，对工具性策略与意义创造的联结进行讨论；通过内外保护性因素的比较，识别贫困老人中更脆弱的次群体。第四节则概括了本研究对社会政策的启示。

一 多重压力：中国城市贫困老人的多重困境

近年来，"精准扶贫"这一扶贫理念受到学界的广泛关注。本研究所揭示的城市贫困老人的多重压力，有助于精准识别城市老年人中最脆弱的群体。老年贫困在客观上具有相对剥夺、多重面向、持久性的特点，且需要在家庭成员的经济关系中来考察。这些特点如何反映在中国城市贫困老人的主观经验中，即贫困对老人主观经验带来哪些负面的影响，尚未有明确的理论解释。本研究以压力的概念为起点，发现处于长期贫困中的城市老人所获得的资源与其感受到的需要之间出现落差，而引起四种主要压力——低微收入或无收入带来的经济压力、老化和疾病的压力、逆反哺和照顾配偶的压力，以及贫困耻感的压力。贫困对他们而言，并不仅仅意味着经济资源的匮乏，而是多重压力的相叠。

在这四种压力中，经济压力是我们对贫困影响最直观的理解，也在现有的研究中得到最多关注。而老化与疾病的压力，学界往往以"因病致贫"或"贫病交加"的角度予以研究（Pryer，1993；Hulme，2003；Hulme & Shepherd，2003）。在发展中国家，越来越多的老年人受到健康问题的困扰，这一问题与低收入相关，而且他们的饮食和营养状况与这些情况相作用（Lombard & Kruger，2009）。在我国的社会政策领域亦有大量针对老年人的医疗保障问题的研究，尤其伴随着近年来中国大陆的医疗体制改革，掀起了关于老年人医疗费用负担及相关社会政策的新一轮研究热潮。在本研究中，发现贫困老人在温饱与医疗需求之间的艰难抉择，以及对疾病到来的惧怕与担忧所引起的紧张和危机感。

本研究关于贫困老人逆反哺与照顾配偶的压力，指的是由于子女残障、常年患病、低收入或正在就学等因素，老人不得不在经济上以自身收入补贴子女，并在生活上照顾子女或未成年的孙子女，由此产生的经济紧张与劳务负担。老年人与年轻一代共享住房、退休金或从非正式就业中获得有限收入，这种资源共享的现象在现有的研究中日益得到关注。不少发展中国家的研究表明，老人的退休金常常纳入家庭收入中，退休金虽然是支付给个人的，但它贡献于整个家户的收入，年轻人尤其是孙子女获得了较大比例（Sagner & Mtati，1999；Liu et al.，1999；Lombard & Kruger，2009；Gaminiratne，2004）。类似的模式也出现在国内个别学者的研究中，例如，早在20世纪90年代，车茂娟（1990）就提出"逆反哺模式"，指代伴随着80年代的城市经济体制改革，我国出现老年父母在经济上支持子女的一种反向抚育关系，典型地表现为城市老年父母为未婚子女筹备结婚用品和费用。同样是一种反向抚育关系，而本研究不仅发现贫困老年父母在这种代际关系中的经济紧张，而且进一步展现了他们因此所承受的劳务负担。

本研究显示了城市贫困老人除了经济方面、生理方面和劳务方面的压力之外，还在情感上感受到贫困耻感的压力，它让我们正视贫困容易令人忽视的心理后果。贫困耻感与文化背景有关。中国传统文化中以贫困为耻，《礼记·礼运篇》指出："饮食男女，人之大欲存焉；死亡贫苦，人之大恶存焉。故欲恶者，心之大端也。"贫困与死亡并列作人之大恶。其实，耻感是与贫困的内核紧密相连的。Sen认为，贫困的相对性部分源于这样一个事实，即某些需要的绝对满足可能取决于一个人以同样方式相对于别人所处的位置。他引出对"必需品"的定义不单是维系生命，还包括社会习俗中的可靠之人（credible men）所遵循的生活习惯。不能满足常规的要求而产生耻感，这解释了贫困耻感因何而来。耻感是对自我的负面观点，它包含对自我的贬低（a low regard to the self），感到低人一等（inferior）、无力（powerlessness）、缺乏尊严（lack of dignity）和没有价值（worthless）（Kaufman，1996）。作为社会排斥的心理后果，耻感与自豪感相反，前者是受威胁的、严重的和不安全的社会联结的信号（Scheff，1990，2003）。耻感对于我们理解贫困很重要，国际上这方面的研究主要集中在贫困耻感的表现（如 Chase & Walker，2013），但很少从个体能动性的角度考察贫困个体对耻感的回应。本研究呈现了贫困老人耻感压力的具体表现，并展现了他们通过关于贫困的自我对话与肯定自我价值来回应耻感压力的两条路径，以及动员正式和非正式的社会支持来回应贫困耻感压力的机制和结果。这或许能为后续的比较研究抛砖引玉。

对以上四种压力的识别，一方面，启示我们需要从主观经验的角度去认识中国城市贫困老人的多重困境，并从精神健康方面关注贫困老人感受到的危机与长期紧张。另一方面，社会政策将人口中的次群体界定为贫困或有需要，但人们的贫困或有需要的方式并不相同（Fisher et al.，2009），这在老年人中也是一样的。通过对贫困老人四维压力的认识，有助于我们精准识别不同的贫困老人的需要，以及发现他们中最脆弱、最需要帮助的老人。

二 外在保护性因素：社会支持的再审视

有关抗逆力的文献，不论是关于儿童（如 Luthar, Cicchetti, & Becker, 2000；Masten, 1999），还是关于成人的（如 Klohnen, 1996；Zautra, Hall & Murray, 2010；Ryff & Singer, 2000），都强调社会支持是重要的外在保护性因素。社会支持对老年人维持生活质量、促进更好的健康结果很重要。它能够缓冲压力对于生理和心理的负面影响（Bisconti & Bergeman, 1999；Fagundes et al.，2012）。那些从他人那里获得更多支持的人有更好的精神和生理健康（Uchino, Cacioppo, & Kiecolt-Glaser, 1996）。与家人和朋友有良好关系的老人，比那些没有这些良好关系的人，其死亡率和发病率都较低（Uchino et al. , 1996）。

倘若研究者仅将调查停止于此，那么除了列出一箩筐的保护性因素外，便没有更多积累。若要将对抗逆力现象的理解向前推进，那么很有必要研究这些保护性因素阻止预期的负面结果，或是促进积极结果的过程（Luthar & Zelazo, 2003）。社会支持对提升老年人抗逆力的作用已成共识，但既有的抗逆力研究鲜有探讨老年人的社会支持如何得以实现，而且忽略了各类社会支持的实现条件对老年人的抗逆力可能产生的影响。本节将在研究发现的基础上，分别总结非正式的社会支持（包括自下而上的代际支持和其他形式的非正式支持）和正式社会支持的实现路径，在此基础上讨论不同形式的社会支持对于缓解中国城市贫困老人多重压力的实际效果，并得到相关启示。

1. 日趋弱化的非正式支持

在以往的研究中，来自子女的代际支持往往被认为是帮助老人克服逆境最重要的支持来源。包括中国在内的东亚国家和地区一直以强固的家庭凝聚力而著称，突出体现是，在这些国家和地区，至少一个孩子（尤其是儿子）与父母居住，照顾他们的老年生活（Whyte & Parish, 1984）。老者是家庭的中心，家庭伦理强调父慈子孝、尊老爱幼（杨菊华、李路路，2009）。在中国大陆，学界关于子女对老年人的支持是在"养老"这一话语体系下展开的。家庭养老在中国被世代推崇。不同于西方的"接力模式"①，中国养老模式遵循的是"回馈模式"（费孝通，1983），即甲代抚育乙代，乙代赡养甲代，乙代抚育丙代，丙代又赡养乙代，下一代对上一代都要回馈，对老人最主要的支持来自家庭内的子女。例如，张友琴（2001）基于1996～1998年对厦门市城区和农村老年人生活与供养状况的两次大型抽样调查，发现我国老年人的晚年生活主要是依靠非正式的支持网络，而家庭支持又几乎成为非正式支持的全部。也有学者聚焦于当代中国老年人与子女之间的经济流量，亦得出相似的结论：城乡老人总体上代际经济流动方向都是子代流向父代，说明子女供养老年人仍然是我国养老的主要方式（郭志刚，1999）。

---

① 在西方是甲代抚育乙代，乙代抚育丙代，即一代一代接力的模式，简称"接力模式"（费孝通，1983）。

从本研究的发现来看，家庭伦理观和家庭保障功能仍在发挥作用，尤其在为贫困老人提供照顾、精神慰藉方面，自下而上的代际支持起到不可替代的作用，但这种家庭养老模式为贫困老人提供的支持非常有限。面对经济压力，贫困老人与其子女大多同属于低收入群体，来自家庭自下而上的财政转移并不能成为缓解贫困老人经济压力的可靠来源。在经济生活中，贫困老人是"不得已的自立"。面对老化与疾病的压力，贫困老人的医疗费用多数由自己承担，子女的经济支持对于缓解老化与疾病的压力极为有限。在家庭养老模式下，学界普遍认为，以子女为核心的非正式照顾网络对患病老人的长期照顾发挥着十分关键的作用（熊跃根，1998）。但本研究发现，虽然低收入的子女们能在照顾和精神慰藉方面提供支持，子女的照顾支持却易让贫困老人陷入生存的两难境地，代际支持隐含着一种张力。当贫病交加的老人由同样患病的子女来照顾时，以牺牲一方来照顾另一方的关系令代际的张力更强烈：得到子女的悉心照料和关怀固然有助于缓解贫困老人的生理痛楚，但其会因拖累子女的愧疚而产生隐性的压力。尤其是患病子女将有限的家庭资源向老人倾斜而忽略自身健康，这让贫困老人陷入"生存的左右为难"。面对逆反哺的压力，作为照顾者的贫困老人以自我牺牲的方式将有限的家庭资源向被照顾者倾斜，尽管不同住的其他子女能提供一定的支持，帮助缓解贫困老人的照顾压力，但这些支持显得心有余而力不足。面对贫困耻感的压力，贫困老人能够从子女的孝顺中得到情感支持。子女的情感支持虽能缓解贫困老人逆反哺和照顾配偶的压力以及贫困耻感的压力，但没能满足其现实的需要。

可见，自下而上的代际支持不是必然的，这取决于家庭经济资源、家庭成员的生理条件、家庭关系、家庭伦理等各种因素的良性互动。在多重压力下，贫困老人与子女的互动既表现为代际团结，又隐含着代际张力。在代际团结和代际张力的共同作用下，自下而上的代际支持作为抗逆力的保护性因素所起到的作用极为有限，即家庭养老的"回馈模式"不足以缓解城市贫困老人的多重压力。

与此同时，贫困老人的其他非正式支持所能起到的作用也很有限，这尤其体现为扩展家庭支持和邻里支持的薄弱。传统上，扩展家庭被认为是重要的家庭支持来源。组成网络的家庭意味着更频繁的互动（如探访、分餐）、礼物和金钱的互相交换、情感交换，需要时给予帮助（如照顾病人和孩子），以及家务方面的帮忙（康岚，2009）。20 世纪七八十年代以后，家庭社会学领域的研究者进一步肯定亲属网络在社会转型中的积极作用，典型的如社会资本和社会网络的研究（唐灿，2010）。而本研究发现，贫困老人与扩展家庭的互动遵循着人情伦理下的互惠关系，这决定了他们从扩展家庭那里得到的支持是很有限的。面对经济压力，只有少数老人得到扩展家庭的经济支持，其他老人极少与扩展家庭有经济往来。"礼尚往来"的关系往往带来新的经济压力，令贫困老人的生活更拮据。那些对亲戚的经济支持无法回报的贫困老人往往抗拒这种支持，甚至被动减少或中断与扩展家庭的联系。面对疾病与老化的压力，扩展家庭对患病贫困老人的支持属于少数，且这种支持是偶尔和少量的。由于互惠关系破裂，这还可能令扩展家庭与贫困老人更加疏远。面对逆反哺和照顾配偶的压力，扩展家庭的支持只是偶尔为之，且在很大程度上遵守"有来有往"的互惠原则。面对贫困耻感的压力，与扩展家庭的互动可能进一步加深贫困老人的耻感，尤其是那些无法与扩展家庭维持互惠关系的贫困老人。因此，他们更多的是无奈地选择与扩展家庭保持距离。因此，在多重压力下，扩展家庭对贫困老人的社会支持很有限，不能满足互惠关系的老人可能因此产生新的压力。

贫困老人与邻里的互动也是以互惠原则为基础的。面对经济压力，个别受访者频繁得到邻里的物质帮助，但这种经济支持是需要回馈的。当互惠关系得不到满足时，贫困老人极少获得邻里的经济支持。贫困老人与邻里之间的关系总体上较为疏离。面对疾病与老化的压力，在社交生活中较为活跃的贫困老人通过施展技能、分享经验等非物质的形式回馈邻里的情感支持和实际支持，在与邻居的交往中为自己建立了稳固的支持网络。而那些在社区活动与邻里交往中相对沉默的贫困老人，则很少和邻里深入交往，也极少得到邻里的支持。这些在社区中更为边缘化的贫困老人，以及那些连值得回馈的技能和经验也没有的贫困老人，需要我们给予更多的关注。面对逆反哺和照顾配偶的压力，邻里的情感支持成为贫困老人的"疏压阀"。同样的，那些在社交中不活跃和较为沉默的老人则难以得到邻里的情感支持。

一些研究（Auslander & Litwin, 1988; McLeod & Kessler, 1990）显示，相较于经济上更优越的家户，低收入户的需求更多，且经历更多的长期的生活磨难和不利的经济事件，同时他们的社会网络更少，且这些网络在经济上更具劣势。这些生活问题和网络特质频繁地导致低收入人士不能从其社会支持网络中获得所需的援助（Jayakody，1998；Mickelson & Kubzansky，2003）。从本研究来看，社会网络的数量稀少只是导致贫困老人不能从其支持网络中获得所需援助的表面原因，其深层原因在于贫困老人受限于满足互惠关系的能力。拥有社会关系并不等同于从这些关系中获取支持，因为这些潜在的资源可能产生某些要求（Lazarus & Folkman，1984）。既有的研究虽然看到社会支持作为抗逆力外在保护性因素的积极作用，却忽略了满足各种社会支持的条件，以及不能满足这些条件时可能带来的副作用。

在代际团结和代际张力的共同作用下，自下而上的代际支持很有限，甚至可能产生新的压力。而贫困老人维持与扩展家庭、邻里等支持网络的互惠关系也颇感吃力，这决定了他们得到的其他非正式支持也是很有限的。尽管文献中强调非正式支持作为保护性因素的重要作用，但对城市贫困老人来说，非正式支持的严重弱化令其保护性因素的作用大打折扣。

然而，城市贫困老人的非正式支持尤其是家庭/族支持的弱化尚未引起足够的重视。在我国，子女赡养老人的义务（"孝道"）根植于道德教育，并通过法律强制推行。从社会政策制定者的角度来看，由于正式服务很可能会削弱家庭责任，因而家庭提供支持与照顾理所当然地被认为是天然的、由义务感驱动的，是义务和责任（Leung，1997）。尽管家庭是救助困难人士的最主要来源，且家庭的经济支持和照顾提供仍然普遍，但老年家庭支持日益削弱的事实看起来在所难免（Leung，1997）。尤其伴随着改革开放开启的社会转型，老人个人及其家庭应对贫困风险的能力大为削弱。尤其是改革后中国的社会政策借鉴了当时新右派或新古典经济学派的理念，以"效率优先、兼顾公平"作为中国经济体制和社会保障制度改革的基本原则。同时，经济体制改革之初"先富带动后富"的假设，以及通过经济发展令社会问题得以自动解决的观点，使政府从社会福利中的退出不仅有西方经验可资借鉴，更有本土理论提供支持，结果是家庭和个人被重新界定为社会保障责任的主要承担者（徐月宾、张秀兰，2005）。凡是有家庭的社会成员，首先须依靠家庭来满足其保障和发展的需要，政府和社会只有在家庭出现危机或遇到通过自身努力无法克服的困难时才会干预。这种社会政策的指导思想突出体现在本书第五章所发现的社会救助审核门槛内外各有不足的现象。虽然得到基本生活保障，但对于那些同时承受多重压力的城市贫困老人来说，每月四百多元的低保金有如杯水车薪——温饱尚可，却不足以同时回应多重压力的挑战。对此，老人最常挂在嘴边的是"不够"。然而，能够领取低保金的老人仍是少数，过高的审核门槛为贫困老人通过社会救助应对经济压力设置了障碍，从而将真正需要支持的贫困老人排除在外。那些没有退休收入却排除在最低生活保障之外的老人不得不忍受贫困衍生的多重压力，从而削弱了贫困老人的抗逆力。而福利养老金和"一老一小"医疗保险的出台虽是从无到有的变化，但其过低的保障水平仍凸显家庭和个人作为社会保障责任主要承担者的政策基调。

对此，有学者批评社会政策中的国家主义立场，即在计划经济时代国家包罗万象、居高临下地对家庭事务过多干预和侵入，未能尊重其作为私领域的生存和发展空间，而在市场经济时期则让家庭承担社会成员的各种困境，未能通过有效的政策和服务措施保护家庭，这种"家国同构"的逻辑极大地损害了家庭的生存环境和利益，也破坏了社会公平（吴小英，2012）。这一政策取向亦使转型时期的中国家庭陷入一种明显的政策悖论中：一方面，中国的社会政策赋予家庭以重要的社会保护责任，使家庭成为满足社会成员保障和发展需要的核心系统；另一方面，家庭变成了老人及其他生活在家庭中的弱势群体获得政府和社会支持的障碍——一个拥有家庭的社会成员就意味着得不到政府或社会的直接支持（张秀兰、徐月宾，2003）。

总体而言，在剧烈的社会变革中，来自社会政策的制度性支持与个人及家庭所面临的保障危机是极不匹配的。一方面，在代际团结和代际张力的共同作用下，自下而上的代际支持作为抗逆力的保护性因素所起到的作用极为有限。而且，经济改革正给家庭带来深远和快速的影响——随着家庭小型化、代际地理的距离增大、女性更多地参与劳动力市场，以及上升的离婚率，潜在的家庭照顾者减少了，所有这些都影响家庭为老人提供照顾和支持的能力和意愿（Peng，2002）。另一方面，当今社会中家庭生活的重心移向了年轻一代，新老两代人的供养关系正在由"反哺式"向"接力式"转变，养老模式更加向个人责任、借助于社会化的途径方面发展

（姜向群，2007）。在这样的背景下，同属低收入人士的子女对贫困老人的支持更显得心有余而力不足。对贫困老人来说，回归家庭养老（依靠自下而上的代际支持）是不现实的，为了克服贫困衍生的多重压力势必需要正式社会支持的介入。

2. 亟须加强的正式支持

在中国城市贫困老人的非正式社会支持日趋弱化的情况下，抗逆力被广泛视为一种个人的性格、家庭特质、社区现象，这是不够的，因为贫困不仅仅是个人的问题，同时是一个社会问题，有意义的解决办法和应对方式必须是结构性的（Seccombe，2002）。在前文研究发现的基础上，笔者从以下四方面对正式的社会支持展开进一步讨论。

（1）从选择性福利模式转向适度普惠型福利模式

长期以来，除了与单位体制相连的职业福利之外，我国实行的是选择性/补缺型福利政策，即对社会上最无助的人（如"三无"人员）进行生活上的救助。在福利观念上占主导地位的是个人（家庭）责任观，即个人及家庭要对自己的贫困负责任。这种福利观来自传统农业社会家庭作为生产、生活共同体的实际，来自以此为基础的儒家思想、道家思想文化和福利意识形态（王思斌，2001）。这种福利模式因只能提供极为有限的保障而日益受到诟病。以反贫困的社会救助制度为例，现行社会救助基本上还是延续传统的救助理念，即以个人或家庭的收入调查为基础，只有那些个人或家庭收入低于政府确定的救助标准的人才可以获得救助。以这种理念为基础的救助，无助于贫困老人摆脱贫困，却可能长期维持一个包括贫困老人在内的最低收入阶层。若收入补助之外的其他社会救助继续以这部分人为对象，又会令那些收入略微高于政府救助标准的人感到较明显的相对剥夺（洪大用，2005）。而且，不论是最低生活保障，还是福利养老金，都不可避免地因标签效应而令接受保障的老人蒙受耻感。

鉴于选择性福利模式的诸多弊端，近年来适度普惠型福利模式在国内得到广泛的探讨。2006 年时任民政部副部长窦玉沛在"全国养老服务社会化工作会议"上提出老年服务对象要向适度普惠型发展，他指出："过去相当长的一个时期，我国老年福利服务保障主要限于城乡'三无'（'五保'）老人。近些年来，在推行老年福利服务对象公众化的进程中，老年福利服务保障的对象范围逐步拓展。"对于适度普惠型福利的优点，徐月宾等人（2007）强调适度普惠型福利的预防性而非补救性；在制度效果和效率上，普惠型福利操作简单，可以避免选择性社会救助对贫困户进行生计调查的困扰或出现"瞄偏"的情况。

从本研究的发现来看，适度普惠型福利对于贫困老人的重要意义还在于降低甚至消除贫困耻感的压力。普惠型福利模式的背后是公民的社会权利观，站在 Marshall（1950）的公民身份和社会权利理论的立场上，国家有责任正视贫困人士的社会权利，应当为其提供社会保障和福利服务，让社会成员过上符合一般社会标准的生活。这种社会权利观有助于消除人们将贫困进行自我归因的方式。我们看到，退休金、最低生活保障、福利养老金和"一老一小"医疗保险，这些与贫困老人密切相关的社会政策具体措施，不同程度地缓解了贫困老人的多重压力，相较之下，正式的退休保障对缓解贫困老人的多重压力是最显著的。稳定又相对充足的退休金带来的经济安全，极有利于增强贫困老人回应经济压力的抗逆力。退休待遇涵盖较高偿付额度的医疗保险，这令贫困老人在面对疾病带来的经济压力时相对从容。在那些享有稳定退休金的受访老人身上，贫困耻感的压力较不明显。

目前，我国的社会政策呈现向普惠型发展的趋势。在本研究中，北京市福利养老金和"一老一小"医疗保险的出台便是旨在将原先没有任何社会保障的老人纳入养老保障的体系中来，这种从无到有的变化增强了贫困老人面对经济压力和疾病压力的抗逆力，并且二者有助于无退休收入的贫困老人摆脱"家庭依赖者"的自我形象，在一定程度上缓解了贫困耻感的压力。随着城市养老保障和老年医疗保障全覆盖，从选择性福利模式转向适度普惠型福利模式成为必然。

在"普惠"方面，适度普惠型社会福利不仅要面对社会上最无助的人群（如传统的"三无"老人），而且要面对一定区域中的所有居民，其中包括形式上有支持者但实际上因支持者缺乏支持能力而陷入困境的人群。从本研究的发现来看，社会救助过高的审核门槛为那些无法得到子女赡养的贫困老人申请制度支持设置了障碍；面临逆反哺与照顾配偶压力的贫困老人也尚未被纳入社会政策的视野。现有政策应当扩大既有的福利对象，将那些真正有需要的贫困老人纳入社会保障的范畴中。而在"适度"方面，福利养老金更突出的是"福利"的性质，其极低的保障水平令这项养老金政策的象征意义大于实际作用，对于贫困老人多重压力的缓解相当有限。而"一老一小"医疗保险的偿付额度也不足以回应贫困老人的疾病压力。因此，这部分贫困老人的保障水平有待进一步提高。

值得注意的是，在本研究资料收集工作结束后，北京市的社会救助政策有了令人乐观的进展。例如，最低生活保障制度进一步提出分类救助的新办法，即根据申请家庭困难情况，在对申请家庭收入做适当核减后再计算家庭人均收入，这包括申请家庭中有罹患重大疾病或重度残疾人的家庭，以及法定抚养人达到60周岁的家庭。① 北京市城乡医疗救助方面，进一步对特困供养人员、最低生活保障人员和生活困难补助人员采取相关医疗费用减免、取消医疗救助起付线等措施。② 这些政策进展正式将贫困老人逆反哺和照顾配偶的压力纳入社会救助的视野，并进一步关注贫困老人的疾病压力。然而，这些措施的实际效果仍有待后续研究进行考察。

（2）由个人的抗逆力转向家庭整体的抗逆力

子女的支持是在代际团结和代际张力的共同作用下实现的，这一发现也启示我们将贫困老人个人的抗逆力转向家庭整体的抗逆力。在中国，家庭一直被当成"私人"领域而没有得到足够的重视。吴帆（2012）以内容分析的方式对我国相关的社会政策进行梳理，发现中国直接或间接涉及家庭的政策数量并不少，但缺乏普遍的专门以家庭为基本单位的家庭政策。对家庭在政策层面上的支持大多散见在综合性法律和综合性法规条例中，只有低保政策和计划生育奖励扶助制度是专门以家庭为对象的政策。整体上，我国的家庭福利政策仍主要表现为补缺模式，即重点救助问题家庭与那些失去家庭依托的边缘弱势群体，而那些拥有家庭成员的人们则必须首先依靠家庭来保障其生存与发展需求，政府和社会只有在家庭出现大范围的危机或困难时才会以应急的方式进行干预（胡湛、彭希哲，2012）。然而，中国家庭正遭遇前所未有的风险，它在中国社会转型的过程中为社会成员提供了最重要的社会保护责任，却很少得到政府和社会的支持，在整

---

① 《关于调整完善我市城乡医疗救助制度的意见》，2014，http://www.bdpf.org.cn/zwpd/zcfg/shbzl/c24448/content.html，最后访问日期：2017年8月15日。

② 《关于调整完善我市城乡医疗救助制度的意见》，2014，http://www.bdpf.org.cn/zwpd/zcfg/shbzl/c24448/content.html，最后访问日期：2017年8月15日。

个社会政策领域中家庭甚至是一个少被提及的概念（张秀兰、徐月宾，2003）。

城市贫困老人逆反哺与照顾配偶的压力就是在这样的政策背景下被忽略的。像 CC 阿姨、C 大妈、WZ 大爷、WY 大妈、Z 大妈、CR 阿姨等这样的贫困老人，由于子女低收入、残障、刑满释放、在校求学等原因，而不得不以微薄的收入补贴子女和孙子女，还要承担长年累月照顾他们的劳务负担，实际上是让城市贫困老人个体为社会政策的功利性选择付出代价。此外，比起单向的代际支持，代际团结与代际张力的结合更适于解释贫困老人与子女的互动关系，这样的发现让我们聚焦于贫困老人家庭整体的抗逆力。代际团结有利于聚集经济或情感支持、提供照顾，其中的代际支持不一定往老年人方面流动，尤其当年轻人面临经济困难时，老年人微薄的退休金对其他家庭成员来说也发挥着重要作用（Lloyd-Sherlock & Khumya，2004）；当年轻一代需要照顾时，老年人也在劳动和情感方面给予支持。在本研究中，代际团结尤其体现在贫困老人的逆反哺压力。代际张力则尤其体现在贫困老人因子女的照顾而感到歉疚，进而陷入生存的两难境地。代际团结与代际支持的同时存在，反映了贫困老人家庭中父代与子代之间的联结和牺牲，它的背后折射出以家庭为单位的社会政策的缺失。

当我们从代际互动的关系中来考察贫困老人的压力与抗逆力时，发现既有的研究过于强调贫困老人作为个体的人口特质、数量、贫困程度等，相对忽略了家庭（尤其是代际关系）对贫困老人的影响，因而提出的应对措施形成"头痛医头、脚痛医脚"的特点。仅仅将抗逆力的焦点置于贫困老人个体是不够的，若要缓解贫困老人的多重压力，势必要着眼于贫困老人家庭整体的抗逆力。近年来，学界亦有越来越多的人认识到，"所谓家庭问题其实具有明确的公共意义，它可以影响家庭成员多方面的福利水平、家庭政策、社会保障制度等，并最终影响家庭的和谐与稳定"（杨菊华、李路路，2009）。在社会层面，分配性的公共政策通过增强低收入家庭能够获得的资源和机会结构达到团体增权，有助于克服逆境、动员保护性过程（Lotz，1998；Saegert，Thompson & Warren，2001）。具体而言，一方面，社会政策与社会服务应致力于提升残障、患病、失业、低收入的成年子女的抗逆力，这将有助于极大缓解贫困老人的多重压力；另一方面，社会政策制定者与执行者应改变临时性救助的思路，为贫困老人承担家庭照顾者的角色提供全方位的正式支持。

（3）贫困老人对正式支持的代群差异

从研究发现可见，受访老人中的 M 阿姨和 N 阿姨回应多重压力的方式明显不同于其他老人。面对经济压力，她们更多地主动求助于制度性的正式支持。例如，M 阿姨主动向街道、居委会申请廉租房，并因为住房的设施和修缮问题频繁求助于居委会；N 阿姨就住房和供暖费的分配不公，主动给市长写信申诉。尽管这些尝试不一定见效，但她们锲而不舍。面对疾病与老化的压力，其他老人对与自己切身相关的社会政策表现出一种被动接受、不清楚缘由的态度。

总体而言，M 阿姨与 N 阿姨比其他受访老人有更强烈的权利意识，且更积极地求助于正式资源的支持。这两位老人与其他老人抗逆力的差别，或许可以用代群（cohort）差异来解释。代群是对不同时期的人在时间刻度上的一种划分。当我们考察老年人的福祉时，很有必要将他们作为一个社会群体置于他们所处的历史代群（historical cohorts）和他们各自的生命历程中（Desai & Tye，2009）。例如，受访老人 M 阿姨 63 岁，N 阿姨 64 岁，大体上属于"第三代人"（张永杰、程远忠，1988）。"第三代人"指的是知识青年一代，即 50 年代出生，"生在新社会，长在红旗下"的一代，他们的经历与国家的历史重合。在那个时代中，他们接受父辈们的思想以及革命传统中的教育，被卷入政治运动的洪流，之后大规模的"知识青年上山下乡"，又让他们变成"特殊的农民"。而伴随着改革开放而来的经济时代，第三代人的命运发生巨大转变（张永杰、程远忠，1988）。尤其是参与了"知识青年上山下乡"运动①，这场运动对当时整整一代人产生了深远影响。

同样属于他们这一代人的 CR 阿姨和 X 大叔，却没有她们那种争取正式资源的主动性。因为，尽管 X 大叔和 CR 阿姨都对自己颠沛流离的前半生感到"失落"与"被耽误"，现在也承受多重压力，但老年相对稳定的

① 20 世纪 60～80 年代，国家要求知识青年到农村去接受贫下中农再教育，约 1700 万名城镇中学生被下放农村。这场运动也被称为"知青上山下乡"运动，并在"文化大革命"期间达到高潮。由于上山下乡成为招工、推荐上大学的必需条件，在这种高度政治化的背景下，青年人并无其他选择（潘鸣啸，2008）。

生活让他们感到多少得到补偿。X 大叔享有最低生活保障、福利养老金和"一老一小"医疗保险，至少能保证基本的生活，他在抚养上大学的女儿的同时也看到了希望。而 CR 阿姨只有福利养老金，但至少如她所言，"还有老头可以依靠"。而 M 阿姨和 N 阿姨的家庭支持则比 X 大叔和 CR 阿姨脆弱得多。M 阿姨早年离婚后未再婚，N 阿姨一直单身，两人都无儿无女，与扩展家庭的关系也较为疏离，并且她们都没有属于自己的住房，房租开支占去退休金很大比重。在家庭支持缺失的情况下，她们对社区、社会政策所能提供的支持抱有更多的期望。因此不难理解，特殊的生命历程加上脆弱的家庭支持，唤起她们更强烈的福利诉求。

这两个特殊的个案也启示我们，贫困老人对正式的社会支持很可能存在代群差异，应当从其特殊的生命历程去理解他们的抗逆力。

（4）人情伦理的双重性对社会政策支持的影响

前文的研究发现中指出，贫困老人与居委会工作者的互动往往是从人情关系的角度出发的。为何贫困老人与社会政策基层执行者的互动会遵循人情伦理？这种人情式互动会给贫困老人的抗逆力带来什么影响？

大体而言，人情在中国文化中有三种含义（黄光国，1989）：①个人遭遇到不同情境时可能产生的情绪反应；②人与人进行社会交易时，可以用来赠予对方的一种资源；③人与人应该如何相处的社会规范，即"受人点滴之恩，须当涌泉以报"的人情法则，简称为"报"（reciprocity）。金耀基（1989）指出，从社会学的观点，"人情"二字是指人与人之间的关系，即"人相处之道"。他认为"人情"是对社会（人际）关系有约束力的文化概念。在中国的社会关系（交换）中，人们都不愿成为人情的负债者。因为欠了人情，则意味着在社会关系中失衡、失去自己在人际来往中的独立性。为了不欠人情，最有效的方法是回报别人更多的人情。所谓"来而不往非礼也"，或可说是合乎"报"的观念（金耀基，1989：93）。人情应该是算不清欠不完的，这样才能旷日持久地继续下去（翟学伟，2004）。那么，人情法则，或者说，"报"的观念，在什么样的情境中运用呢？

黄光国（1989）将人与人之间的关系分为三种。第一种是情感性的关系，它是一种长久而稳定的社会关系，讲求"各尽所能，各取所需"的需求法则（need rule）。第二种是工具性关系，即个人达到其他目标的一种工具或一种手段，这种关系短暂而不稳定，它的社会交易法则是公平法则（equality rule），它是普遍性而非个人化的。第三种是混合性关系，它大多不是以亲密的血缘关系为基础，它不像情感性关系般稳定存在，而必须借助彼此经常往来才能得以维持；它亦不像工具性关系那样具有普遍性和非个人化的特质，即交往双方预期他们可能再次进行情感性的交往（黄光国，1989：296）。混合性的关系由人情法则来维系，交往双方讲求"礼尚往来""投之以桃，报之以李"来维持情感性关系（黄光国，1989：301）。

参照这个三类关系的划分，我们可以看到，贫困老人与社会政策基层执行者之间原本是一种"公事公办"的工具性关系，讲求的是"童叟无欺"的公平原则。但是，一方面，许多居委会的工作人员常年住在当地社区，与贫困老人本就是数十年"低头不见抬头见"的邻里关系，所谓"见面三分情"；另一方面，社区干部队伍的专业建设仍较滞后，社会政策在社区层面的执行过程中存在不规范和随意性（Leung & Xu，2009）。在这种情况下，贫困老人与社会政策基层执行者便有可能将原本的工具性关系转化成混合性关系。在混合性的人际关系中，贫困老人以人情法则来处理与社会政策基层执行者的互动关系，遵循"报之规范"："受者"接受了"施者"的人情，便欠了对方"人情"，一有机会便应设法回报。"施者"在给予"受者"人情时，也能预期对方终将回报（黄光国，1989：301）。于是，受访老人常常把对政策的观感具体化为对居委会个人的评价，当谈到对居委会落实社会政策的评价时，往往感谢某个工作人员的"照顾"，强调接受了工作人员的人情。基于"报"的规范，受访老人亦设法以自己的方式回报。无怪乎 T 大妈在居委会的小赵送来生活物资后，便择日到居委会送水果；街道和居委会的工作人员帮 M 阿姨修缮住房设施后，M 阿姨为工作人员送去表扬信和锦旗"表示心意"；C 大妈住院时得到居委会的"慰问"后，便更热心地参与居委会开展的居民工作，为居委会"排忧解难"。在这些老人看来，遵循这种"投之以桃，报之以李"的"报之规范"，才能将居委会对自己的"照顾"和"帮助"经年累月地维持下去。

人情法则的运用不仅在贫困老人一方，事实上，居委会工作人员也隐性地运用人情法则，进而推进双方的混合性关系。例如，笔者在前文的研究发现中提到，尽管居委会没有审批社会救助的最终决定权，但社区层面仍有一些资源可以由居委会工作人员"酌情"派发，E 社区居委会的 G 委员谈到"慰问"时居委会操作的"隐晦性"，侧面说明了人情关系在社区资源分配中起到的作用。又如，C 大妈住院时，居委会工作人员以私人名义掏钱探望她；为了对 C 大妈平时的热心帮忙表示谢意，居委会在分发少量慰问品时总不忘给 C 大妈留一份。如此，双方的人情关系得以维系，人情伦理成为贫困老人与社会政策基层执行者互动的必要考虑。

针对社会政策在基层社区执行的情况，一些研究从批判的角度指出其执行过程中的不规范和随意性。例如，Leung 和 Xu（2009）认为，中国的社会救助制度是分散地在社区层面上执行的。虽然它设计为一个权利为本的项目，但在社会救助制度的实际操作中，过分依赖社区层面的政府办事处和干部队伍来递送服务。这虽有利于保持低的执行成本，并在操作中保持灵活性，但分散的执行和松散操作指南的递送系统也意味着社区干部个人可以有独立的、往往是随意地理解和运用规定的酌情权（discretion）。唐钧（2006）亦认为，社会救助执行者与社区居民之间过近的关系容易导致优亲厚友的情况。这往往是因为工作者欠缺真正的专业技能，而令社会救助制度在执行过程中出现不规范、不标准和不专业的情况（Leung，2006）。在这种规范性和专业性有所欠缺的社会政策执行模式下，贫困老人对人情伦理的运用，正是最大限度地争取制度性支持的智慧变通。这也体现了华人文化背景下的贫困老人面对多重压力在争取制度性资源的过程中展现出的抗逆力。

然而，嵌套在贫困老人与社会政策基层执行者之间的人情伦理具有双重性。一方面，人情伦理在正式领域的扩展有助于贫困老人与基层执行者建立起相对稳定的关系，为他们获取基层政府工作人员的支持提供更多机会。这种变通是抗逆力的表现。而这种运用方式更多地见于在人际交往方面相对积极的贫困老人，如 C 大妈、T 大妈、CC 阿姨、M 阿姨等。在这里，笔者称之为"人情伦理的积极运用"。另一方面，基于人情法则的"报之规范"，当贫困老人对对方的人情感到无以为报时，便因"不好意思"或"给人添麻烦"而阻碍其向社会政策基层执行者求助——即使是像 CA 大妈母女那样以"迂回"的方式给居委会"少添麻烦"，也始终都有

"欠人情" 和 "过意不去" 的心理负担。这样反而削弱了贫困老人回应多重压力所能获取的制度性支持。这种情况尤其出现在像 WY 大妈、X 大叔、LF 大妈、H 大妈等在人际交往中较为被动的贫困老人那里。这种情况可称之为 "人情伦理的消极运用"。

作为根植于儒家文化中的人际规范，人情伦理渗透于受助者与社会政策基层执行者之间的互动，短期内或许仍将发挥作用。为了规避人情伦理的消极运用，需要提升贫困老人的权利意识，为其增权，令其能够反映合理要求，实现福利权利。但从根本上说，还是要立足于社会政策执行过程的规范性和透明性，提升基层工作者的专业水平，削减工具性关系中隐含的 "人情地带"。

三　内在保护性因素

本研究的内在保护性因素主要指的是贫困老人回应多重压力的工具性策略和意义创造，工具性策略和意义创造的路径体现了贫困老人的个体能动性。

1. 工具性策略：贫困老人的独立性要求

尽管非正式支持的弱化和正式支持的不足，客观上令贫困老人 "不得已自立"，但贫困老人在主观上也有独立性的要求，这突出体现在他们面对多重压力的工具性策略上，其中蕴含着个体的优势与在逆境中的 "反弹" 能力。

受访老人应对经济压力的工具性策略包括依靠积蓄、缩减开支、增加收入。他们对于求助或依靠他人表现出抗拒和迟疑，这种倾向表现为尽可能不借钱，也表现为受访的丧偶老人不会考虑以再婚作为摆脱贫困的快捷方式。这体现出贫困老人经济独立的强烈要求。在诸多策略中，尤为值得注意的是贫困老人以临时性的工作和捡废品的方式增加收入。其他发展中国家对贫困老人的研究也发现，贫困老人（尤其是低龄老人）通过非正式的就业以回应经济压力是一种普遍的选择。例如，Lombard 与 Kruger（2009）对南非贫困老人的研究显示，老年人通过延长经济活动的退休来维持生计。他们以不同的方式留在劳动力市场，包括小本生意、临时工作、付费的家务劳动、不付费的家务工作、农业劳动。这说明，部分贫困人士进入老年时期依然能够参与经济生活，具有活跃的生产力。这体现了贫困老人的内在优势。

但是，这种生产力的发挥在形式上单一且无奈地体现为临时性的工作和捡废品的活计，而非稳定的就业。一方面，由于就业机会减少，老年人面临强烈的代际竞争，在劳动力市场中处于劣势。另一方面，养老保障的不足，加上老年人就业缺乏制度性的支持和保障，令贫困老人不得不选择不稳定或易产生耻感的经济活动。对此，有学者指出，在东方背景下考虑老年扶贫政策，要挑战以退休、依赖和体弱等观念为基础的西方老年范式（Lloyd-Sherlock，2000）。社会政策应当基于贫困老人自身的优势，要尊重并支持贫困老人经济生活的多样性。低龄的贫困老人仍有较强的就业意愿，社会政策要为有就业需要的贫困老人拓展个人可得到资源（如灵活弹性的工作机会、培训、假期等）和选择的机会，以清除贫困老人参与劳动力市场的障碍。

尽管部分贫困老人仍然发挥生产力并活跃于劳动力市场，但是我们也要看到，回应经济压力的工具性策略在贫困老人的生命历程中是动态变化的。在老人身体状况允许的情况下，现在的低龄老人或高龄受访者在其年轻的时候调动自身的体力和智力资源去增加收入。随着年龄的增大和身体的衰老，用体力换取收入的活动变得力不从心。推广基于贫困老人自身优势的社会政策并不意味着片面强调"有生产力的老龄化"，而是因人而异，对那些条件不利、不可能参与富有生产力的活动的贫困老人，应当给予有力的制度性支持。

面对老化与疾病的压力，贫困老人除了缩减医疗开支外，也通过锻炼身体、利用各类资源和食疗的方式努力维持生理机能，这也彰显了贫困老人在生理上避免依赖的独立性要求。这里的研究发现部分呼应了"成功老龄化"的观点，即用多种形式的活动来对抗衰退、依赖这一悲观的刻板模式，其中，保持积极、主动是成功老龄化的关键（Andrews，2000）。然而，尽管锻炼身体、利用各类资源和食疗这些积极且主动的方式能够对贫困老人拒绝老化与疾病、避免生理的依赖起到一定作用，我们却不能回避贫困老人回应疾病与老化压力的结构性障碍，尤其是经济资源的匮乏和过低的医疗保障限制了贫困老人看病就医和接受正式照护服务。片面以"成功老龄化"的观点强调活动而反对被贴上"年老"的标签，只不过是把这个负面的名称给了那些长期受损的、未能成功老化的人们（Holstein & Minkler，2007）。对于贫困老人在生理上维持独立性的要求，社会政策应当提供更多的制度性支持。

2. 意义创造的两条路径：对既有研究发现的拓展

Fry 和 Debats（2010）对过去 20 年的实证研究进行回顾，发现人生意义、生命的意义和目标是越来越多的老年人内在生命优势的重要来源，它们增强了老年人生理和心理上的良好状态，促进精神健康的抗逆力。Gergen 与 Gergen（2010：348）认为，从建构主义的立场来看，抗逆力的最大资源在于"重构对话的潜力"。为数不多的关于贫困老人主观经验的既有研究（Black & Rubinstein，2000；Black，1999；Kamya & Poindexter，2009）发现，贫困老人内在的意义创造方式主要包括重新界定贫困、关注个人成就、依靠精神信仰、肯定自我能力。

本研究发现贫困老人"重构对话"即意义创造包含两条路径，第一条路径是重构贫困经验，它不仅限于重新界定贫困，从而将自己划出穷人群体，重构身份认同，而且发现了对现状与需要的重新界定，将贫困老人的意义创造扩展到整个贫困经验。其中，对于现状的重新界定主要通过参照过去的纵向比较、与更低阶层的横向比较，以及将自己的境况概化，将当下的生活视为"相对的幸福"；对于需要的重新界定主要通过发现并偏重人生的其他维度（如健康的身体、精神的自足、对生命的珍视），从而转移在多重压力下对物质资源、医疗资源、照顾资源的需要。第二条路径是追寻自我价值，它不仅限于关注个人成就（Black & Rubinstein，2000；Barusch，1995）和肯定自我能力（Kamya & Poindexter，2009），还包括重构病人与老人的身份、肯定个人的品质。与前人的研究相比，本研究对贫困老人的意义创造路径给予了更全面的拓展与理论总结。这两条路径显示，面对多重压力，贫困老人拥有丰富而有力的意义系统，这是抗逆力的最好证明。

（1）重构贫困经验不应被视为理所当然

贫困老人在贫困耻感下进行意义创造的两条路径需要分别看待。第一条路径——重构贫困经验，与文献中主要关注贫困人士对贫困消极回应方式的研究发现一致。尽管在个体的层面重构贫困经验有助于缓解贫困老人的多重压力，但社会福利的研究者不应将此视为合理和应然。一方面，贫困老人通过发现并偏重人生的其他维度，从而转移在多重压力下对物质资源、医疗资源、照顾资源的需要，这实际上是对人类基本需要的无奈的扭曲和压抑。社会福利的研究者和工作者有必要考虑老人的整体生活质量水平等较为客观的标准，正视贫困老人的实际需要。另一方面，贫困老人通过与更低社会阶层的人比较，以及通过重新界定贫困而将自己排除出穷人群体，这虽增加了个人自身的主观幸福感和提升了自尊心，但对那些更不幸的其他人进行了污名化。必须看到，这仅仅是贫困人群内部的再一次分层。尤其是贫困耻感导致"他者化"（othering），区分出穷人和非穷人，腐蚀了贫困人士之间的团结信念（Chase & Walker，2013）。从长远来看，这不利于贫困人士的集体增权。贫困老人意义创造的第二条路径则提醒我们重视提升自我价值的心理社会干预，以及基于联结与贡献的反贫困措施。

（2）提升自我价值的心理社会干预

微观社会工作者常常批评社会工作追求社会变迁、减少贫困的使命很难通过微观实践来实现（Monnickendam et al.，2010），然而，从本研究发现来看，不论是微观社会工作者还是宏观社会工作者，倘若在工作中致力于维护和提升贫困人士的自我价值，很可能有助于他们减轻贫困耻感带来的负面影响。本研究中的受访者珍视对年轻时的自我能力和当下的控制感，他们以个人的美好品质为豪，并将存活至今视为一种成就。而这种成就感可以成为老人进一步成长的基础。与传统观点"成长是属于年轻人的，丧失是属于老年人的"不同，我们的研究显示，贫困老人至少像他们关注丧失一样，关注收获和成长。面对逆境和丧失，老年人仍然有心理优势、积极情感、再生的能力（Fry & Keyes，2010；Bauer & Park，2010）。对于反贫困的微观社会工作者来说，在正视贫困人士需要的同时，采纳优势视角是很重要的——关注他们眼中的个人成就、他们潜在的心理社会资源，以及他们对于自身、家庭、团体和社区的认识（Saleebey，2008），以实现持续的成长及心理社会功能的相对稳定与平衡。

（3）基于联结与贡献的反贫困干预

不少受访者在社会参与中找到自我价值。他们把与邻里的和谐关系视为自己融入社区的证明；只要提供合适的机会，他们中的部分人可以成为社区的非正式领袖和"守门人"，可以成为居委会的助手，并在参与专业服务中找到归属感。正如 Moen、Sweet 与 Hill（2010：285）所言，"控制（control）、联结（connectedness）或贡献（making a contribution），对于培育老年抗逆力尤其重要"。从本研究中受访者面对多重压力的意义创造方式来看，在政策与服务递送的层面，反贫困措施是有可能通过增强贫困老人的控制、联结与贡献，以降低贫困耻感，从而提升整体生活质量的。例如本研究中提到的，LL 合作社针对贫困老人的"小额资助编织组"项目增强了贫困老人的社区联结。促进互助和参与以培育贫困老人的集体身份，发掘那些在社区中较为活跃的贫困老人，通过他们的非正式领袖作用来联结那些在社区生活中较沉默、较孤立的贫困老人，从而形成贫困老人自发培育起来的社会支持网络。

受访老人不愿依赖别人，却乐意在社区参与中寻找老年的意义。为老人提供各种形式的参与机会，让他们中的部分人以自己的方式贡献于社区，也将有助于贫困耻感的降低。但类似措施在政策执行的层面有很大弹性，往往影响老人的参与体验。低保的领取者常常被要求参与社会服务，例如街道巡逻。这一做法被视为带来耻感的政策安排（Yan，2014）。然而，当贫困老人和其他老年人一样，被赋予社区志愿者而非低保领取者的身份时，社区服务并不是作为贫困或个人失败的惩罚，也并非作为领取低保的条件，而是贫困老人在经济匮乏条件下对社区力所能及的贡献。当社会救助的申请者和领取者被行政人员以受尊重的方式对待时，政策可以减轻贫困耻感的体验（Pellissery et al.，2014）。因此，反贫困措施应更多地促进社会团结和贫困群体的社会参与（Dierckx & Dam，2014）。

同时我们要注意贫困老人群体内部的异质性，对于那些由于各种弱势而无法贡献和参与社区的老年人，应维护他们的尊严，以避免片面强调参与而对这些弱势老年人进行社会贬损和另一种形式的污名。

3. 工具性策略与意义创造的联结

当我们进一步审视作为内在保护性因素的工具性策略和意义创造时，则会发现二者之间存在内在的联结：意义创造的两条路径在工具性策略的动机和主观诠释中都有体现，相较之下，意义创造成为贫困老人抗逆力内在保护性因素中更为根本的因素。

一方面，贫困老人回应多重压力的工具性策略彰显着独立性的要求。在经济上和生理机能上保持独立、避免依赖的能力，是贫困老人自我价值的重要组成部分。从本质上说，工具性策略的背后是对自我价值的追寻。另一方面，尽管像缩减开支、抑制欲望这样的工具性策略属于消极的应对策略，贫困老人却用"计划生活"这样的词语赋予它们以积极的意义——对消极的应对策略进行主观诠释也是重构贫困经验的一部分。因此，作为内在保护性因素的工具性策略和意义创造是有机联系在一起的，工具性策略的动机和对策略的主观诠释都指向意义创造的两条路径，从这个意义上说，意义创造是内在保护性因素中的根本性因素。换句话说，贫困老人的内在抗逆力最根本的，在于通过他们的主观诠释对多重压力赋予他们自己的意义。这启示我们，要尊重并重视贫困老人的主观理解，在他们的主观世界中发掘他们的优势，并以此为基础发展相关的社会政策与社会服务。

4. 内外保护性因素的结合：识别贫困老人中更脆弱的次群体

从研究发现可见，总体上，外在保护性因素中的非正式支持呈弱化趋势，正式支持尚有待加强，内在保护性因素中的意义创造对于贫困老人回应多重压力发挥了重要的作用。

内外保护性因素的进一步结合能够让我们发现贫困老人中最脆弱的次群体，即那些外在保护性因素脆弱、唯有依靠内在保护性因素的贫困老人。对于那些能够得到子女的稳定支持（如 W 大妈），在社交中活跃、有能力维持互惠关系的贫困老人（如 C 大妈、T 大妈）来说，他们的非正式支持能够在很大程度上缓解贫困衍生的多重压力；而那些享有稳定且相对充足的养老保障的贫困老人（如 CC 阿姨、Y 大妈、H 大妈），回应多重压力相对来说较容易。在这种情况下，抗逆力的内在保护性因素起到"锦上添花"的作用。然而，那些不论是非正式支持还是正式支持都颇为脆弱的贫困老人，如 L 阿姨、WZ 大爷、WY 大妈、LF 大妈、CR 阿姨和 X 大叔，抗逆力的内在保护性因素却是"最后的稻草"。在社会保障薄弱甚至缺失的情况下，单纯依靠内在保护性因素却难以完全回应贫困老人的多重压力。因为，贫困老人的应对策略和意义创造往往是以扭曲和压抑自己的需要为代价，并且通过向下的社会比较来增加主观幸福感，却对那些更不幸的其他人进行污名化。我们要认识到，内在保护性因素单独发挥作用的背后，隐含着贫困老人社会支持的脆弱性。那些代际支持脆弱、没有能力与邻里满足互惠关系，且社会保障薄弱、惯于消极运用人情伦理，没有能力参与社区和继续贡献的贫困老人，他们是贫困老人中更脆弱的次群体。

5. 对贫困老人抗逆力理论框架的发展

以上研究结果让我们得以进一步发展贫困老人抗逆力的理论框架（见图 7 - 1），它包括以下三个部分。

（1）在多重压力的影响下理解贫困老人的抗逆力

逆境或威胁是抗逆力研究不可或缺的部分。在多重压力的影响下理解贫困老人的抗逆力，即经济压力、老化与疾病的压力、逆反哺与照顾配偶的压力和贫困耻感的压力，这是既有的抗逆力研究所缺乏的，它可以成为贫困老人抗逆力研究的起点。

（2）将社会政策纳入抗逆过程中

传统的抗逆力理论聚焦于个人、家庭和社区，即贫困老人的应对策略和来自家庭、社区的社会支持。基于批判老年学理论，本书将社会政策作为正式的社会支持之一纳入贫困老人的抗逆过程，研究结果显示，社会政策的具体措施和社会政策的基层执行者对贫困老人的抗逆力都有重要的影响。

（3）内外保护性因素的实现机制

以往的研究识别出保护性因素的类型，但并没有指出这些因素如何增强人们的调适能力。本书在抗逆力的过程视角下，补充了贫困老人保护性因素的实现机制。

作为抗逆力重要的外在保护性因素之一，社会支持的实现机制因其类型的不同而相异。具体而言，第一，代际支持对提升抗逆力的作用受到代际团结和代际张力的共同影响；第二，其他非正式支持对提升抗逆力的作用受到互惠关系的影响；第三，社会政策的支持对提升抗逆力的作用受到人情伦理的双重性和代群差异的影响。

作为抗逆力的内在保护性因素之一，工具性策略由独立性的要求所驱动，意义创造遵循追寻自我价值和重构贫困经验这两条路径。而工具性策略的动机和贫困老人对工具性策略的诠释分别指向意义创造的两条路径，意义创造在贫困老人的内在保护性因素中发挥着更为根本性的作用。

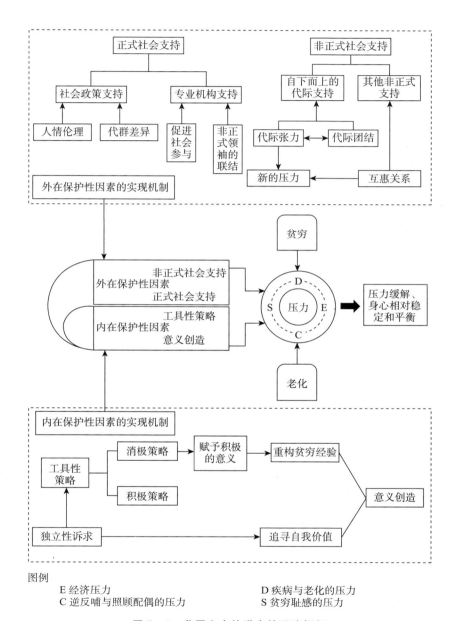

图例
E 经济压力　　　　　　　　　　D 疾病与老化的压力
C 逆反哺与照顾配偶的压力　　　S 贫穷耻感的压力

图 7 - 1　贫困老人抗逆力的理论框架

四 社会政策的启示

为回应城市贫困老人的多重压力，加强老年贫困的保护性因素，在现有的社会政策基础上，应当加大力度推行优势为本、支持家庭、双重权利系统，以及适度普惠的社会政策。

1. 优势为本的社会政策

抗逆力的研究启示我们重新思考解决社会问题的政策，将社会政策的制定与执行由缺陷为本的取向转向优势为本的取向。优势为本的社会政策将市民看作有价值的资产以及自决的个体，这与缺陷为本的取向恰恰相反，后者常常将市民视为需要由外部专家进行矫正（remediation）、惩罚、控制、引导（Maton，2000）的个体。从优势视角出发，我们应在制度的层面审视老年人抗逆力的外部环境。Rowe（2010）认为，如果我们想要一个有生产力且公平的老龄社会，我们必须重塑一些关键的制度，如就业、退休、教育、休闲、住房、交通和其他制度，以更好地服务于个人的需要。因此，我们不应把老年贫困问题的焦点局限在贫困老人的个人缺陷和病状上，而是转向他们的优势，为他们增强独立性和自我价值提供支持。

首先，本书的研究发现显示，受访的贫困老人有经济独立的强烈要求，但由于缺乏适切的工作机会与制度性的保障，老年人在正式的就业市场中遭受排斥，他们通过就业来增加收入的方式极不稳定，且易带来耻感。尽管我们看到贫困老人面对经济压力所展现出的抗逆力和适应性，但也要清醒地认识到，对于老年工作者来说，促进创造第二、第三、第四职业生涯（"encore"careers）的政策和实践，将极大地促进恢复和更新（Moen，Sweet & Hill，2010）。换句话说，政策执行者的责任是制定标准（如提前通知的权利、合理的工作时间表、保障休息时间），为有就业需要的贫困老人拓展个人可得的资源（如灵活弹性的工作机会、培训、假期等）和选择的机会，以清除贫困老人参与劳动力市场的障碍。

其次，对于那些有能力和意愿进行社区参与的贫困老人，应提供更广阔的平台促进他们参与社区生活和社区管理，以让他们去除"穷人"的标签，降低贫困耻感的压力。特别是要重视有些贫困老人作为社区非正式领袖的角色，通过他们来联结那些孤立、隔离的贫困老人，促进贫困老人在社区中的互助。

最后，优势取向的社会政策有赖于受逆境影响的人士的合作，他们是积极的决策者和变迁的参与者，而不仅仅是服务的接受者（Leadbeater, Dodgen & Solarz, 2000）。在政策的制定、执行和评估过程中，老年社会工作者应创造便利条件来鼓励贫困老人的参与和自决，识别自己的需要，让贫困老人表达自己的声音。

2. 支持家庭的社会政策

贫困老人与子女的互动关系主要呈现为一种代际团结与代际张力相结合的模式。仅仅将抗逆力的焦点置于贫困老人个体是不够的，若要缓解贫困老人的多重压力，势必要着眼于贫困老人的家庭整体的抗逆力。对此，在社会政策的层面，需要有效地推行支持家庭的社会政策，即国家积极地对家庭给予支持，通过社会服务等方式使家庭充分发挥福利功能，以保障家庭及其成员的基本需要。

具体而言，首先，应重新评估家庭的赡养责任和国家的福利责任之间的界限，放宽社会救助制度的资产审查，将更多的城市贫困老人纳入安全网中；实行面向家庭的税收优惠政策，为家庭成员供养父母提供财政支持。其次，社会政策的基层执行者和一线社会工作者应对贫困家庭整体的抗逆力进行系统评估，针对老人、子女和孙子女的代际关系等方面制定全方位的服务介入方案。例如，为贫困老人的失业或低收入子女提供社会救助和技能培训；为贫困老人残障或长期患病的子女提供财政、医疗和照顾方面的支持；当贫困老人以家庭照顾者的身份为子女申请援助时，应当为这些老人提供社会政策的信息与服务方面的支持。

3. 双重权利系统的社会政策

双重权利系统的理念来自 Mullaly（1997）关于"差异的政治"① 的观点。差异的政治寻求不同社会与文化群体的平等，强调各类群体互相尊

---

① Mullaly（1997）认为，为了战胜压迫，有两套解放性的政治信条：通过融合的政治（a politics of integration）实现同化（assimilation），或是通过差异的政治（a politics of difference）进行集体反抗（collective resistance）。融合的政治，即根据相同的原则、规范和标准，给予每个人平等的社会地位；而差异的政治，则有时要求给予受压迫群体不同的待遇。前者强调公平（impartiality），认为根据群体成员身份而区别分配的社会利益，都是不公平的，这是社会工作的传统取向；然而，群体差异持续存在，某些群体不断获得优势地位，通过同化无法实现真正的公平。后者强调民主的文化多元性（democratic cultural pluralism），与结构性社会工作的取向一致。

重，肯定彼此的差异，在关系和情境中理解差异、拒绝排斥，并承认群体间互相重叠的经验、共同的目标、共同的属性。即使是在贫困群体内部，贫困老人与一般的贫困人士的状态也是不同的。老年贫困在客观上具有相对剥夺、多重面向、持久性的特点，并且需要在家庭成员的经济关系中来考察。在城市贫困老人自己的主观经验中，贫困对他们而言，不仅意味着经济资源的匮乏，而且是经济压力、老化和疾病的压力、逆反哺和照顾配偶的压力，以及贫困耻感的压力等多重压力的相叠。鉴于老年贫困的特殊性和城市贫困老人的多重压力，应当建立权利的双重系统，即面对所有人的一般福利系统与专门针对贫困老人的福利和政策系统。也就是说，除了在社会福利体系中提供一般性的养老服务和贫困救助外，还应就贫困老人的特殊压力，如经济压力、疾病、孤寡无依、需长期照顾、劳务负担、耻感压力等，出台适切的政策与服务。特别要识别贫困老人中更脆弱的次群体，即那些代际支持脆弱、没有能力与邻里维持互惠关系，且社会保障薄弱、惯于消极运用人情伦理，没有能力参与社区和继续贡献的贫困老人，为他们设计全方位的社会救助与服务支持系统。

具体而言，除了通过适度普惠的社会政策缓解或消除贫困老人的经济压力外，还要针对疾病和老化的压力，健全社区长期照顾体系；针对因逆反哺和照顾配偶而产生的繁重家务负担，提供及时的家政支持、长者照护、儿童照顾等服务；针对贫困耻感的压力，在社会政策的制定和执行以及社会服务的递送中提升贫困老人的权利意识；对压力过大而影响心理和生理功能运作的贫困老人，提供临床心理辅导和精神健康方面的其他服务。

4. 适度普惠的社会政策

对于发展中国家来说，基础养老金能够保证一个国家的所有居民，不论收入或职位，在老年时都能有一份收入（Willmore，2007）。而让贫困人士以支付得起的费用使用医疗保险照顾系统，才能够减少疾病带来的一系列负面后果（Seccombe，2000）。从本书的研究发现来看，享有正式退休金的受访老人面对多重压力的相对从容，从正面说明了退休金制度对于缓解贫困老人多重压力的作用。而尽管福利养老金与"一老一小"医疗保险津贴额度都很有限，但也在一定程度上缓解了贫困老人的经济压力以及疾病与老化的压力。更重要的是，这两项政策措施令贫困老人从社会保障的外围进入了保障体系之内，"从无到有"的转变缩小了他们与社会"常规生活标准"的距离，在很大程度上降低了贫困耻感。然而，福利养老金和"一老一小"医疗保险仍属于"拾遗补阙"的举措，在筛选受惠对象时难免给老人贴上"穷人"标签，从而带来贫困耻感的压力。

从降低贫困耻感的角度来看，推行包括养老金制度和医疗保险制度在内的适度普惠的社会政策，是回应贫困老人多重压力的必由之路。具体而言，应逐渐放宽社会保障的资格审查条件，将包括贫困老人在内的所有老年人都纳入社会保障的范畴。同时，政府不只是向老年人提供最低限度的、维持其生命的援助，而是要向他们提供高于最低水平的、与当地的经济社会发展水平相适应的（也即适度的）物质和非物质保障。除了物质福利之外，社会福利还包括社会服务及精神上的慰藉和支持，而后者对于贫困老人的重要性并不亚于物质福利。针对贫困老人疾病与老化的压力、逆反哺与照顾配偶的压力、贫困耻感的压力，除了物质保障之外，还要提供照顾服务、劳务支持，以及各种提升自尊和自我价值感的服务。

除了以上四方面的启示以外，社会政策的实施还应考虑到人情伦理的影响，规避人情伦理的消极运用，提升贫困老人的权利意识，为其增权，令其实现应有的福利权利。而对于已经具有强烈权利意识的老人，应当为他们提供发声的平台，令他们的合理要求得到及时反映，并通过社会服务与社会政策的介入来支持他们克服多重压力。

社会政策在执行过程中还要注意规范性和透明性，提升基层工作者的专业水平，削减工具性关系中隐含的"人情地带"。

参考文献

毕玉、刘卫卫、王建平、王晓燕、杨智辉，2007，《城市低保家庭应对困难的特征及其子女的教育》，《中国教育学刊》第 6 期。

车茂娟，1990，《中国家庭养育关系中的"逆反哺模式"》，《人口学刊》第 4 期。

陈功、曾卓，2001，《北京市城市老年人口贫困状况与社会救助对策研究》，北京市"老年人需求与对策学术研讨会"论文。

陈向明，2000，《质的研究方法与社会科学研究》，北京：教育科学出版社。

陈意新，1999，《从下放到下岗 1968 - 1998》，《二十一世纪》第 12 期。

陈银娥，2004，《社会福利》，北京：中国人民大学出版社。

杜鹏、武超，1998，《中国老年人的主要经济来源分析》，《人口研究》第 4 期。

法利等，2004，《社会工作概论》，隋玉杰等译，北京：中国人民大学出版社。

费孝通，1983，《家庭结构变动中的老年赡养问题——再论中国家庭结构的变动》，1983 年 3 月 7 日在香港中文大学主办的研究会上的发言。

关信平，1999，《中国城市贫困问题研究》，长沙：湖南人民出版社。

关信平，2003，《现阶段中国城市的贫困问题及反贫困政策》，《江苏社会科学》第 2 期。

关信平，2014，《朝向更加积极的社会救助制度——论新形势下我国社会救助制度的改革方向》，《中国行政管理》第 7 期。

广州市民政局，2009，《创新机制整合资源全力打造适度普惠型养老服务体系》，民政部社会福利和慈善事业促进司，fss. mca. gov. cn/accessory/200922493812. doc。

郭志刚，1999，《老年人与子女之间的代际经济流量的分析》，《人口研究》第 1 期。

国家统计局"中国城市居民贫困问题研究"课题组，1990，《"中国农村贫困标准"课题的研究报告》。

国家统计局农调总队，1989，《中国农村贫困标准研究报告》。

洪大用，2003a，《中国城市扶贫政策的缺陷及其改进方向分析》，《江苏社会科学》第 2 期。

洪大用，2003b，《中国城市居民最低生活保障标准的相关分析》，《北京行政学院学报》第 3 期。

洪大用，2005，《当道义变成制度之后——试论城市低保制度实践的延伸效果及其演进方向》，《经济社会体制比较》第 3 期。

洪大用，2007，《社会救助的目标与我国现阶段社会救助的评估》，《甘肃社会科学》第 4 期。

洪援朝，1995，《亟待关注的城市老年贫困层问题》，《人文杂志》第 3 期。

胡湛、彭希哲，2012，《家庭变迁背景下的中国家庭政策》，《人口研究》第 2 期。

黄光国，1989，《人情与面子：中国人的权力游戏》，杨国枢主编《中国人的心理》，台北：桂冠图书公司。

简春安、简春安、邹平仪，1998，《社会工作研究法》，台北：巨流图书公司。

江树革、比约恩·古斯塔夫森，2007，《国外社会救助的经验和中国社会救助的未来发展》，《经济社会体制比较》（双月刊）第 4 期。

姜向群，2007，《养老转变论：建立以个人为责任主体的政府帮助的社会化养老方式》，《人口研究》第 4 期。

金耀基，1989，《人际关系中人情之分析》，杨国枢主编《中国人的心理》，台北：桂冠图书公司。

康岚，2009，《回馈模式的变迁——代差视野下的城市代际关系研究》，上海大学博士学位论文。

康晓光，1995，《中国贫困与反贫困理论》，南宁：广西人民出版社。

李强，2005，《中国城市贫困层问题》，《福州大学学报》（哲学社会科学版）第 1 期。

李若建，1998，《中国的城镇贫困、失业、通货膨胀与区域发展》，《社会学研究》第 4 期。

李若建，2000，《大城市低收入老人群体状况分析》，《人口与经济》第 2 期。

李实，2002，《中国城市中的三种贫困类型》，《经济研究》第 10 期。

李彦昌，2004，《城市贫困与社会救助研究》，北京：北京大学出版社。

李迎生、肖一帆，2007，《转型中的城市低保制度》，"中国社会发展政策高层论坛（2007）"论文。

林卡、范晓光，2006，《贫困和反贫困——对中国贫困类型变迁及反贫困政策的研究》，《社会学研究》第 1 期。

刘丽、刘丹，2005，《城市老年贫困群体形成因素分析》，《辽宁科技大学学报》第 4 期。

孟春，2000，《中国财政扶贫研究》，北京：经济科学出版社。

潘鸣啸，2005，《上山下乡运动再评价》，《社会学研究》第 5 期。

潘鸣啸，2008，《失落的一代——中国的上山下乡运动（1968－1980）》，香港：香港中文大学出版社。

乔晓春、张恺悌、孙陆军、张玲，2005，《对中国老年贫困人口的估计》，《人口研究》第 2 期。

乔晓春、张恺悌、孙陆军，2006，《中国老年贫困人口特征分析》，《人口学刊》第 4 期。

屈锡华、左齐，1997，《贫困与反贫困——定义、度量与目标》，《社会学研究》第 3 期。

沈红，2000，《中国贫困研究的社会学评述》，《社会学研究》第 2 期。

世界银行，1990，《1990 年世界发展报告》，北京：中国财政经济出版社。

世界银行，2001，《2000－2001 年世界发展报告》，北京：中国财政经济出版社。

孙陆军，2003，《中国城市老年人口的贫困问题》，《人口与经济》第 5 期。

唐灿，2010，《家庭现代化理论及其发展的回顾与评述》，《社会学研究》

第 3 期。

唐钧，2002，《中国贫困与反贫困的新形势》，汝信等主编《2002 年中国社
　　会形势分析与预测》，北京：社会科学文献出版社。

唐钧，2004，《当代中国城市的人口与社区》，《中国人口科学》第 5 期。

唐钧，2006，《反贫困政策联合出击方能奏效》，《北京观察》第 3 期。

唐钧、朱耀垠、任振兴，1999，《城市贫困家庭的社会保障和社会支持网
　　络——上海市个案研究》，《社会学研究》第 5 期。

仝利民，2004，《上海市老龄弱势群体面临的问题及其对策》，《华东师范
　　大学学报》（哲学社会科学版）第 1 期。

汪雁、慈勤英，2004，《对城市贫困主流测量方法理论假定的社会性别分
　　析——以一个街道贫困家庭的社会调查为例》，《妇女研究论丛》第
　　5 期。

王德文，2005，《中国老年人口的生活状况与贫困发生率估计》，《中国人
　　口科学》第 1 期。

王德文、张恺悌，2005，《中国老年人口的生活状况与贫困发生率估计》，
　　《中国人口科学》第 1 期。

王俊文，2007，《我国农村贫困状况的成因及反贫困战略选择》，《农业考
　　古》第 3 期。

王琳，2006a，《中国未来老年贫困的风险研究》，《人口与经济》第 4 期。

王琳，2006b，《我国未来老年贫困的风险分析》，《云南社会科学》第 2 期。

王琳、邬沧萍，2006，《聚焦中国农村老年人贫困化问题》，《社会主义研
　　究》第 2 期。

王思斌，2001，《中国社会的求—助关系：制度与文化的视角》，《社会学
　　研究》第 4 期。

王思斌，2006，《我国社会政策的弱势性及其转变》，《学海》第 6 期。

王永慈，2005，《台湾的贫穷问题：相关研究的检视》，《台大社工学刊》
　　第 10 期。

吴帆，2012，《第二次人口转变背景下的中国家庭变迁及政策思考》，《广
　　东社会科学》第 2 期。

吴小英，2012，《公共政策中的家庭定位》，《学术研究》第 9 期。

向常春，2007，《三峡农村老年移民妇女贫困原因分析》，《中国老年学》

第 7 期。

谢增毅，2014，《中国社会救助制度：问题、趋势与立法完善》，《社会科学》第 12 期。

熊跃根，1998，《中国城市家庭的代际关系与老人照顾》，《中国人口科学》第 6 期。

徐静、徐永德，2009，《生命历程理论视域下的老年贫困》，《社会学研究》第 6 期。

徐勤，1999，《城市特困老人——急需社会保护的群体》，《人口研究》第 5 期。

徐勤、魏彦彦，2005，《从社会性别视角看老年贫困》，《市场与人口分析》第 A1 期。

徐月宾、刘凤芹、张秀兰，2007，《中国农村反贫困政策的反思——从社会救助向社会保护转变》，《中国社会科学》第 3 期。

徐月宾、张秀兰，2005，《中国政府在社会福利中的角色重建》，《中国社会科学》第 5 期。

颜文雄，2007，《香港退休养老保障：政策实践及再思》，王卓祺、邓广良、魏雁滨主编《两岸三地社会政策——理论与实务》，香港：中文大学出版社。

杨菊华，2007，《人口转变与老年贫困问题的理论思考》，《中国人口科学》第 5 期。

杨菊华，2010a，《老年绝对经济贫困的影响因素：一个定量和定性分析》，《人口研究》第 5 期。

杨菊华，2010b，《老年社会贫困影响因素的定量和定性分析》，《人口学刊》第 4 期。

杨菊华、李路路，2009，《代际互动与家庭凝聚力——东亚国家和地区比较研究》，《社会学研究》第 3 期。

叶响裙，2004，《中国社会养老保障：困境与抉择》，北京：社会科学文献出版社。

于学军，1995，《中国人口老化对经济发展的影响：是积极的？还是消极的？》，《人口研究》第 4 期。

于学军，2003，《从上海看中国老年人口贫困与保障》，《人口研究》第

3 期。

翟学伟，2004，《人情、面子与权力的再生产——情理社会中的社会交换方式》，《社会学研究》第 5 期。

张秀兰、徐月宾，2003，《建构中国的发展型家庭政策》，《中国社会科学》第 6 期。

张永杰、程远忠，1988，《第四代人》，北京：东方出版社。

张友琴，2001，《老年人社会支持网的城乡比较研究——厦门市个案研究》，《社会学研究》第 4 期。

《〈中国城乡老年人口状况追踪调查〉研究报告》，2007，http://www.china.com.cn/policy/txt/2007 - 12/17/content_9393143.htm，最后访问日期：2016 年 5 月 10 日。

《北京市"一老一小"大病医疗保险政策指南》，2017，http://zhengwu.beijing.gov.cn/zwzt/ylyx/，最后访问日期：2018 年 5 月 12 日。

《北京市 2010 年老年人口信息和老龄事业发展状况》，2011，http://zhengwu.beijing.gov.cn/tjxx/tjfx/t1197710.htm，最后访问日期：2012 年 8 月 15 日。

《各地养老服务的做法汇总》，2009，http://fss.mca.gov.cn/article/lnrfl/zcfg/200903/20090310028387.shtml，最后访问日期：2012 年 8 月 15 日。《建立和完善扶持优惠政策构建首都特色养老服务体系》，2009，http://fss.mca.gov.cn/article/lnrfl/zcfg/，最后访问日期：2012 年 8 月 15 日。

《关于进一步促进本市养老服务事业发展的意见》，http://fss.mca.gov.cn/article/lnrfl/zcfg/200902/20090210026930.shtml，最后访问日期：2012 年 8 月 15 日。

《上海市嘉定区人民政府办公室印发〈关于加强老年人优待工作的实施意见〉的通知》，http://www.jiading.gov.cn/view_20.aspx?cid=455&id=184&navindex=0，最后访问日期：2012 年 8 月 15 日。

《创新机制整合资源全力打造适度普惠性养老服务体系》，2009，http://www.fss.mca.cn/accessory/200922493812.doc，最后访问日期：2012 年 8 月 15 日。

《北京市出台"一老一小"大病医疗保险制度细则》，2007，http://www.gov.

cn/fwxx/jk/2007 - 06/22/content_657697. htm，最后访问日期：2016年5月10日。

《本市 2011 年将大幅调整城乡居民最低生活保障标准》，2010，http://zhengwu. beijing. gov. cn/bmfu/bmts/t1146473. htm，最后访问日期：2012年8月15日。

《关于调整本市社会救助相关标准的通知》，2017，http://www. bjmzj. gov. cn/news/root/gfxwj_shjz/2017 - 02/121735. shtml，最后访问日期：2018 年 1月 12 日。

《北京市统计年鉴》，2010，http://www. bjstats. gov. cn/nj/main/2010 - tjnj/index. htm，最后访问日期：2012 年 8 月 15 日。

《关于加强最低生活保障工作的通知》，2002，http://bjshjz. bjmzj. gov. cn/Jzzlpageaction. do? type =002001001，最后访问日期：2012 年 8 月 15 日。

《关于印发〈北京市城乡无社会保障老年居民养老保障办法〉实施细则的通知》，2008，http://www. bjdch. gov. cn/n1685296/n2805150/n2805152/c2805552/content. html，最后访问日期：2012 年 5 月 12 日。

《关于规范和统筹我市城乡居民最低生活保障分类救助制度的通知》，2014，http://bj. bendibao. com/zffw/20141226/175669. shtm，最后访问日期：2016 年 5 月 12 日。

《关于调整完善我市城乡医疗救助制度的意见》，2014，http://www. bdpf. org. cn/zwpd/zcfg/shbzl/c24448/content. html，最后访问日期：2017 年 8 月15 日。

Aldwin, C. M. 2007. *Stress, Coping, and Development: An Integrative Perspective* (2nd Ed.). New York: The Guilford Press.

Andrews, M. 2000. "The Seductiveness of Agelessness." *Aging & Society* 19 (3): 301 - 318.

Atkinson, R. 1998. *The Life Story Interview*. Thousand Oaks: Sage.

Auslander, G. K., Litwin, H., Auslander, G. K., & Litwin, H. 1988. "Social Networks and the Poor: Toward Effective Policy and Practice." *Social Work* 33 (3): 234 - 238.

Babbie, E. 2004. *The Practice of Social Research* (10th Ed.). Belmont, CA: Wadsworth Publishing Company.

Baltes, P. B. 1997. "On the Incomplete Architecture of Human Ontogeny." *American Psychologist* 52 (4): 366 – 380.

Barusch, A. S. 1994. *Older Women in Poverty : Private Lives and Public Policies.* Springer Pub. Co.

Barusch, A. S. 1995. *Older Women in Poverty: Private Lives and Public Policies.* New York: Springer Publishing Company.

Battle-Walters, K. 2004. *Sheila's Shop: Working-class African American Women Talk about Life, Love, Race, and Hair.* Lanham, MD: Rowman and Littlefield.

Bauer, J. J., & Park, S. W. 2010. "Growth is not just for the Young: Growth Narratives, Eudaimonic Resilience, and the Aging Self." In P. S. Frye & C. L. M. Keyes (Eds.), *Frontiers of Resilient Aging: Life-strengths and Well-being in Late Life.* Cambridge, England: Cambridge University Press.

Baumeister, R. F., & Leary, M. R. 1995. "The Need to Belong: Desire for Interpersonal Attachments as a Fundamental Human Motivation." *Psychological Bulletin* 117 (3): 497 – 529.

Becker, G., & Newsom, E. 2005. "Resilience in the Face of Serious Illness among Chronically Ill African American in Later Life." *The Journals of gerontology* 60B (4): 214 – 222.

Biggs, S. 2001. "Toward Critical Narrativity." *Journal of Aging Studies* 15 (4): 303 – 316.

Bisconti, T. L., & Bergeman, C. S. 1999. "Perceived Social Control as a Mediator of the Relationships among Social Support, Psychological Well-being, and Perceived Health." *Gerontologist* 39 (1): 94 – 103.

Black, H. K. & Rubinstein, R. L. 2000. *Old Souls: Aged Women, Poverty and the Experience of God.* New York: Aldine De Gruyter.

Black, H. K. 1999. "Life as Gift: Spiritual Narratives of Elderly African-American Women Living in Poverty." *Journal of Aging Studies* 13 (4): 441 – 455.

Bonanno, George A. 2004. "Loss, Trauma, and Human Resilience: Have We Underestimated the Human Capacity to Thrive after Extremely Aversive Events?" *American Psychologist* 59 (1): 20 – 28.

Calasanti, T. 2003. "Theorizing Age Relations." In S. Biggs, A. Lowenstein & J. Hendricks (Eds.), *The Need for Theory: Critical Approaches to Social Gerontology*, pp. 199 – 218. New York: Baywood.

Caltabiano, M. L., & Caltabiano, N. J., 2006. "Resilience and Health Outcomes in the Elderly, 39th National Conference on Diversity in Aging." *Australian Association of Gerontology: Sydney*.

Chapin, R. & Cox, E. O. 2001. "Changing the paradigm: Strengths-based and Empowerment-oriented Social Work with Frail Elders." In E. O. Cox, E. S. Kelchner & R. Chapin (Eds.), *Gerontological Social Work Practice: Issues, Challenges, and Potential.* New York: The Haworth Social Work Practice Press, pp. 165 – 179.

Chase, E., & Walker, R. 2013. "The Co-construction of Shame in the Context of Poverty: Beyond a Threat to the Social Bond." *British Journal of Sociology* 47 (4): 739 – 754.

Cohen, S., & Wills, T. A. 1985. "Stress, Social Support, and the Buffering Hypothesis." *Psychological Bulletin* 98 (2): 310 – 357.

Cole, T. R. 1995. "What Have We 'Made' of Aging?" *Journals of Gerontology* 50 (6): S341.

Creswell, J. W. 2007. *Qualitative Inquiry and Research Design: Choosing among Five Approaches.* CA: Sage.

Deacon, A. & Mann. K. 1999. "Agency, Modernity and Social Policy." *Journal of Social Policy* 28 (3): 413 – 435.

Deacon, A. 2002. *Perspectives on Welfare: Ideas, Ideologies and Policy Debates,* Buckingham: Open University Press.

DeParle, J. 2005. *American Dream: Three Women, Ten Kids, and a Nation's Drive to End Welfare.* New York: Viking.

Desai, V., & Tye. M. 2009. "Critically Understanding Asian Perspectives on Aging." *Third World Quarterly* 30 (5): 1007 – 1025.

Dierckx, D., & Dam, S. V. 2014. "Redefining Empowerment Interventions of Migrants Experiencing Poverty: The Case of Antwerp, Belgium." *British Journal of Social Work* 44: i105 – i122.

Duner, A. & Nordstrom, M. 2005. "Intentions and Strategies among Elderly People: Coping in Everyday Life." *Journal of aging studies* 19: 437 –451.

Dyer, J. G. & McGuiness. T. M. 1996. "Resilience: Analysis of the Concept." Archieves of *Psychiatric Nursing* 10 (5): 276 – 282.

Este, D. , Sitter. K. , Maclaurin, B. 2009. "Using Mixed Methods to Understand Youth Resilience." In L. Liebenberg & M. Ungar (Eds.), *Researching Resilience.* Toronto: University of Toronto Press, pp. 201 – 224.

Estes, C. 1979. *The Aging Enterprise.* San Francisco: Jossey-Bass.

Estes, C. L. , Linkins, K. W. & Binney. E. A. 2001. "Critical Perspective on Aging." In C. L. Estes (Eds.), *Social Policy and Aging: A Critical Perspective.* Thousand Oaks: SAGE.

Fagundes, C. P. , Lindgren, M. E. , Shapiro, C. L. , & Kiecolt-Glaser, J. K. 2012. "Child Maltreatment and Breast Cancer Survivors: Social Support Makes a Difference for Quality of Life, Fatigue, and Cancer Stress." *European Journal of Cancer* 48 (5): 728 –736.

Fang, C. , Zhang, X. & Fan, S. 2002. " Emergence of Urban Poverty and Inequality in China: Evidence from Household Survey." *China Economic Review* 13: 430 – 443.

Finer, C. J. (Eds.). 2003. *Social Policy Reform in China: Views from Home and Abroad.* Aldershot: Ashgate.

Fisher, J. D. , Johnson, D. S. , Marchand, J. T. , Smeeding, T. M. , & Torrey, B. B. 2009. "Identifying the Poorest Older Americans." *Journal of Gerontology: Social Sciences* 64B (6): 758 –766.

Folkman, S. , & Moskowitz, J. T. 2000. "Positive Affect and the Other Side of Coping." *American Psychologist* 55: 647 – 654.

Fry, P. S. & Dominique, L. D. 2010. "Perfectionism and the Five-factor Personality Traits as Predictors of Mortality in Older Adults." *Journal of Health Psychology* 14 (4): 513 –524.

Fry, P. S. & Debats, D. L. 2010. "Sources of Human Life-strengths, Resilience, and Health." In P. S. Fry & D. L. Debats (Eds.), *New Frontiers in Resilient Aging: Life-strengths and Well-being in Late Life .* Cambridge:

Cambridge University Press.

Frye, P. S. & Keyes, C. L. M. 2010. New Frontiers of Resilient Aging: Life-strengths and Well-being in Late Life. Cambridge, England: Cambridge University Press.

Gaminiratne, N. 2004. "Population Aging, Elderly Welfare and Extending Retirement Cover: Case Study of Sri Lanka." *ESAU Working Paper* No. 3, Overseas Development Institute, London.

Garmezy, N. & Rutter, M. (Eds.), 1983. *Stress, Coping, and Development in Children*. Baltimore, MD, US: Johns Hopkins University Press, pp. 43 – 84.

Garmezy, N. 1985. "Stress-resistant Children: The Search for Protective Factors." In J. E. Stevenson (Eds.), *Recent Research in Developmental Psychopathology: Journal of Child Psychology and Psychiatry Book Supplement* 4: 213 – 233.

Garmezy, N. 1991. "Resiliency and Vulnerability to Adverse Developmental Outcomes Associated with Poverty." *American Behavioral Scientist* 34 (4): 416 – 430.

Gergen, K. J. & Gergen, M. 2010. "Positive Aging: Resilience and Reconstruction." In Fry, P. S. & Keyes, C. L. M. (Eds.), *New Frontiers in Resilient Aging: Life-strengths and Well-being in Later Life*. Cambridge: Cambridge University Press, pp. 340 – 356.

Ghilarducci, T. 2004. *Poverty, Inequality and Policy since* 1997. Bristol: The Policy Press.

Gilliatt, S. 2001. *How the Poor Adapt to Poverty in Capitalism*. Lewiston, N. Y.: Edwin Mellen Press.

Gleason, H. P., & Butler, R. N. 1985. *Productive Aging: Enhancing Vitality in Later Life*. New York: Springer Publishing Co., Inc.

Gore, S. & Eckenrode, J. 1994. "Context and Process in Research on Risk and Resilience." In R. Haggerty (Eds.), *Stress, Risk and Resilience in Children and Adolescents: Proceses, Mechanisms and Interventions*. New York: Cambridge University Press.

Gratton, B., & Haber, C. 1993. "In Search of Intimacy at a Distance: Family History from the Perspective of Elderly Women. " *Jounal of Aging Studies* 7: 183 – 194.

Hansen, J. T. 2004. "Thoughts on Knowing: Epistemic Implications of Counseling Practice. " *Journal of Counseling & Development* 82: 131 – 138.

Hardy, S. E. , Concato, J. , & Gill, T. M. 2002. "Stressful Life Events among Community-living Older Persons. " *Journal of General Internal Medcine* 17: 832 – 838.

Harper, C. , Marcus, R. , & Moore, K. 2003. "Enduring Poverty and the Conditions of Childhood: Lifecourse and Intergenerational Poverty Transmissions. " *World Development* 31 (3): 535 – 554.

Hendricks, J. , & Leedham, C. A. 1992. "Toward a Political and Moral Economy of Aging: an Alternative Perspective. " *International Journal of Health Services Planning Administration Evaluation* 22 (1): 125.

Hicks-Bartlett, S. H. 2000. "Between a Rock and a Hard Place: The Labyrinth of Working and Parenting in a Poor Community. " In S. Danziger and A. C. Lin (Eds.), *Coping with Poverty: The Social Context of Neighborhood, Work, and Family in the African-American Community.* Ann Arbor: University of Michigan Press, pp. 27 – 51.

Holstein, M. , & Minkler, M. 2007. "Critical Gerontology: Reflections for the 21st Century. " In B. Miriam & S. Thomas (Eds.), *Critical Perspectives on Ageing Societies.* UK, Bristol: the Policy Press, pp. 13 – 26.

Hooyman, N. , Browne, C. V. , Ray, R. & Richardson, V. 2001. "Feminist Gerontology and the Life Course: Policy, Research and Teaching Issues. " *Gerontology & Geriatrics Education* 22 (4): 3 – 26.

Howard, S. , Dryden, J. and Johnson, B. 1999. "Childhood Resilience: Review and Critique of the Literature. " *Oxford Review of Education* 25 (3): 307 – 323.

Hulme, D. & Shepherd, A. 2003. "Conceptualizing Chronic Poverty. " *World Development* 31 (3): 403 – 423.

Hulme, D. 2003. "Chronic Poverty and Development Policy: An Introduction. " *World Development* 31 (3): 399 – 402.

Infante, F. , & Lamond, A. 2003. "Resilience and Biculturalism: The Latino Experience in the United States." In E. H. Grotberg (Eds.), *Resilience for Today*. Westport, CT: Praeger, pp. 161 – 188.

Izuhara, M. 2004. "Negotiating Family Support? The Generational Contract between Long Term Care and Inheritance." *Journal of Social Policy* 33 (4): 649 – 665.

Jackson, S. & Jones, J. 1998. *Contemporary Feminist Theories*. USA: New York University Press.

Jamieson, A. and Victor, C. 1997. "Theory and Concepts in Social Gerontology." In A. Jamieson, A. Harper and C. Victor (Eds.), *Critical Approaches to Aging and Later Life*. Buckingham: Open University Press, pp. 175 – 187.

Jarrett, R. L. , Jefferson, S. R. , & Kelly, J. N. 2010. "Finding Community in Family: Neighborhood Effects and African American Kin Networks." *Journal of Comparative Family Studies* 41 (3): 299 – 328.

Jayakody, R. 1998. "Race Differences in Intergenerational Financial Assistance: The Needs of Children and the Resources of Parents." *Journal of Family Issues* 19 (5): 508 – 533.

Jones, F. , & Bright, J. 2001. *Stress: Myth, Theory, and Research*. Harlow, England: Pearson.

Kail, R. V. , & Cavanaugh, J. C. 2000. *Human Development: A life-span View* (2nd Ed.). Belmont CA: Wadsworth.

Kakwani, N. , & Silber, J. 2008. *The Many Dimensions of Poverty*. Basingstoke: Palgrave MacMillan.

Kamya, H. & Poindexter, C. 2009. "Mama Jaja: The Stresses and Strengths of HIV-affected Ugandan Grandmothers." *Social Work in Public Health* 24: 1 – 19.

Kaplan, H. 1999. "Toward an Understanding of Resilience: A Critical Review of Definitions and Models." In M. Glantz & J. Johnson (Eds.), *Resilience and Development: Positive Life Adaptations*. New York: John Wiley and Sons, pp. 17 – 83.

Katz, S. 2000. "Critical Gerontology Discourse: Nomadic Thinking or Postmodern Sociology. " *Discourse of Sociological Practice.*

Katz, S. 2003. "Critical GerontologicalTheory: Intellectual Fieldwork and the Nomadic Life of Ideas. " In S. Biggs, A. Lowenstein & J. Hendricks (Eds.), *The Need for Theory: Critical Approaches to Social Gerontology.* New York: Baywood Publishing Company Inc, pp. 15 – 33.

Kaufman, G. 1989. *The Psychology of Shame: Theory and Treatment of Shame-based Syndromes.* New York: Springer.

Kaufman, G. 1992. *Shame: The Power of Caring* (3rd ed.) . Rochester, VT: Schenkman Books.

Kempen, G. I. , Ranchor, A. V. , Van, S. E. , van Jaarsveld, C. H. , & Sanderman, R. 2006. "Risk and Protective Factors of Different Functional Trajectories in Older Persons: Are These the Same?" *Journals of Gerontology: Series B* 61 (2): 95 – 101.

King, G. A. , Brown, E. G. & Smith, L. K. 2003. "Introduction: An Invitation to Learn from the Turing Points of People with Disabilities. " In King, G. A. , Brown, E. G. & Smith, L. K. *Resilience: Learning from People with Disabilities and the Turning Points in Their Lives.* London: Praeger Publishers.

King, M. G. , Stanley, G. and Burrows, G. 1987. *Stress Theory and Practice.* Sydney: Grunc and Stratton.

Klohnen, E. C. 1996. "Conceptual Analysis and Measurement of the Construct of Ego-resiliency. " *Journal of Personality and Social Psychology* 70 (5): 1067 – 1079.

Krause, N. 2000. "Are We Really Entering a New Era of Aging?" In K. W. Schaie & J. Hendricks (Eds.), *The Evolution of the Aging Self: The Societal Impact on the Aging Process.* New York: Springer, pp. 307 – 318.

Kuwert, P. , Brahler, E. , Glaesmer, H. , Freyberger, H. J. & Decker, O. 2009. "Impact of Forced Displacement during World War II on the Present-day Mental Health of the Elderly: A Population-based Study. " *International Psychogeriatrics* 21 (4): 748 – 753.

Lau, A. L. D. , Chi, I. , Cummins, R. A. , Lee, T. M. C. , Chou, K-L. & Chung, L. W. M. 2008. "The SARS (Severe Acute Respiratory Syndrome)

Pandemic in Hong Kong: Effects on the Subjective Well-being of Elderly and Younger People. " *Aging & Mental Health* 12 （6）: 746 – 760.

Lawton, M. P. , Moss, M. , Hoffman, C. , Grant, R. , Ten Have, T. &Kleban, M. H. 1999. "Health, Valuation of Life, and the with to Live. " *The Gerontologist* 39: 406 – 416.

Lazarus, R. S, 1991. *Emotion and Adaptation.* New York: Oxford University Press.

Lazarus, R. S. , and Folkman, S. 1984. *Stress, Appraisal, and Coping.* New York: Springer.

Leadbeater, B. , Dodgen, D. & Solarz, A. 2000. "The Resilience Revolution: a Paradigm Shift for Research and Policy?" In Peters, R. D. , Leafbeater, B. & McMahon, R. J. *Resilience in Children, Families and Communities: Liking Context to Practice and Policy.* New York: Kluwer Academic/Plenum Publishers, pp. 47 – 61.

Lee, H. S. , Brown, S. L. , Mitchell, M. M. , & Schiraldi, G. R. 2008. "Correlates of Resilience in the Face of Adversity for Korean Women Immigrating to the US. " *Journal of Immigrant Minority Health* 10: 415 – 422.

Leung, J. 2006. "The Emergence of Social Assistance in China. " Asia's Social Policy Symposium, *CUHK & UC-Berkeley.*

Leung, J. C. B. 1997. "Family Support for the Elderly in China. " *Journal of Aging & Social Policy* 9 （3）: 87 – 101.

Leung. J. C. B. , & Xu, Y. 2009. "The Emergence and Development of Social Assistance in Beijing. " *Provincial China* 1 （2）: 1 – 23.

Lever, J. P. , Pinol, N. L. & Uralde, J. H. 2005. "Poverty, Psychological Resources and Subjective Well-being. " *Social Indicators Research* 73: 375 – 408.

Lewis, O. 1996. "The Culture of Poverty. " In G. Gmelch& W. Zenner （Eds. ）, *Urban Life.* Waveland Press.

Liebenberg, L. & Ungar, M. 2009. "Introduction: The Challenges in Researching Resilience. " In Liebenberg, L. & Ungar, M. （Eds. ）, *Researching Resilience.* Toronto: University of Toronto Press, pp. 3 – 25.

Lincoln, Y. S. , & Guba, E. G. 1985. *Naturalistic Inquiry.* Beverly Hills, CA:

Sage Publications, Inc.

Liu, X. , Liang, J. , & Gu, S. 1999. "Flows of Social Support and Health Status among Older Persons in China." *Social Science and Medicine* 41 (8): 1175 – 1184.

Lloyd-Sherlock, P. & Khumya, T. 2004. "Assessing the Economic Well-being of Older People in Poor Rural and Urban Communities in Thailand." *Generations Review* 14 (1): 4 – 9.

Lloyd-Sherlock, P. 2000. "Old Age and Poverty in Developing Countries: New Policy Challenges." *World Development* 28 (12): 2157 – 2168.

Lloyd-Sherlock, P. 2006. "Simple Transfers, Complex Outcomes: The Impacts of Pensions on Poor Households in Brazil." *Development and Change* 37 (5): 969 – 995.

Lombard A, & Kruger, E. 2009. "Older Persons: The Case of South Africa." *Ageing International* 34 (3): 119 – 135.

Lotz, J. 1998. *The Lichen Factor: The Quest for Community Development in Canada.* Sydney, Nova Scotia: UCCB Press.

Luthar S, Cicchetti D, Becker B. 2000. "The Construct of Resilience: A Critical Evaluation and Guidelines for Future Work." *Child Development* 71: 543 – 562.

Luthar, S. S. , & Zelazo, L. B. 2003. "Research on Resilience: An Integrative Review." In S. S. Luthar (Eds.), *Resilience & Vulnerability: Adaptation in the Context of Childhood Adversities*, pp. 510 – 549.

Luthar, S. S. , & Cushing, G. 1999. "Measurement Issues in the Empirical Study of Resilience: An Overview." In M. D. Glantz, J. Johnson, & L. Huffman (Eds.), *Resilience and Development: Positive Life Adaptations.* New York: Plenum Press, pp. 129 – 160.

Makiwane M, Kwizera S A. 2006. "An Investigation of Quality of Life of the Elderly in South Africa, with Specific Reference to Mpumalanga Province." *Applied Research in Quality of Life* 1 (3 – 4): 297 – 313.

Markstrom, C. A. , Marshall, S. K. , & Tryon, R. J. 2000. "Appalachian Adolescents from Two Racial Groups." *Journal of Adolescents* 23: 693 – 703.

Marshall, C. & Rossman, G. 2006. *Designing Qualitative Research*. New York: SAGE Publications.

Marshall, T. H. 1950. *Citizenship and Social Class and Other Essays*. Cambridge: Cambridge University Press.

Martin, P., MacDonald, M., Margrett, J. & Poon, L. W. 2010. "Resilience and Longevity: Expert Survivorship of Centenarians." In Fry, P. S. & Keyes, C. L. M. (Eds.), *New Frontiers in Resilient Aging: Life-strengths and Well-being in Later Life*. Cambridge: Cambridge University Press, pp. 213 – 238.

Martinson, M. & Minkler, M. 2006. "Civic Engagement and Older Adults: A Critical Perspective." *The Gerontologist* 46: 318 – 324.

Mason, J. W, 1975. "A Historical View of the Stress Field (Part I & II)." *Journal of Human Stress* 1: 6 – 12.

Masten, A. S., & Best, K. M., & Garmezy, N. 1990. "Resilience and Development: Contributions from the Study of Children Who Overcame Adversity." *Development and Psychopathology* 2: 425 – 444.

Masten, A. S. 1999. "Commentary: The Promise and Perils of Resilience Research as a Guide to Preventive Interventions." In M. D. Glantz and J. L. Johnson (Eds.), *Resilience and Development: Positive Life Adaptations*. NY: Kluwer Academic/Plenum Publishers.

Masten, A. S., & Powell, J. L. 2003. "A Resilience Framework for Research, Policy, and Practice." In S. S. Luthar (Eds.), *Resilience and Vulnerability: Adaptation in the Context of Childhood Adversities*. New York: Cambridge University Press, pp. 1 – 25.

Maton, K. I. 2000. "The Social Transformation of Environments and the Promotion of Resilience in Children." In R. D. Peters, B. Leafbeater& R. J. McMahon (Eds.), *Resilience in Children, Families and Communities: Liking Context to Practice and Policy*. New York: Kluwer Academic/Plenum Publishers, pp. 119 – 135.

McGarry, K. & Schoeni R. F. 2005. "Widow (er) Poverty and Out-of-Pocket Medical Expenditures Near the End of Life." *Psychological Sciences and*

Social Sciences 60 （3）：160.

McKay, A. & Lawson, D. 2003. "Assessing the Extent and Nature of Chronic Poverty in Low Income Countries： Issues and Evidence." *World Development* 31 （3）：425 – 439.

McLeod, J. D. , & Kessler, R. C. 1990. "Socioeconomic Status Differences in Vulnerability to Undesirable Life Events." *Journal of Health and Social Behavior* 31：162 – 172.

Merriam. 1988. *Case Study in Education： A Qualitative Approach.* San Francisco： Jossey-Bass.

Mickelson, K. D. & Kubzansky, L. D. 2003. "Social Distribution of Social Support： The Mediating Role of Life Events." *American Journal of Community Psychology* 32：265 – 281.

Minkler, M. , & Holstein, M. B. 2008. "From Civil Rights to Civic Engagement? Concerns of Two Older Critical Gerontologists about a ' New Social Movement' and What it Portends." *Journal of Aging Studies* 22：196 – 204.

Moen, P. , Sweet, S. & Hill, R. 2010. "Risk, Resilience and Life-course Fit： Older Couples' Encores Following Job Loss." In P. S. Fry, & C. L. M. Keyes （Eds. ）, *New Frontiers in Resilient Aging： Life-strengths and Well-being in Later Life.* Cambridge： Cambridge University Press, pp. 283 – 309.

Monnickendam, M. , Katz, C. , & Monnickendam, M. S. 2010. "Social Workers Serving Poor Clients： Perceptions of Poverty and Service Policy." *British Journal of Social Work* 40 （3）：911 – 927.

Moody, H. R. 1993. "Overview： What is Critical Gerontology and Why is it Important?" In T. R. Cole, W. A. Achenbaum, P. L. Jacobi, & R. Kastenbaum （Eds. ）, *Voices and Visions of Aging： Toward a Critical Gerontology.* New York： Springer Publishing Company.

Mullaly, B. 1997. "Structural Social Work： Ideology, Theory and Practice." Toronto, ON： Oxford University Press.

Neuman, W. L. 2002. "Social Research Methods： Qualitative and Quantitative Approaches." *Allyn & Bacon, Needham Heights.*

Neumark, D. & Powers, E. 1998. "The Effect of Means-tested Income Support for the Elderly on Pre-retirement Saving: Evidence from the SSI Program in the U. S. " *Journal of Public Economics* 68: 181 – 206.

OECD 2004. *Income Disparities in China: An OECD Perspective*, Paris: OECD.

Ong, A. D. & Bergeman, C. S. 2010. "The SocioemotionalBasis of Resilience in Later Life. " In Fry, P. S. & Keyes, C. L. M. (Eds.), *New Frontiers in Resilient Aging: Life-strengths and Well-being in Later Life*. Cambridge: Cambridge University Press, pp. 239 – 257.

Padgett, D. K. 1998. *Qualitative Methods in Social Work Research: Challenges and Rewards*. Thousand Oaks, CA: Sage Publications.

Palloni, A. 2001. "Living Arrangements of Older Persons. " In United Nations (Eds.), *Living Arrangements of Older Persons: Critical Issues and Policy Responses*. Population Bulletin of the United Nations, Special Issue Nos. 42/43, United Nations, New York, pp. 54 – 110.

Pandey, S. & Singh, R. 2001. "Environment, Caste and Community in F. P. Knowledge Attitude-Behaviour Relationship. " *Praachi. Journal of Psycho-Cultural Dimension* 21: 304 – 320.

Pearce, D. 1978. "The feminization of Poverty: Women, Work, and Welfare. " *Urban and Social Change Review* 11 (1 – 2): 28 – 36.

Pearlin, L. I. & Schooler, C. 1978. "The Structure of Coping. " *Journal of Health and Social Behaviour* 19: 2 – 21.

Pellissery, S. , Lødemel, I. & Gubrium, E. K. 2014. "Shame and Shaming in Policy Processes. " In E. K. Gubrium, S. Pellissery & I. Lødemel (Eds.) *The Shame of it: Global Perspectives on Anti-poverty Policies*. Bristol: Policy Press.

Peng, I. 2002. "Social Care in Crisis: Gender, Demography and Welfare State Restructuring in Japan. " *Social Politics* 9 (3): 411 – 443.

Pentz, M. 2005. "Resilience Among Older Adults with Cancer and the Importance of Social Support and Spirituality-Faith: 'I Don't Have Time to Die. '" *Journal of Gerontological Social Work* 44: 3 – 22.

Ponterotto, J. G. 2005. "Qualitative Research Training in Counseling Psychology: A Survey of Directors of Training. " *Teaching of Psychology* 32: 60 – 62.

Pryer, J. 1993. "The Impact of Adult Ill-health on Household Income and Nutrition in Khulna, Bangladesh. " *Environment and Urbanisation* 5/2: 35 –49.

Rappaport, J. 1995. "Empowerment Meets Narrative: Listening to Stories and Creating Settings. " *American Journal of Community Psychology* 23 (5): 795 –807.

Ravallion, M. and Chen, S. 2004. " China's (uneven) Progress against Poverty. " *Development Research Group*, World Bank, Washington, DC.

Ray, R. E. 1996. "A Postmodern Perspective on Feminist Gerontology. " *Gerontologist* 36: 674 –680.

Redondo, Nelida. 1990. Ancianidady Pobreza. *UnaInvestigacioìn en Sectores Populares Urbanos.* Buenos Aires: Editorial Humanitas.

Riley, J. R. , & Masten, A. S. 2005. "Resilience in Context. " In R. D. Peters, B. Leadbeater, & R. J. McMahon (Eds.), *Resilience in Children, Families and Communities: Linking Context to Practice and Policy.* New York: Springer, pp. 13 –25.

Rowe, J. W. 2010 Foreword. In P. S. Fry & D. L. Debats (Eds.), *New Frontiers in Resilient Aging: Life-strengths and Well-being in Late Life .* Cambridge: Cambridge University Press.

Rowe, J. W. , & Kahn, R. L. 1998. *Successful Aging.* New York: Pantheon Books.

Rowe, J. W. , & Kahn, R. L. 2000. "Successful Aging and Disease Prevention. " *Advances in Renal Replacement Therapy* 7: 70 –77.

Rowntree, B. S. 1901. *Poverty: A Study of Town Life*, London: Macmillan.

Roy, C. , & Andrews, H. A. 1999. *The Roy Adaptation Model.* Norwalk, CT: Appleton & Lange.

Rubin. A. & Babbie, E. R. 2005. *Research Methods for Social Work .* Belmont: Thomson / Cole.

Rupp, K. , Strand, A. & Davies, P. S. 2003. "Poverty among Elderly Women: Assessing SSI Options to Strengthen Social Security Reform. " *Journal of Gerontology: Social Science* 58B (6): 359 –368.

Rutter, M. 1983. *Developmental Neuropsychiatry.* New York: Guilford Press.

Rutter, M. 1990. "Psychosocial Resilience and Protective Mechanisms. " In . J. Rolf, A. S. Masten, D. Cicchetti, K. H. Nuechterlein & S. Weintraub (Eds.), *Risk and Protective Factors in the Development of Psychopathology*. New York: Cambridge University Press, pp. 181 – 214.

Rutter, M. 1987. "Psychosocial Resilience and Protective Mechanism. " *American Journal of Orthopsychiatry* 57: 316 – 331.

Ryff, C. D. , & Singer, B. 2000. "Interpersonal Flourishing: A Positive Health Agenda for the New Millennium. " *Persoanlity & Social Psychology Review* 4 (1): 30 – 44.

Sacks, O. W. 1995. *An Anthropologist on Mars : Seven Paradoxical Tales*. NewYork, NY: Knopf.

Saegert, S. , Thompson, J. P. , & Warren, M. R. 2001. "Social Capital and Poor Communities. " *The Journal of Criminal Law and Criminology* 35 (1): 319 – 335.

Sagner, A. , & Mtati, R. 1999. "Politics of Pension Sharing in Urban South Africa. " *Ageing and Society* 19 (4): 393 – 416.

Saleebey, D. 2008. *The Strengths Perspective in Social Work Practice*. New York: Pearson.

Sandell, S. H. , & Iams, H. M. 1997. "Reducing Women's Poverty by Shifting Social Security Benefits from Retired Couples to Widows. " *Journal of Policy Analysis and Management* 16 (2): 279 – 297.

Sarason, S. 1974. *Psychological Sense of Community: Prospects for a Community Psychology*. San Francisco, CA: Jossey Bass.

Saunders, P. & Sun, L. 2006. "Poverty and Hardship among the Aged in Urban China. " *Social Policy and Administration* 40 (2): 138 – 157.

Saunders, P. 2004. "Towards a Credible Poverty Framework: From Income Poverty to Deprivation. " *SPRC Discussion Paper*, No. 131. The Social Policy Research Center: Sydney.

Saunders, P. 2006. "The Role of State and Family in the Living Conditions of Older People in Urban China: Changing Attitudes and Outcomes. " *Social Policy & Society* 5 (3): 359 – 372.

Saunders, P. 2007. "Comparing Poverty among Older People in urban China Internationally." *The China Quarterly* 190: 451 – 465.

Saunders, P. and Whiteford, P. 1989. "Measuring Poverty: A Review of the Issues, Discussion." *Economic Planning Advisory Council*, Canberra: AGPS.

Scheff, T. J. 1990. *Microsociology. Discourse, Emotion, and Social Structure.* Chicago: The University of Chicago Press.

Scheff, T. J. 2003. "Shame in Self and Society." *Symbolic Interaction* 26 (2): 239 – 262.

Schröder-Butterfill, E. 2004. "Inter-generational Family Support Provided by Older People in Indonesia." *Ageing & Society* 24 (4): 497 – 530.

Schwandt, 1994, "Constructivist, InterpretivistApproaches to Human Inquiry." In Denzin, N. K. and Lincoln, Y. S. (Eds.), *Handbook of Qualitative Research*, pp. 118 – 137. Thousand Oaks, California, Sage Publications.

Schwandt, T. A. 2000. "Three Epistemological Stances for Qualitative Inquiry: Interpretivism, Hermeneutics and Social Constructionism." In Denzin, N. K. and Lincoln, Y. S. (Eds.), *Handbook of Qualitative Research.* Thousand Oaks: Sage Publications, pp. 189 – 214.

Scott, J. 1994, *Poverty and Wealth: Citizenship, Deprivation and Privilege*, London Longmans.

Seccombe, K. 1999. *So You Think I Drive a Cadillac? Welfare Recipients' Perspectives on the System and Its Reform.* Needham Heights, MA: Allyn and Bacon.

Seccombe, K. 2000. "Families in Poverty in the 1990s: Trends, Causes, Consequences, and Lessons Learned." *Journal of Marriage and Family* 62 (4): 1094 – 1113.

Seccombe, K. 2002. "'Beating the Odds' Versus 'Changing the Odds': Poverty, Resilience, and Family Policy." *Journal of Marriage and the Family* 64: 384 – 394.

Seligman, Martin E. P. 1975. *Helplessness: On Depression, Development, and Death.* San Francisco: W. H. Freeman.

Selye, H. 1993. "History of Stress Concept." In L. Goldberger & S. Breznitz

(*Eds.*), *Handbook of Stress*: *Theoretical and Clinical Aspects*.

Sik & Redmond. 2000. "Coping Strategies in Central European Countries." In S Hutton and G Redmond (Eds.). *Poverty in Transition Economies*, London: Routledge, pp. 266 – 286.

Silliman, B. 1994. "Resiliency Research Review." Retrieved June 16, 2001, from http://www.cyfernet.org/research/resilreview.html.

Skalli, L. H. 2001. "Women and Poverty in Morocco: The Many Faces of Social Exclusion." *Feminist Review* 69: 73 – 89.

Smeeding, T. M., & Weaver, R. K. 2001. *The Senior Income Guarentee*: *A New Proposal to Reduce Poverty among the Elderly*. Social Science Electronic Publishing.

Smeeding, T. M., and S. Sandstrom. 2005. "Poverty and Income Maintenance in Old Age: A Cross-National View of Low Income Older Women." *Feminist Economics* 11 (2): 163 – 197.

Smith, C., & Carlson, B. 1997. "Stress, Coping and Resilience in Children and Youth." *Social Science Review* 71: 231 – 256.

Snyder C. R., Ford C. E., Harris R. N. 1987. "The Effects of Theoretical Perspective on the Analysis of Coping With Negative Life Events." In Snyder C. R., Ford C. E. (Eds.), *Coping with Negative Life Events*. Boston, MA: Springer.

Specht, J., Polgar, J. M. & King, G. A. 2003. "How We Got here." In King, G. A., Brown, E. G. & Smith, L. K. *Resilience*: *Learning from People with Disabilities and the Turning Points in Their Lives*, pp. 8 – 29. London: Praeger Publishers.

Stahl, J. V., Taylor, N. E., Hill, C. E. 2012. "Philosophical and Historical Background of Consensual Qualitative Research." In C. E. Hill (Eds.), *Consensual Qualitative Research*: *a Practical Resource for Investigating Social Science Phenomena*. Vienna: Springer.

Staudinger, U. M., Marsiske, M., & Baltes, P. B. 1993. "Resilience and Levels of Reserve Capacity in Later Adulthood: Perspectives from Life-span Theory." *Development and Psychopathology* 5: 541 – 566.

Steckenrider, 1998. *New Directions in Old Age Policies*, *with Tonya Parrott*. NY: SUNY Press, Albany.

Tagg, S. K. 1985. "Life Story Interviews and Their Interpretation." In M. Brenner, 1. Brown, & D. Canter (Eds.), *The Research Interview*. London: Academic, pp. 163 – 199.

Teram, E. and Ungar. M. 2009. "Not Just the Master Discourse: A Case for Holistic Case Studies of Youth Resilience." In Liebenberg, L. andUngar, M. (Eds.) *Researching Resilience*, Toronto: University of Toronto Press.

Titterton, M. 1992. "Managing Threats to Welfare: The Search for a New Paradigm of Welfare." *Journal of Social Policy* 21: 1 – 23.

Tomlinson, M., Walker, R. and Williams, G., 2008, "Measuring Poverty in Britain as a Multi-Dimensional Concept, 1991 to 2003." *Journal of Social Policy* 37 (4).

Townsend, 1979. *Poverty in the United Kingdom*, London, Allen Lane and Penguin Books.

Townsend, P. 1962. "The Meaning of Poverty." *The British Journal of Sociology* 13 (3): 210 – 227.

Uchino, B. N., Cacioppo, J. T., & Kiecolt-Glaser, K. G. 1996. "The Relationships between Social Support and Physiological Processes: A Review with Emphasis on Underlying Mechanisms and Implications for Health." *Psychological Bulletin* 119: 488 – 531.

Ungar, M. 2004. "A Constructionist Discourse on Resilience Multiple Contexts, Multiple Realities among at-risk Children and Youth." *Youth & Society* 35 (3): 341 – 365.

Ungar, M. 2005. *Handbook for Working with Children and Youth: Pathways to Resilience across Cultures and Contexts*, Thousand Oaks, CA: Sage.

Ungar, M. 2008. "Resilience across cultures." *British Journal of Social Work* 38 (2): 218 – 235.

Uswatte, G., & Taub, E. 2010. "You can Teach an Old dog New Tricks: Harnessing Neuroplasticity after Brain Injury in Older Adults." In P. S. Fry & C. L. M. Keyes (Eds.), *New Frontiers in Resilient Aging*. Cambridge,

England: Cambridge University Press, pp. 104 – 129.

Wagnild, G. , & Young, H. 1990. "Resilience among Older Women. " *Image: Journal of Nursing Scholarship* 22 (4): 252 – 255.

Walker, C. 1993. *Managing Poverty: the Limits of Social Assistance*. London: Routledge.

Waller, M. A. 2001. "Resilience in Ecosystemic Context: Evolution of the Concept. " *American Journal of Orthopsychiatry* 71 (3): 290 – 297.

Weissberg, R. P. , Kumpfer, K. L. , & Seligman, M. E. P. 2003. "Prevention that Works for Children and Youth. " *American Psychologist* 58: 425 – 432.

Welshman, J. 2007. *From Transmitted Deprivation to Social Exclusion: Policy, and Parenting*. Bristol: The Policy Press.

Werner, E . E. , & Smith, R . S. 1989. *Vulnerable but Invincible : A Longitudinal Study of Resilient Children and Youth*. New York: Adams Bannister Cox Pubs.

Werner, E. E. 1995. "Resilience in Development. " *Current Directions in Psychological Science* 4 (3): 8 – 15.

Westerhof, G. J. , Dittmann-Kohli, F. , & Bode, C. 2003. "The Aging Paradox: Towards Personal Meaning in Gerontological Theory. " In S. Biggs, A. Lowenstein & J. Hendricks (Eds.), *The Need for Theory: Social Gerontology for the 21st Century*. Amityville, NY: Baywood, pp. 127 – 143.

Whyte, M. & W. Parish. 1984. *Urban Life in Contemporary China*. Chicago: University of Chicago Press.

Willig, C. 2008. *Introducing Qualitative Research Methods in Psychology*. Maidenhead: McGare Hill/Open University Press.

Willmore, Larry. 2007. "Universal Pensions for Developing Countries. " *World Development* 35: 24 – 51.

Wood, D. 2003. "Effect of Child and Family Poverty on Child Health in the United States. " *Pediatrics* 112 (3): 707 – 711.

Wright M. O. , Masten A. S. 2006. "Resilience Processes in Development. " In Goldstein S. , Brooks R. (Eds.), *Handbook of Resilience in Children*.

New York: Springer, pp. 17 – 38.

Wright, M. O., & Masten, A. S. 2015. "Pathways to Resilience in Context." In *Youth Resilience and Culture*. Netherlands: Springer, pp. 3 – 22.

Wyman, P. A., Sandler, I., Wolchik, S. A., & Nelson, K. 2000. "Resilience as Cumulative Competence Promotion and Stress Protection: Theory and Intervention." In D. Cicchetti, J. Rappaport, I. Sandler, & R. P. Weissberg (Eds.), *The Promotion of Wellness in Children and Adolescents*. Thousand Oaks: Sage.

Yan, M. 2014. "New Urban Poverty and New Welfare Provision: China's Dibao-System." In Gubrium, E. K., Pellissery, S. & Lødemel, I. (Eds.), *The Shame of It: Global Perspectives on Anti-Poverty Policies*. Bristol: Policy Press, pp. 17 – 36.

Yin, R. K. 1994. *Case Study Research: Design and Methods*. Thousand Oaks: Sage.

Zastrow, 2000. *Introduction to Social Work and Social Welfare*. Belmont, CA: Wadsworth Pub.

Zastrow, 2000. *Social Problems: Issues and Solutions*. Belmont, CA : Wadsworth Pub.

Zautra, A. J., Hall, J. S., & Murray, K. E. 2010. "Resilience: A New Definition of Health for People and Communities." In J. W. Reich, A. J. Zautra & J. S. Hall (Eds.), *Handbook of Adult Resilience*, Guilford Press.

附　录

附录1　北京市历年社会保障相关
标准（1994～2011 年）

表 I　北京市历年社会保障相关标准（1994～2011 年）

年度	最低工资标准（元/小时）	职工最低工资（元/月）	最低工资执行起始时间	失业保险金（元/月）	失业保险执行起始时间	低保标准（元/月）	低保标准执行起始时间	最低退休金(元/月）	最低退职金(元/月）	最低退养金(元/月）	最低养老保险执行起始时间
2011	6.70	1160	1 月 1 日	782～891	7 月 1 日	520	7 月 1 日	1100	1000	900	1 月 1 日
				752～861	1 月 1 日	480	1 月 1 日				
2010	5.50	960	7 月 1 日	632～741	7 月 1 日	430	7 月 1 日	1000	900	800	1 月 1 日
2009	4.60	800		562～671	1 月 1 日	410	1 月 1 日	900	800	700	1 月 1 日
2008	4.60	800	7 月 1 日	502～611	7 月 1 日	390	7 月 1 日	775	682	607	7 月 1 日
2007	4.36	730	7 月 1 日	422～531	7 月 1 日	330	7 月 1 日	675	592	527	10 月 1 日
2006	3.82	640	7 月 1 日	392～501	7 月 1 日	310	7 月 1 日	620	537	487	10 月 1 日
2005	3.47	580	7 月 1 日	382～491	7 月 1 日	300	7 月 1 日	563	488	443	10 月 1 日
2004	3.26	545	7 月 1 日	347～446	7 月 1 日	290		510	443	402	10 月 1 日
	2.96	495	1 月 1 日	326～419		290		510	443	402	10 月 1 日
2003	2.78	465	7 月 1 日	326～419		290		466	405	367	10 月 1 日
2002	2.78	465	7 月 1 日	326～419	7 月 1 日	290		466	405	367	10 月 1 日

年度	小时最低工资标准（元/小时）	职工最低工资（元/月）	最低工资执行起始时间	失业保险金（元/月）	失业保险执行起始时间	低保标准（元/月）	低保标准执行起始时间	最低退休金（元/月）	最低退职金（元/月）	最低退养金（元/月）	最低养老保险执行起始时间
2001	2.60	435	7月1日	305～392	7月1日	285		441	380	337	10月1日
2000	2.46	412	7月1日	300～385	7月1日	280		421	360	308	10月1日
	2.39	400	5月1日	291～374		280		421	360	308	10月1日
1999	2.30	400	9月1日	291～374	9月1日	273		396	335	288	10月1日
	1.90	320	5月1日	224～272	5月1日	210		336	265	233	10月1日
1998	1.80	310	7月1日	217～264	7月1日	200		336	265	233	10月1日
1997	1.70	290	6月1日	203～247	6月1日	190		293	232	200	10月1日
1996	1.60	270	7月1日	189～229.5	7月1日	170		263	202	170	10月1日
1995	1.40	240	7月1日								
1994	1.10	210	12月1日								

资料来源：（北京市人力资源和社会保障局，2010）。

附录2 受访者的访谈时间 与合计访谈时长

表 Ⅱ 受访老人的访谈时间与合计访谈时长

序号	受访老人的编号	所在小区	访谈时间	访谈时长
1	L 阿姨	A	2009.9.8	01：38：55
2	C 大妈	A	2009.9.10 2010.9.11	02：09：21 00：55：53
3	W 大妈	A	2009.9.8 2010.9.11	01：24：23 00：50：34
4	CC 阿姨	A	2009.9.10 2010.9.9	01：25：44 00：37：19
5	WZ 大爷	B	2009.9.17 2010.9.9 2010.9.13	01：25：18 00：56：40 00：34：04
6	WY 大妈	B	2009.9.18 2010.9.16	01：21：14 01：28：18

序号	受访老人的编号	所在小区	访谈时间	访谈时长
7	LF 大妈	C	2009. 11. 24	01：03：06
8	CR 阿姨	C	2009. 11. 25	01：26：11
9	Y 大妈	D	2009. 11. 25	00：49：01
10	CA 大妈	E	2009. 11. 9 2010. 9. 8	01：49：06 01：25：29
11	Z 大妈	E	2009. 11. 13 2010. 9. 7	01：59：32 01：34：18
12	T 大妈	E	2009. 11. 9 2010. 9. 7	02：13：04 01：44：44
13	H 大妈	E	2009. 11. 10 2010. 9. 8	01：26：54 00：58：08
14	X 大叔	E	2009. 11. 11 2010. 9. 10	01：17：11 01：06：27
15	YG 大妈	E	2009. 11. 13	01：05：56
16	M 阿姨	E	2009. 11. 10 2010. 9. 10 2010. 9. 15	01：30：41 02：08：45 00：40：30
17	N 阿姨	E	2009. 11. 10	01：15：54

表Ⅲ 相关工作人员的访谈时间与访谈时长

编号	所在小区	工作人员职务	性别	访问时间	访问时长
Q 主任	A	居委会主任	女	2009. 9. 11 2010. 9. 16	01：19：46 35：40：11
YR 姐	A	NGO 负责人	女	2009. 9. 15 2010. 9. 12	02：07：22 01：19：59
小 A	A	NGO 社会工作者	女	2009. 9. 15 2010. 9. 8	00：50：12 00：45：30
R 委员	C	居委会委员	男	2009. 11. 17	00：50：23
D 主任	D	居委会主任	女	2009. 11. 18	01：05：43
G 委员	E	居委会委员	男	2009. 11. 17 2010. 9. 17	00：40：35 00：38：20
ZH 委员	E	居委会委员	男	2009. 11. 17 2010. 9. 17	00：35：48 00：39：24

图书在版编目（CIP）数据

城市贫困老人的多重困境与抗逆过程／陈岩燕著
. -- 北京：社会科学文献出版社，2018.8
ISBN 978 - 7 - 5201 - 2645 - 8

Ⅰ.①城…　Ⅱ.①陈…　Ⅲ.①城市 - 贫困问题 - 老人
问题 - 研究 - 北京　Ⅳ.①D669.6

中国版本图书馆 CIP 数据核字（2018）第 085930 号

城市贫困老人的多重困境与抗逆过程

著　　者／陈岩燕

出 版 人／谢寿光
项目统筹／谢蕊芬
责任编辑／胡庆英　马甜甜

出　　版／社会科学文献出版社·社会学出版中心（010）59367159
　　　　　地址：北京市北三环中路甲 29 号院华龙大厦　邮编：100029
　　　　　网址：www. ssap. com. cn
发　　行／市场营销中心（010）59367081　59367018
印　　装／三河市尚艺印装有限公司

规　　格／开本：787mm×1092mm　1/16
　　　　　印 张：14.5　字 数：236 千字
版　　次／2018 年 8 月第 1 版　2018 年 8 月第 1 次印刷
书　　号／ISBN 978 - 7 - 5201 - 2645 - 8
定　　价／69.00 元

本书如有印装质量问题，请与读者服务中心（010 - 59367028）联系